# 面向過去思考

與史學大師的爐邊閒談
打造歷史思惟的八場對話

亞歷山大・貝維拉夸
Alexander Bevilacqua
費德里克・克拉克
著——Frederic Clark
譯——徐兆安、陳建元、陳建守、韓承樺

*Thinking*
*In The Past Tense*
**EIGHT CONVERSATIONS**

U0000587

目錄

# 導言

思想史於一九八〇年時本已被視為行將就木。法國史學者羅伯・丹屯（Robert Darnton）在一份關於思想史和文化史的考察中指出，這個領域已經失去了那曾使它充滿活力的火花。[1] 在一九八〇年之前的二十年中，法國年鑑學派的社會史在大西洋兩岸贏得眾多追隨者，而且量化方法被視為是歷史探究的至高守則。同時，受人類學的影響，新的研究方向轉向了大眾文化的研究。[2] 在許多人看來，觀念史——這個亞瑟・洛夫喬伊（Arthur O. Lovejoy）在一九三〇年代所開創的領域——似乎已是往昔的遺跡。[3] 當時有誰能預料到，在短短幾十年的時間，思想史——針對過去人們思考和求知的成果之研究——會成為歷史研究中最活躍的領域之一？

事實上，即使在社會史的鼎盛時期，某些學者仍以一種反主流文化的態度，繼續研究思想活動的歷史。而且他們尋求新的追索方式，無論是通過科學史、人文學，還是政治思想。此後，思想史在文化史寫作熱潮的背景下推陳出新，這種轉變已有不少研究以及頌揚。[4] 歷史學家經常將這從一九八〇年代開始的變化，概念化為「轉向」（turn）。[5] 然而，一個整體性的文化轉向概念，並不能充分解釋思想史的復興，因為思想史的譜系要比文化轉向更為多樣，也更為悠久。它可以追溯到二十世紀中葉豐富的學術成果，而這些成果同樣也在與更早期的學術成果對話。[6] 思想史的再次崛起並不是平白無故的，正好相反，思想史在過去幾十年中的東山再起，在很大程度上是因為其重新振興自身舊傳統，而且這種振興甚至在社會史擅場時便已在進行。

思想史不再被視為落伍，或甚至是食古不化；相反地，愈來愈多懷抱壯志的青壯年學者被思想史所吸引，並且發表了大量創新性著作。這個領域有了愈來愈多的期刊和學術協會，它的現狀和前景在最近引起了一些反省。[7] 來自不同領域的洞見，如科學史、書籍史、接受研究（reception studies），和物質文化的研究都豐富了這個領域。「觀念」的歷史在此過程中轉變為「思想」的歷史。思想史不再將抽象事物視為理所當然的研究對象，它開始將思想的運作視為人類活動的一種形式，其代價和成果不只會展現在思想上，也會呈現在個人、政治和社會等各層次上。它不再僅僅將思想歸於孤獨的哲學家或學者，即「天才」，它也不把它們限縮在菁英文化的範圍內。像是「西方」這種涵括範圍極廣的同質性分類，以及對傳統、正典和古典的簡化性概念，都已經變得更加複雜、微妙和異質性。但是，如果對思想活動的研究不再擁抱這些古老的真理，那麼思想活動現在是由什麼構成的呢？思想活動的研究者又該如何定義他們現在的這門學問呢？僅僅將過去過分簡化的敘述複雜化就足夠了嗎？應該用什麼（如果有答案的話）取而代之？

《面向過去思考：與史學大師的爐邊閒談，打造歷史思惟的八場對話》提供了對這些問題的一系列反思。本書採訪了八位歷史學家，其中一些人從一九六〇年代或一九七〇年代起就很活躍，另一些人則是較為晚近才奠定了學術聲望。於二〇一四至二〇一七年期間，在柏林、馬薩諸塞州劍橋、倫敦、紐約、巴黎和新澤西州普林斯頓進行的非正式談話中，這些學者揭示了他們如何來確立在思想研究上的目標、他們如何進行研究，以及他們對此領域未來之展望。在當代學術界，無論是學科系譜還是這門學問的奧秘，基本上都是在人與人之間流傳的，除了私下交談外，歷史學家一般不會談論這些話題。我們希望通過出版這些訪談，將歷史學的「隱秘科學」公諸於世。[8] 換句話說，我們希望本書是自己還是思想史研究生一年級時，能夠讀到的一本書。這樣的書尚未問世，所以我們必須自己把它寫出來。

採訪形式對於揭開歷史學家技藝的神祕面紗，以及勾勒出晚近歷史著作的粗略圖像，這兩個層面都是相當理想的。這本書可以說在兩種意義上是與實踐（practice）有關。首先，它不僅揭開了思想史研究和寫作的面紗，並且探討了思想史家是如何從實踐的歷史看待自身的研究。我們的受訪者努力重建早期、其他思想者的著述。需要特別說明的是，這種對實踐的強調並不意味著，套用另外一個時代的用語，外在主義方法凌駕於內在主義方法之上；相反，我們採訪的歷史學家一致認為，內在與外在那曾經喧囂一時的對抗，都已被封存在過往之中了。[9] 內容和脈絡已不再相互排斥，今日的思想史家必須兩者兼顧，他們必須關注研究對象的政治和社會背景，同時不忽視其思想內容，無論它可能有多麼的專門或是晦澀。

我們選擇受訪者的方式當然是武斷的，但是我們謹遵要編寫出一本清晰易讀書籍的要求。我們本來希望進行更多的對話，遠遠超出本書的篇幅範圍。不過，正如本書最終的完成樣貌所示，我們選擇了代表思想史不同分支的歷史學家們：書籍史（安・布萊爾〔Ann M. Blair〕）；科學史（洛林・達斯頓〔Lorraine Daston〕）；非西方知識傳統的歷史（班傑明・艾爾曼〔Benjamin Elman〕）；學術史（安東尼・格拉夫頓〔Anthony Grafton〕）；哲學史（吉爾・克雷耶〔Jill Kraye〕）；古物學和物質文化的歷史（彼得・米勒〔Peter N. Miller〕）；宗教史（讓—路易・貢當〔Jean-Louis Quantin〕）；以及政治思想史（昆丁・史金納〔Quentin Skinner〕）。（採訪者的順序是按照英語姓氏字母。）

八位截然不同的人回顧他們的人生和職業生涯，要對這些內容一概而論十分不容易。然而，這些對話確實揭示出在提出問題上，常見的一些模式或偏好。大多數情況下，我們的受訪者敘述的是他們漸進地重構既有觀點的的過程，而不是戲劇性的逆轉。而且，他們在訪問中不止一次地告誡我們，要對他們自己用回憶來重建這件事情持保留態度。各種形式的歷史記憶都可能是脆弱的。然而，我們的學者講述了他們如何從過去的思想遺產中來幫助自己，解決感興趣的問題，這些遺產令人驚訝地相當多元而且深入。而他們中的許多人都講述了偶然相遇——與師長、同事和書籍的緣分——如何意外地塑造了他們的智力發展。此外，這些回憶與他們當中好幾位書寫思想史的方式一致：這是一個與現有思想資源進行拉鋸協商的複雜過程，而不是一連串靈光一現的時刻和扭轉視野的宣言。

我們的取徑是將思想史本身視為一門專業，而不僅僅是文化史中的一個分支。思想史並非文化史的子領域或子類別。正如我們的受訪者強調的那樣，思想史現在不僅包括書面文件，還包括建築、藝術、自然知識、文學、音樂、宗教和儀式——總而言之，所有人類文化的產物。然而，思想史和文化史之間的區別不僅僅是語義上的區別。思想史是以一套方法和技巧來定義自身，而不是依靠史料來源。思想史強調思想、知識和資訊，以及對世界的解釋，它是研究文化中各種面向的一種獨特模式，無論是文本、儀式或是物質對象。

注重思想史的研究，可以使歷史思惟和實踐中一些重要而又被忽視的變化，其輪廓更加清晰。在過去的幾十年中，思想史在方法論上尤其富有創造力。在一定程度上，學者們擴大了思想史的史料範圍。史金納對安布羅喬·洛倫采蒂（Ambrogio Lorenzetti）的壁畫和莎士比亞戲劇的研究展現出，政治思想史的領域應該遠超過一般認定的小冊子或專著。涵蓋範圍的擴大還包括了去關注一些更遠離傳統的層面，特別是在學術論文不是知識生產之主流的那些時期。正如克雷耶所說：「哲學史中間從不存在任何空白。」她和其他學者深入研究了被遺忘的文體，例如：附上批評的新版本和評論。近代早期歐洲，在文藝復興和之後古典學復興的人文學者，寫一部獨立的專著或敘事史是相當罕見的。相反，許多人文學者對已經存在的文本，尤其是古代文本進行了註釋，發行新版本和翻譯。這些作品，通常被認為是次要或衍生的，以前被思想史學家所忽視，他們也因此忽略了文藝復興時期人文學絕大部分的作品。評論和新版本（作為對已有文本的回應和重構）這些可能貌似不具革命性的文件，然而為作者提供了很大自由空間來討論棘手的問題，包括文本權威、歷史批評和宗教啟示。鹿特丹的伊拉斯謨斯之所以引起轟動，不是因為他寫了一篇要破除《新約聖經》當中偶像崇拜的論文，而是因為他編纂了一本新版本的《新約聖經》，其中他悄悄地刪除了約翰福音的一段他認為是虛假的經文，該經文便是聖經中支撐三位一體教義的關鍵段落。[10] 對於編輯、註釋、批評和評論等等傳統的挖掘，後來的發展不僅證明了其實用性，而且對於想要去理解那些具有標誌性意義的個別獨立作品的現代讀者而言，這些挖掘提供了卓有成效的背景膠帶，從洛倫佐·瓦拉（Lorenzo Valla）對《君士坦丁的捐贈》（*Donation of Constantine*）的攻擊到湯馬斯·霍布斯（Thomas Hobbes）的《利維坦》（*Leviathan*）。[11]

就中國的傳統而言，科舉的應試論文作為一種可以運用，但長期被忽視的資料，在艾爾曼的研究中被證明，其有力地反映出中國菁英階層對地緣政治的關注。對於格拉夫頓來說，歷史編年學這門現在已經不存在的學科，其主要以評論形式呈現的成果，則提供了我們一個窗口，讓我們得以明瞭近代早期學者如何權衡證據、比較傳統，並試圖調和歷史資料與宗教信仰。達斯頓通過一些出乎意料的具體物體和文學類型，來探索諸如合理性和客觀性等抽象觀念的歷史，無論是奇物收藏、植物學插圖，還是較為近代的中世紀烹飪書和禁奢法。

此外，當前的思想史研究者還試圖重建科學和人文知識，在特定時刻的物質、制度和文化背景。布萊爾追溯了近代早期百科全書和參考著作的急速增長，並且解釋是這其實是對於印刷技術興起所引發的「資訊超載」感（information overload）的回應。克雷耶則清楚地指出，若要掌握文藝復興時期的哲學史，就必須要理解大學課程中的亞里斯多德傳統；要理解像笛卡兒這樣的人物，我們必須詳細復原他在學生時代於課堂學習到的東西，即使他表現得出十分排斥這樣子的訓練。歷史學家也愈來愈重視體裁、語域（register）、修辭和思想上的自我塑造。史金納重建了羅馬修辭傳統（*ars rhetorica*）的漫長影響力，並且證明直到近代早期都一直是種活躍強健的論述，從政治到戲劇在內的所有領域都對其加以運用。貢當探討了教會史的這個體裁，與文明或世俗史的不同之處，不僅在於它的主題，而且在於其方法，因為它的寫作目的往往是要裁決神學家之間的神學爭論。

類似地，思想史家逐漸地更加重視學者的工作方法，還有知識分子社群及其網絡的影響力上頭。布萊爾目前對於書記（amanuenses）和「隱匿助手」（hidden helper）的研究，清楚呈現了知識生產當中的的合作面向，而這種合作在許多時候（而且是故意）被早期敘事中那群孤獨天才的作者自身所掩藏起來。米勒重建了一位十七世紀的知識分子，法國古物學家尼古拉斯—克勞德・法布里・德・佩雷斯克（Nicolas-Claude Fabri de Peiresc，儘管他沒有出版自己的作品）是如何與雨果・格勞秀斯（Hugo Grotius）和彼得・保羅・魯本斯（Peter Paul Rubens）這些著名人物保持著大量的書信往來，他同時還與無數的商人維持通信，這些商人的足跡遍布地中海和黎凡特（Levant），儘管他們現在已被遺忘。艾爾曼的考生、格拉夫頓的編史者、貢當的神學家，布萊爾的抄寫員和米勒的古物學家，都不是人們在過去思想史研究中會見到的典型人物。

同樣至關重要的是，我們一直在努力以更廣闊的視野看待過去。一旦書籍、思想、甚至學科不再被視為思想史的創新前沿，它們在出現後持續存在的漫長壽命又該如何被解釋？只要歷史學家只去關注「各方面首先出現的人事物」的一天，他們就無法理解教科書中那些被視為連續，但其實是彼此交錯的不同知識傳統。就像布萊爾挑釁地提問：「我們何不看看那些『較遲出現的人事物』？」無論是文藝復興時期的亞里斯多德自然哲學，還是十七世紀的經院哲學爭論，那些曾被認為行將就木的知識傳統後來的長久存在，迫使我們重新思考如何書寫思想史的宏大敘事（master narrative）。事實上，用從頭重寫人類思想史這種超越逐步累積的方式來理解所有這些新貢獻，是一項仍在進行中的計畫，我們希望本書記錄的對話，日後將會被證明具有啟發性意義。

這些修訂和重新概念化已經在許多領域出現。隨著新活力和相類方法紛紛出現，思想史的研究方法已經在許多不同的研究領域獲取了一席之地。僅舉幾例，包括晚期古代的地中海和近東、伊斯蘭思想史、南亞的文學傳統、現代西方哲學，以及科學史的許多分支。[12] 這些和其他領域的學者在處理其材料時，他們的目的和目標都與本書所探討到的領域相似，因此前者的研究方法起源同樣值得研究。事實上，我們希望這些領域和其他許多領域的學者，能夠針對自己的知識實踐製作口述歷史。[13]

然而，從上面列出的受訪者可以清楚看出，本書中收錄的歷史學家所研究的時代，大約都是在一四〇〇年到一八〇〇年之間。這種刻意的強調確實是按照我們私心所做出的決定，它反映了我們根據自己的專業領域和專長作出的選擇。但它也顯示了一種特別的活力，其激發了所謂近代早期的數個世紀的研究蓬勃發展。過去幾十年中一些最具影響力的史學發展，便是出自近代早期這個領域，這些史學發展的影響力很清楚地已經遠遠超出近代早期的範疇。僅舉幾例，其中包括政治思想史、新的古典學術史、科學革命敘事的改寫、宗教和信仰研究的新方法、微觀史作為一種類型的興起，以及書籍史和閱讀史的誕生。[14]

為什麼近代早期這時代，正如人們所知，會對晚近的學術研究有如此顯著的影響？這些採訪的目的之一便是為了解答這個問題，其中有三個主要的主題。

首先，就其本身而言，近代早期無疑是一個巨幅變革的時代：這時期發生了宗教的重建和變革、全球人群往來的增加，以及新的技術和科學追求。在二十世紀初期，法國學者保羅・哈扎德（Paul Hazard）認為，印刷、古典復興、美洲的發現和新哲學這四項創新，在歐洲帶來了一種新的思惟方式，並刺激出他所謂「歐洲思想危機」。[15]在不否認這些發展的變革性質的前提下，我們要強調的是，近代早期這時期也不僅是在歐洲，也包括其他知識傳統中的人們，尋求過去的借鑑來理解他們眼前那不斷變化的世界。知識傳統與變革之間的相互作用，在所有時代的歷史背景下均存在，但在十五至十八世紀之間尤為明顯。在這幾個世紀當中，希臘羅馬的過去、早期基督教和原始教會的願景、中國的古典傳統、伊斯蘭的古典傳統這些繼承下來的知識文化，似乎仍然具有很強的吸引力；創新往往被框定為革新或復興。後來，西方現代性的論述將致命地削弱傳統知識文化的權威性，這不僅出現在歐洲，而是發生在全世界。因此，近代早期的思想史，由於堅守過去權威的態度，與新的現實和知識之可能性所帶來的挑戰，兩者之間在思想上所激發的碰撞，使這段歷史至今仍然歷久不衰並且發人深省。

因此，對於我們現代學者而言，近代早期宛如一個實驗室，讓我們可以審視新的思想、實踐、技術和制度如何與非常古老的思想、實踐、技術和制度共存和衝突，後者包括那些從遙遠過去繼承下來的、被近代早期人們稱為「古代」的思想和制度。[16] 我們的受訪者都指出，創新的達成往往是藉由恢復過去的某些面向，而不是徹底否定過去。變化和連續性並不是簡單的對立，而是人與自己在思想上的繼承之間，不斷重新發現和拉鋸拔河過程中的複雜內容。這也向歷史學家提出了難題。例如：在近代早期的歐洲，下列何者應該被更加重視：一直到十八世紀都依然存在著，擁有悠久歷史的經院哲學，還是首先由人文學，後來以新哲學所代表的斷裂？是要更重視印刷術發明帶來的革新，還是與中世紀手稿文化一路傳承下來，在書寫和閱讀的諸多特點？是要強調新發現的古典文本中看似陌生的面向，或者要注重這些文本在哪些層次上，可以為既有的習俗和規範辯護？

其次，借鏡近代早期來「思考」富有用處的另一個原因是，那幾個世紀當中知識文化的流動性。這時代的知識分子從事著寫詩、收集古物、研究天文學與語文學、鑽研錢幣學與金石學等各式工作。阻礙我們前進的界限和區別並不存在於他們當時的視界中。我們現代歷史學家拓展自我視野的方式和所要面對的挑戰，便在於如何完整恢復過去知識分子所會觸及的思想視界。回顧在十八世紀末和十九世紀出現學科劃分之前的時代，對於質疑是什麼構成了知識傳統或一門學科，甚至是一組學科（如人文學科），以及探索科學和人文兩種文化之間被預設存在的區別，都是可以帶來豐碩成果的。換句話說，接連不斷的改變是饒富生產力的。

第三，近代早期之所以值得關注，是因為它在我們這個時代的起源系譜中所起的特殊作用。近代早期這名稱即表現出一種目的論，還有要將其所指的事物與現代性區別開來的需求。無論如何矛盾，我們仍然在從近代早期傳統中學習，既學習如何去衡量我們與近代早期人們帶來的世界之間的距離，也學習該如何確定現代性本身的序幕或預兆何時出現。這種矛盾性清楚體現在目前仍在進行的辯論中，即「我們」這群二十一世紀的人，究竟在多少的程度上，可說是文藝復興時期、宗教改革和啟蒙運動的繼承者（好壞與否則是另一個可以辯論的主題）。近代早期在某種意義上已是近代，但也尚未完全進入近代，因此我們所關注這個時代的思想產物的特色，是一種既靠近，同時又保持距離的作法。正因為近代早期在理解現代與過去關係上，占據了獨特的位置，它成為了思索知識傳統和歷史變遷本質的絕佳領域。

當我們開始編寫這本書的時候，我們對於受訪者可能觸及的主題有一些大致上的預期答案。然而，許多其他主題在我們沒有提示的情況下出現，我們因此經常在採訪之間遇到意想不到的呼應和共鳴。某些在思想上的啟迪，例如：湯瑪斯・孔恩（Thomas Kuhn）的《科學革命的結構》（*Structure of Scientific Revolutions*），也許並不令人感到驚訝。[17] 與瓦堡圖書館相關的研究方法也是如此，特別是其創始人阿比・瓦堡（Aby Warburg）對於古代在文藝復興文化中如何再生的研究。[18] 約翰・波考克（John G. A. Pocock）的作品，特別是他在一九五七年的著作《古代憲法和封建法》（*Ancient Constitution and the Feudal Law*）是將我們所訪問的歷史學家們串連起來的最有力線索之一，特別是出自於這本書針對近代早期世界中，歷史書寫與政治之間關係的研究。[19] 在某種程度上，我們受訪者的研究也是奠基在二十世紀中葉的思想史與文類、慣用主題（topoi）的綜合研究上頭；而這種綜合研究又是承自研究中世紀的學者埃里希・奧爾巴赫（Erich Auerbach）和恩斯特・羅伯特・柯蒂烏斯（Ernst Robert Curtius）的傳統，他們兩人是比較文學發展為一門專業學科的重要人物。[20] 卡爾・休斯克（Carl Schorske）後來囊括了音樂學到精神分析學的折衷文化史（eclectic cultural history），也是多位史學家的重要靈感來源。[21] 與此同時，義大利古典主義學者阿納爾多・莫米格利亞諾（Arnaldo Momigliano）將古典研究與對古典傳統在古典結束後的發展探究相結合，成為學術研究史上的一種典範。[22] 達斯頓早期的研究明顯受到伊恩・哈金（Ian Hacking）著作的影響。[23] 在文藝復興時期的哲學史上，保羅・奧斯卡・克里斯特勒（Paul Oskar Kristeller）的影響力顯得尤為突出。[24] 還有另一個關係更為遙遠的領域：人類學家克利弗德・紀爾茲（Clifford Geertz）的著作影響了我們兩位在一九七〇年代已經十分活躍的受訪者——史金納和格拉夫頓。[25]綜上所述，我們的許多受訪者表示，他們的靈感與知識來源遠遠超出了歷史學科和近代早期研究的範疇。

其他共同點還包括強調合作研究的重要性、確立作者真作目錄的困難，以及做出要從何處展開計畫的的挑戰性。「相信你的嗅覺」是個一直被反覆用來解釋歷史探索問題過程的隱喻。它鼓勵人們在尚未可以說清楚自己的興趣是什麼的時候，就展開行動。事實上，我們的許多從業者都回憶說，他們在學術或專業上冒過不小的風險，例如：改變主題甚至研究領域，或者在自己還不具備完成研究計畫所需的所有技術能力的情況下，就決定開始執行計畫。

這群彼此相當不同的受訪者，是被以我們所謂的選擇性親和性（elective affinity）聯繫起來的。儘管他們所處理的史料性質差異甚大，但在我們採訪的學者中，不少人有著共同關懷的主題。我們將在這裡聚焦其中三個主題。首先，許多受訪者談到了近代早期歐洲文化中，古典歷史遺產的不同面向。被稱為人文學運動的文藝復興運動，恢復了拉丁和希臘的古典文學遺產，長期以來在關於近代早期思想生活的宏大敘事中，都被視為發揮了關鍵作用。這曾經是一種勝利者的後設敘事：人文學者使用批判語言學的新方法恢復經典，一般認為這些經典在所謂的中世紀期間完全被忽視。而且，人文學者在復興了古代之後，同時是打造出現代性的共同推手；至少在一直將古代所傳下的著作視為權威的那種文化，尚未被新哲學的理性主義取代前都是如此。最近的學術研究（包括我們採訪的幾位學者）不僅挑戰了這種敘述的目的論性質，而且對它所預設的近代早期學術方法提出了挑戰。最近的研究也指明，人文學並不是在舞台上發光發熱之後就銷聲匿跡；相反地，人文學一直影響著歐洲菁英的文化觀，一直延續到十八世紀甚至是更為晚近的時代。無論是歐洲的拉丁古代（Latin antiquity）傳統，還是東亞的中國古典學科，某些傳統的強大延續性便提出了一個具有挑戰性的問題，即當一個詞彙、流派或學科跨越幾個世紀的時候，其中間究竟發生了什麼變化。

其次，我們許多歷史學家對知識創造的關注程度與對思想一樣。針對知識所提出的問題既透露出科學史的影響，也透露出了人文學學術史（最近有時被稱為人文學歷史）的影響。[26]歷史學家不僅研究新知識與新思想之間的相互作用，還試圖界定清楚新知識是如何產生，以及新知識如何從一個領域被轉換到另一個領域，例如：從口頭領域到書寫領域，或者從工匠的實驗室到理論性的論文。的確，現在人們逐漸正視工藝者作為知識創造者的身分，因為關於近代早期知識生產的新研究，已經消除了有知識者與無知識者之間那條清晰的界線。[27]

第三，在我們訪問的學者中，好幾位都強調要克服對個別思想家的英雄化敘述，藉此來還原知識分子與其所能接觸到的知識傳統，兩者之間實際互動的多重性。綜上所述，他們對歷史的修正，是針對被篡改的歷史敘述的一劑解藥，因為後者這種敘述經常是圍繞著孤獨的知識巨人及其革新來開展。這些學者不因為某些說法乍聽之下十分新穎就照單全收，他們仔細且無情地審視過去知識分子所講述的那些關於自己的故事。在一個仍舊拘泥於偉大思想家的形象及其成就的時代，這種形式的探究不啻為思想史，更宏觀地說便是思想傳統如何演變和茁壯，提供了一種全新的視野。

我們強調這些趨同性，並不是要低估受訪者之間的差異，也不是要把他們歸入一個單一的「學派」。思想史像是一座巨大的帳篷。截然不同的問題將我們的學者引向了不同類型的資料，而這些資料又需要不同的研究方法。我們無意模糊這些區別，但我們也不覺得這些區別是種麻煩。分工合作以及在方法論上的折衷主義給我們所有人的印象都是正面——不僅對學術是健康的，而且是令人嚮往的。

這些主要是關於歐洲思想史的討論又揭示了另一個問題，即歐洲歷史研究的未來。在這個全球思想史研究方法開始成為現實的時代，歐洲歷史在美國大學課程——和全球性研究計畫——中的未來仍在飄搖不定。即使書中採訪的歷史學家歡迎以更廣闊的視野看待過去，他們也不希望看到歐洲思想史衰落，因為這始終是成果豐碩和長期發展的研究領域。艾爾曼在接受採訪時表示，全世界的思想史都正面臨著各種挑戰。與此同時，愈來愈多的研究（包括我們採訪對象的一些作品）探討了早期現代性本身的全球面向。近代早期的一個特徵是歐洲文化和非歐洲文化之間前所未有的互動，而這些互動本身也改變了歐洲和非歐洲知識分子如何看待各自的過去。我們不能再孤立地研究歐洲思想傳統。近代早期研究的相關成果已經證明，這是對不同知識實踐和傳統進行聯繫和比較研究的絕佳時期。[28] 我們希望這本書有助於定義和推進全球性智識和學術傳統研究，

# 資訊、書籍和思想：

## 安・布萊爾（Ann M. Blair）

# 安・布萊爾簡介

安・布萊爾教授，普林斯頓大學歷史學博士，研究範圍是近代歐洲的書籍史、思想史和科學史。她自一九九六年開始，任教於哈佛大學歷史學系。布萊爾優異的教學、研究表現和能量，使她被提名為「普弗茲海默・哈佛大學講座教授」（Carl H. Pforzheimer University Professor）。布萊爾教授的求學歷程，反映了她日後研究領域結合歷史學和科學暨科學史的特性。她在大學期間主修「歷史與科學」學程，是種綜採人文與科學的訓練。接著又於劍橋接受科學哲學的洗禮，最終才於普林斯頓，回歸歷史學的懷抱。整體來說，布萊爾教授的研究專長，可說是環繞著「書籍」為核心，特別關注書籍作為一種物質材料的性質，考究其印刷材質、大小、重量與裝訂；並嘗試從這些物質特性來推敲各類印刷文本之於知識儲存、傳遞過程中可能發揮的影響力，甚而觸及人類在處理、思考資訊的辦法，以及研究方式的各種變化；讓傳統思想文化史的圖像，從僅是書面文字轉為一個立體化的，牽涉各種物質文化和文化實踐的複雜議題。

布萊爾教授的第一本專書《自然的大劇場：讓・博丹與文藝復興時期的科學》（*The Theater of Nature: Jean Bodin and Renaissance Science*, 1997），修改其探究法國自然哲學家讓・博丹（Jean Bodin）的博士論文而來。這部書的基礎問題，是圍繞著科學史議題來追索自然哲學在近代以來的延續和斷裂性。而布萊爾教授的第二本專書《我生有涯，知識無盡：近代以前的學術資訊管理》

（*Too Much To Know: Managing Scholarly Information before the Modern Age*, 2010），就拓展至科學史、思想史和書籍史的交界，進而探究文藝復興以來，人們面對產生愈為過量的學術資訊，如何逐步建構一套管理機制和處理方法。近年來，布萊爾教授延續了對人類「資訊管理」和「思惟模式」的關心，陸續編纂、出版了碩果成果。如其與安東尼・格拉夫頓合編的論文集《資訊：一個歷史比較的觀點》（*Information: A Historical Companion*, 2021），就是以「資訊」為考察對象，提供了歷史角度和線索的觀察。延續其對「資訊／知識管理、生產和傳遞」的關懷，目前她正持續探索思想史進程中的「小人物」，希冀挖掘過往常被忽略的，在偉大思想家生產知識文本過程中，實際投入並給予幫助的助手群像和實質影響。

## 著作選編（專書、主編論文集）

### 專書

*The Theater of Nature: Jean Bodin and Renaissance Science*. Princeton, NJ: Princeton University Press, 1997.

*Too Much to Know: Managing Scholarly Information before the Modern Age*. New Haven: Yale University Press, 2010.

*Tant de choses à savoir: comment maîtriser l'information à l'époque moderne*, tr. Bernard Krespine, revue et mise à jour par l'auteur, préface de Roger Chartier. Paris: Éditions du Seuil, 2020. (*So Many Things to Know: How to Master Information in Modern Times*, is a translated version, and greatly increased, of the opus published ten years earlier under the title *Too much to know: Managing scholarly information before the modern age*. )

*L'entour du texte: la publication du livre savant à la Renaissance*. Paris: Bibliothèque nationale de France, 2021. (*Surrounding the Text: the Publication of the Scholarly Book in the Renaissance*)

## 主編論文集

Editor with Anthony Grafton. *The Transmission of Culture in Early Modern Europe*. Philadelphia: University of Pennsylvania Press, 1990.

Editor with Anja-Silvia Goeing. *For the Sake of Learning: Essays in Honor of Anthony Grafton*, 2 vols. Leiden: Brill, 2016.

Editor with Kaspar von Greyerz. *Physico-theology: Religion and Science in Europe 1650-1750*. Baltimore: Johns Hopkins University Press, 2020.

Editor with Paul Duguid, Anja-Silvia Goeing, and Anthony Grafton. *Information: A Historical*

## 首先要向您請教，在學術生涯早期，您的知識興趣和傾向是哪些方面？

每個人的一生，看似都有種模式可依循；但在回首過往時才會發現，我們僅僅是抓著那個看似最好的決定，摸索、前進。換句話說，我從未替自己擘劃一個宏偉的計畫。一九八〇年，作為大學新生，我從瑞士帶著兩個皮箱來到哈佛。學期第一週，我決定根據我在瑞士讀書的十三年學制，從大二開始唸起；也因為這樣，我必須選定一個專業。我選擇了「歷史學和科學」這個學程，主要是因為兩者著實讓我猶豫不決，無法下定決心。這個學程專業要求選修歷史學、科學史和自己選修的科學主題。這部分我選了數學，而歷史學則是傾向中世紀。作為大學生，我為自己設定的目標是，透過閱讀來理解和把握所有我不甚了解、知悉的學派。不論對錯，我漸漸察覺當時的歷史系並不是很偏重思想、觀念的研究。因此，科學史作為一種接近思想史的方式吸引了我。這也是我很早就對思想史產生興趣的原因。

在日內瓦的成長經驗，絕對是促成我對早期歷史興趣的因素之一。在那裡發生的宗教改革，總被認為是個特別令人興奮的歷史時期。在日內瓦，我多次在夏日時節擔任城市的官方導遊，我能使用的語言為法語、德語和英語。我會爬上一輛載滿乘客的旅遊巴士，在日內瓦市展開既定導覽行程。巴士會在城市周遭開上幾個小時，而我就在車上介紹景點；結束後我便會下車，再跳上另輛巴士（笑）。我想，日內瓦的成長經驗，很自然地將我推向了十六世紀的歷史世界。

## 吸引您進入這個領域的思想史課題是什麼？是否有您特別感興趣的課題或研究主題？

科學史訓練出身的我，科學自然是研究主題之一。我反倒對政治思想史，這個主導思想史研究走向的課題，從未特別感興趣。此外，作為歷史學的本科生，我並不認為自己該專注在某些特定課題上；我反是憑著一股百科全書式的慾望，希望能廣泛地了解思想史研究。這使我自然地想到歐洲傳統，雖然我也選修了唐納德・弗萊明（Donald Fleming）的美國思想史課程。但在當時尚未浮現像當今學界如此鮮明的全球視野。即便如此，多樣性依舊是我喜歡與追求的方向。我的畢業論文主題是法國反亞里斯多德的彼得呂斯・拉米斯（Petrus Ramus），他是十六世紀的教育家，當時因為將所有問題均轉為二分法圖例而遭受抨擊。這是我第一次閱讀近代早期拉丁語論文的經驗，也是首次接觸未經翻譯或評論、註解的文本；這過程讓我體悟到一種責任感，心中既是欣喜又是害怕。

在哈佛大學讀書期間，我還在一九八一至一九八二年時於日內瓦大學待了整整一年的時間。這年非常重要，在那裡你必須選擇一個主修領域，同時兼采兩個輔修領域。我選擇歷史為主，次之為科學哲學，第三則是梵文；不過我得對梵文說聲抱歉，因為我將它忘得一乾二淨了！在日內瓦大學（或歐洲其他地方，我猜想）選擇歷史學為專業，仿似加入了一門自我認同極為強烈的學科。在這裡，教師向學生介紹歷史的方式，是圍繞著「我們歷史學家！」這句話，由此產生一股真正的群體認同精神。相比之下，在哈佛的經歷就確實沒有什麼時刻，讓我為學科認同感特別感到振奮。

畢業後，我去英國劍橋讀了一年的科學史和科學哲學碩士課程。它啟蒙了我對科學知識的社會史脈絡中「強綱領」（strong programme）*[1]的認識。我對其中的「對稱原理」（principle of symmetry）*[2]特別感興趣，此即要求研究者以同等條件來論斷，科學中「失敗」的發展與那些深具遺澤的發展。在劍橋，我和瑪麗．赫西（Mary Hesse）讀了點科學哲學，並由此認定未來將堅守在歷史學的道路上！因為參加講座的頻率遠高於一般人，我還因此獲得了「熱切求知的美國人」的稱號。最終，我跟著賽門．夏佛（Simon Schaffer）寫了關於十七世紀數學家艾薩克．巴羅（Isaac Barrow）的碩士論文。劍橋這一年是如此美好的時光，我的日常生活有如大學生，又像研究生般工作。但對我來說，學術生涯的關鍵期，還是是普林斯頓的研究生生涯。

## 在普林斯頓大學的時光，有哪些關鍵、充滿智識的時刻令您印象深刻？

回想起來我才意識到，一九八〇年代末的普林斯頓，在近代早期的歐洲史研究上是一段特別美好的時光，歷史系有五位秀異拔萃的的教師，高等研究院則有約翰．艾略特（John H. Elliot）。

我們還有一大批專究近代早期歐洲史的研究生，其中許多人特別關注法國史。娜塔莉・戴維斯（Natalie Z. Davis）關於十六世紀法國的專題研討課，著實令人愉快，久難忘懷。她會在課堂上指定學生閱讀原始文獻和二手研究，這樣材料的組合原先令我們費解，但在討論過程中卻總是精彩紛呈。我們有時會在戴維斯家中會面。在一次聚會中，她捨棄影印機改用擊打式印表機為我們十個人準備講義，在點陣式印表機（dotmatrix printer）盛行的時代，這還是頭一回有人這樣做！當時，羅伯・丹屯甫完成《革命前夕的暢銷禁書》（*The Forbidden Bestsellers of Pre-revolutionary France*），他在研討課上介紹這些研究主題，以及該課題和其他許多主題的史料，這也是非常有趣的經驗。[1]

西奧多・拉布（Theodore Rabb）開設一門知識範圍寬廣的研討課程，我為此撰寫了一篇討論

---

*1 譯註：「強綱領」，「愛丁堡學派」大衛・布魯爾（David Bloor）關於科學知識社會學的扛鼎之作《知識與社會形象》（*Knowledge and Social Imagery*）提出的核心概念。他認為，包括自然科學和社會科學在內的各種知識，都處於社會建構過程中的「信念」裡，這些「信念」都是相對、且由社會文化決定。此致，不同的民族國家、社會群體、文化信念即會建基於相異之「社會形象」的基礎上，創造各類知識。這種觀察知識形構的角度，構成了「愛丁堡學派」的核心理論。

*2 譯註：「對稱原則」，亦出於布魯爾的「強綱領」理論，作為研究科學知識社會學的理則之一。它要求研究者應該用同樣的原因、類型來說明真實的信念，也同樣得說明虛假的信念。

十七世紀法國歷史書寫（historiography）的論文。我猶記得，在論文繳交期限前幾個小時，我才開始撰寫結論，從而凝塑為一真正的論點（argument），並瘋狂地反覆修改它。直到今天，我仍然很感謝這種期限的硬性規範，因其能迫使我集中心力來思考；我甚至認為，對於演講或會議論文這類口頭報告的場合，限時規定除了讓報告者即時獲得反饋的興味外，還尤有益處。我還參與了勞倫斯·史東（Lawrence Stone）一個關於英國內戰（English Civil War）緣由的研討課，我生動地體會到，研究生的課程作業往往更強調歷史書寫面向，而非歷史知識本身。在我對英國內戰史實了解不多的情況下，師生卻可直接跳入繁複的歷史學爭論中。在該學期的某些時候，令人尷尬的是，我會突然意識到，如果我直接讀一篇關於英國內戰的百科全書式文章，可能還比較有幫助（笑）！這是個很好的專題課，史東常鼓勵學生立基於不同的詮釋立場，往復辯駁、爭論。雖然安東尼·格拉夫頓是在我五年級時，開設一門神聖羅馬帝國的課程，但我為了那份精彩的書單投入課程，裡頭全是我從未接觸過的原始史料，十分有趣。

結束候選人資格考後，我在威廉·切斯特·喬丹（William Chester Jordan）的中世紀史課程上，教授了一學期的課。然而，我在普林斯頓其實沒有修習過任何一門中世紀史課程，我非常感謝《中世紀詞典》（*Dictionary of the Middle Ages*）的存在，可惜當時這部書尚未完竣。它只編到字母P左右。所以，對我的挑戰是，僅能根據查找字母P之前的專業術語來備課（笑）！

**您的第一本書是關於法國文藝復興哲學家讓・博丹的《宇宙自然劇場》（*Universae naturae theatrum*, 1596）之研究。[2] 請問您如何選擇了博丹的自然哲學作為研究主題呢？**

博丹的《宇宙自然劇場》是格拉夫頓的建議。我心中有各種實際的選題準則：我想選法國史為主題，因為希望能待在巴黎做研究，加之自己對十六世紀的百科全書主義（encyclopedism）非常感興趣。* 我不知道格拉夫頓是否因為注意到有本博丹的著作在出售，而產生這想法，但無論如何，他提出這題目時，倫敦的威廉・普爾（William Poole）那正有一本博丹《宇宙自然劇場》（一五九七年第二版）。我買下了它，儘管當時花兩百五十英鎊買一本書似是令人驚異之舉措！能夠買到這本書，著實十分幸運。在接下來的十年中，直到《自然的大劇場》完稿、問世，無論我到何處旅行、待多長的時間，這本書都陪伴著我，並配上我為它縫製的天鵝絨封面（這機會讓我用上了在瑞士小學縫紉課學過而荒廢許久的女生技能）。

---

* 譯註：「百科全書主義」，是義大利教士、哲學家托馬索・康巴尼拉（Tommaso Campanella）倡導的概念。康巴尼拉認為，有系統、組織的知識，可用來建構一個良善社會。而百科全書主義所指涉的「有系統、組織的知識」，即包含天文學、邏輯學、修辭學、詩歌、文法、醫學、物理學、政治學及倫理學，被統一收整，成為知識的有機體。

隨著另一本博丹的《宇宙自然劇場》的出現，這似乎又是一個幸運的時刻。博丹的《宇宙自然劇場》是一個總共六百三十頁的八開本拉丁語書籍，印了三個版本，但只有一五九七年的一個版本中有出現法譯本，所以比較難找。普林斯頓沒有複印本，要維持一天往返的車程，長時間泡在哥倫比亞大學來研究館藏複本，並不是件容易事。那年夏天，我去舊金山看望即將結婚的親家時，順道去了史丹佛大學，並且出於好奇去查索了圖書館的館藏目錄，赫然發現該館書庫藏有《宇宙自然劇場》法譯本。這似乎很難令人相信，但我還是選擇動身。書庫確實藏有一五九七年法譯本的影印本。於是，我找了張影印卡，就這樣複印了這個影本（笑）。如結果所示，我很輕易地獲致主要材料：拉丁語是罕見的書本形式，法語則是通過兩層複印而獲致。在當時，這是一種難得的特權，儘管現在博丹的所有作品，幾乎都可以找到PDF檔。[3]

**請問是自己某種知識傾向引領您到《宇宙自然劇場》嗎？許多歷史學家都對各種的第一／首次感興趣。您是否對某些傳統的持久和延續性更感興趣？**

我主要是對思想觀念和實踐行為的長遠延續性感興趣，而不是對某個首次感興趣，歷史上的「首次」其實很難確知，儘管它們已經得到許多研究者的關注。不如改研究「持續」吧？博丹的《宇宙自然劇場》比我最初意識到的要創新得多，但我特別感興趣處是運用它來深入了解我稱為「常態」（ordinary）科學的部分，那些沒有被譽為具前瞻性、鮮為人知的作品，即使它們不是孔恩定義上被廣泛接受的「常態」（normal）。*1 不過，我收到一些人對於我選擇這個題目的反對意見。他們認為，我為什麼要選一個以政治哲學家著稱的人所撰寫，一本晦澀難解的自然哲學著作？這究竟有何值得關注的地方呢？對此，我的反應是，好吧，作為一位歷史學家，我的工作就是讓該主題變得有趣。我想我天真的假設就是，自己可以讓任何東西變得有趣！

當時，我還不知道自己最終會獲悉一些令人驚訝的事實。例如：該文本在德國的普及程度，或者博丹之作品如此受德國大學裡的哲學家歡迎和喜好。我甚至是在研究進展許久後，我才清楚這部作品的反亞里斯多德主義（anti-Aristotelianism）。在這點上，註解本的研究對我深具助益。初讀文本時，我對博丹的亞里斯多德主義（Aristotelian）的模樣感到震驚。*2 例如：在他對原因、物質和形式、被動和能動性智識的討論中。最先提醒我注意博丹在許多具體觀點上，對

*1 譯註：「常態科學」，布萊爾教授此處言之「常態科學」，是襲用了孔恩的定義。孔恩筆下的「常態科學」，意指以過往科學成就為基礎所從事的後繼研究。在所謂「常態」下開展的科學活動，就是依循該科學社群之「典範」（paradigm）來從事研究工作，且鮮少對此基本前提提出異議。

*2 譯註：「亞里斯多德主義／反亞里斯多德主義」，是一種受亞里斯多德作品啟發的哲學傳統，以演繹邏輯和分析歸納法來研究自然和自然法為特徵，並強調目的論和美德及倫理。「反亞里斯多德主義」即是站在這種哲學立場的對立面。

亞里斯多德懷有敵意的，是我在巴黎據以研究的一本參有大量註解的版本。書中最常出現的註釋之一，是名為「亞里斯多德批評」（Aristoteles reprehensus）的邊註，它在六百三十頁的文本中出現了一百六十次。[4]這些註解使我更仔細地注意到，博丹確實批評了亞里斯多德，並提供新的因果解釋或（在他的另一個專業中）表露出「無知的懺悔」。後者出現在博丹無法提出替代亞里斯多德的解釋方案，反倒坦承我們最好得承認自然的奧秘。另一位註解者用「博丹的虔誠」之名，針對其中部分「無知的懺悔」下了標記。這些註解使我意識到，歷史學家可以從同時代讀者的評價中學到很多東西，比起後繼研究者，他們更有條件在特定時間點來賞析歷史文本創作時的驚異之處。對以文本為生的學者來說，同時代人的反應有助於培養邁克・巴克桑德爾（Michael Baxandall）所說的，藝術史家的「時代之眼」（period eye）。[5]

## 您是如何尋得那本私人擁有的《宇宙自然劇場》註解本？

我在研究所四年級時前往巴黎，戴維斯給了我一份聯繫名單。其中一位是讓・塞爾德（Jean Céard），是位研究十六世紀法國文學的傑出學者，出版了大量怪物主題的著作。[6]在動身前往巴黎前，我寫了信給他，但未能收到回音。飛機剛落地，我又寫了一封，仍未有消息。但後來我遇到戴維斯名單的其他人，他邀請我和塞爾德共進吃飯。席間，在我描述論文題目時，塞爾德接著說：「喔，我想我可能有你提的那本書。你應該到我家來確認看看。」到他家不久後，我便意識到他對我去信毫無回音的原因：他家塞滿成堆的郵件，無論是拆封或未拆閱的，占滿房屋的每一坪空間（笑）。儘管他家裡也到處都是書，但那成堆的信件尤其讓人印象深刻。很明顯，他有非常大量的工作和交際需求，而且工作操勞過度。

但他卻是極為慷慨之人。待在巴黎的這年，曾有好幾個月的時間，我每週造訪他家一次，趁他到校教書時，我就在他幾年前買到的，那本充滿大量註釋的《宇宙自然劇場》註解本上，展開自己的工作。我抄錄和翻譯每一個註解，再敲打成文。長長的工作天結束後，當塞爾德回到家，我就會拿出一連串的問題，包括註解和文本本身來請教他。許多問題都難不倒他，塞爾德展示了一種在Google問世前非常難能可貴的技能：從其個人記憶中識別典故。更甚者，他還教給我一種可帶走的能力，他教會我如何在近代早期參考書籍類型的材料中，尋找答案。塞爾德家中有一些必備的參考工具，比如義大利詞典編纂者安布羅焦．卡利皮諾（Ambrogio Calepino）的字典，我不僅可以在書中找到詞語定義，還可以尋得它們在十六世紀的文化內涵，這有助於我理解博丹及其註解者陳述之高義。例如：卡利皮諾引據西塞羅來說明古代認為白菜對葡萄藤反感的觀點，這就足以解釋博丹聲稱白菜汁能驅散酒意的說法！[7] 或者，當註解者對博丹的術語「larus」（意指海鳥或貓叫）潤色時說：「這是拉丁語裡*filica*的希臘語，即『水生鳥類』。」[8] 我可以在卡利皮諾的字典裡找到同樣的定義，顯示這在當時並非罕見的觀念；儘管這對我來說都是全新的術語。塞爾德還向我介紹了凱利厄斯．羅迪季斯（Caelius Rhodiginus）的《古典的篇章》（*Lectiones antiquae*），這是本精彩豐富的古代傳說集，編纂、排列方式卻相當雜亂無章，必須用字母為索引來尋找。那些我們從未確認過身分的註解者，明確引用羅迪季斯為博丹文中「驚懼之域或妖魔」（*Taraxippos*）一詞加註，甚至做得很準確，以致於我可不費工夫地回查這份參考文獻。[9] 但當遇上索引條目有誤時，塞爾德便會試圖釐清（例如：頁碼的哪個數字可能不同），以追蹤明顯落在別處的段落。雖然有時我們不得不放棄，但尋獲解答之時，還是令人十分興奮。

我從塞爾德身上學到了許多東西，不單單是對博丹和這位註解者，更多是關於如何以同時期史料充作指南，來理解文藝復興時期文本的價值。這包括了運用相近時代的註解和參考文獻，以及當時可用的古典文本而非現代文本。事實也是如此，在巴黎的圖書館中，比如法國國家圖書館（Bibliothèque nationale de France），調閱十六世紀時期版本的亞里斯多德，其實比二十世紀的版本更為容易，因為後者可能在其他讀者手上使用，或者館內未有收入。我認為，在羅迪季斯《古典的篇章》和文藝復興時期其他參考書籍中，尋找解答的學術經驗，是首次開啟我關於參考、工具書類的興趣，這點在我《我生有涯，知識無盡》一書中可見一斑。

**就這點來看，您自己又是如何做筆記呢？**

一九八四年，我是哈佛大學裡最先進的學生。我的父親一直是個小型工具、器械的愛好者，他借我一台稱為便攜式（也就是後來「可攜式」）的「愷隆」（Kaypro）電腦，它重二十九磅，有一個小小的綠色螢幕和兩個磁碟機，可以驅動五・二五吋磁片：一張是安裝軟體，另一張用以記錄你輸入的文字。我的畢業論文就在這台電腦上完成，研究所階段我並未讓它退役，但僅拿來寫論文，從不用以做筆記。我就是在那時候開始使用電腦寫作。此前，我都是先手寫，再打字。但我能利用「愷隆」寫畢業論文，再列印出來，這表示我肯定還擁有一台印表機；因為當時並沒有通用的電腦基礎設施。論文完成後，我還將電腦借給宿舍裡的一個人。他後來向我說，自己僅花了一個週末的時間，就成功寫完原先尚未動工的論文；這全都是文書處理軟體的功勞（笑）！第二年我還帶著「愷隆」去英國。通關時，海關人員攔下我，緊盯著我那台奇怪的電腦，詢問是否有攜帶商業貨物。我當然說這並非貨品，這樣他們才肯讓「愷隆」入關。而相似的場景，在我回美國時可又經歷了一次。

在一九八八至一九八九年，我帶著一台五百K記憶體的東芝筆電去巴黎。這時的電腦，只需一個三・五吋的磁片硬碟來儲存文本，因為軟體已可直接存載於記憶體內。在舊法國國家圖書館，對使用者來說，最關鍵的問題是要找到插座，因為我的東芝筆電電池壽命不長（我記得大約九十分鐘）（笑）。在主閱覽室後方有一個叫「半圓室」（Hémicycle）的地方，用來放置小冊子或未裝訂資料這類未完成的印刷品。出於某種原因，那裡很多座位都有附插座。為此，我總是拿了一些資料在半圓室閱覽，不論那是否為我真正需要看的東西，只是讓我能夠充電。

## 您在巴黎的時光如何影響了您的智識成長？

巴黎的時光對我非常重要。我參加了侯瑞．夏提葉（Roger Chartier）在社會科學高等研究院（École des Hautes Études en Sciences Sociales）舉辦的書籍史研討課。往後幾年，每當我回到巴黎時，就會再次坐在教室裡頭，每次的課程對我而言，就是自己在法國學術社群尋得的智識支柱。對我來說，塞爾德的影響也不容忽視，通過他我認識了其他受法國文學訓練的思想史家，比如法蘭克．萊斯特林岡（Frank Lestringant）和伊莎貝爾．潘廷（Isabelle Pantin）。潘廷是一位天文史家，她和培訓檔案、古籍整理人員的法國國立文獻學院（École nationale des chartes）的安妮．查隆（Annie Charon）一起，啟發了我對《宇宙自然劇場》傳世複本的想法，且在書信往返間指導我操作這項研究。

對研究者來說，能遇上像博丹如此知名的作家，真是件幸事。比利時蒙斯大學的歷史文獻學研討會（Séminaire de Bibliographie Historique of the University of Mons），規劃了一個以博丹為核心的多年期研究計畫，其中包括以全球為搜索範圍的大型調查，企圖掌握博丹所有作品之複本的收藏地。[10] 多虧蒙斯大學這個計畫，我才能了解博丹在德國的普及程度，否則我可能永遠也無法知悉；因為，博丹這部《博丹問題》（*Problemata Bodini*）的諸多版本都是同《亞里斯多德問題》（*Problemata Aristotelis*）一起印刷；兩部書往往被編目在一起。因此，從各種角度來看，這部作品真的相當罕見，僅出現在少數圖書館的目錄中。蒙斯大學慷慨地允準我使用一台當時十分罕見的機器，它讓我從館方收藏的微卷中拷貝，取得了《博丹問題》的複本。就這樣，我得到了這部稀缺的德語作品複印件，甚而掌握了全世界館藏《宇宙自然劇場》複本的圖書館名單。歷史文獻學研討會大概幫我聯繫了九百多家圖書館，從中確認了二百五十間左右的圖書館，都藏有《宇宙自然劇場》的複本。

我設計了一份調查問卷分送至這些圖書館方，詢問他們是否有收藏《宇宙自然劇場》的複本，以及相關細節。例如：是哪一個版本，或是第一版的哪個版次（表現在有無題獻辭上面），以及任何複本的物理特徵，像是註解、圖書館的館藏標記和哪些作品與博丹的著作裝訂在一起。我沒有聯繫自己走訪的幾個主要圖書館，但從歐洲各地圖書館得到了非常慷慨的回應。通過問卷，我還發現了其他的註解本，雖然沒有一本能像塞爾德的註解那般完整。不過，我還是選擇走訪各地，觀覽這些有趣複本，包括一些經過審查的文本。

在某些情況下，我從未也無法親自查閱複本，尤其是東歐和蘇聯的館藏，在一九八八至一九八九年間非常難以取得。為此，我想特別感謝波蘭和捷克斯洛伐克圖書館館員給我的答覆。即使我看不到這些特定的複本，透過他們的答覆，我仍能得知是哪些文本，與博丹的《宇宙自然劇場》裝訂在一起；這答案顯是足矣，因為我在巴黎的圖書館就能找到這些書的複本。

與博丹《宇宙自然劇場》裝訂在一起的書籍，引領我認識了許多未曾設想去研究的文本，並在其中發現許多提到博丹《宇宙自然劇場》的參考書籍的印刷材料。我對《宇宙自然劇場》被接受的情況很感興趣，但在法國自然哲學著作中尋找該書被引用的段落如同大海撈針，尤其是你幾乎難以找到針頭，因為，十七世紀的法國學者是普遍忽略了《宇宙自然劇場》。德國的狀況恰好相反，一些德國學人將《宇宙自然劇場》和其書籍裝幀在一起，這些書引領我注意到，《宇宙自然劇場》被德國自然哲學文本的吸收是最為普遍的。事實再次證明，時代的眼光是至關重要的：那些決定將《宇宙自然劇場》與其他文本裝訂在一起的書籍主人，都是經過深思熟慮才將《宇宙自然劇場》與另種相關主題的文本擺放在一起。他們如此合理的判斷，以至於那些「相互裝訂」（bound-with）的文本經常明確提到博丹的自然哲學。總的來說，事實證明了，「相互裝訂」的文本在幫助我追蹤博丹接受史的工作上是極有價值的；儘管在我剛開始借助通信問卷調查時，還未能預見此結果的蛛絲馬跡。

**您是何時才意識到要寫一部關於《宇宙自然劇場》的整體史？這樣的概念從何而來？**

這概念來自我隨戴維斯考的資格考科之一，她為此所設計的年鑑學派著述選讀。我對皮耶．

吉貝爾（Pierre Goubert）的《波威市與波威地區》（*Beauvais et le Beauvaisis*）印象深刻，這是一部涵蓋一個城市及地區的兩大卷整體史，從氣候、地理、人口統計資料開始，再論及社會和經濟狀況。[11] 我蠻認同年鑑學派的觀點，即歷史是多線構成，這些線索以不同節奏同時運行：從慢速的地理變化，到中等速度的經濟變化，以及快速的政治事件。歷史學家的工作就是，即使在關注特定線索的同時，也得設法維持整束軸線的可視性。我認為，這意味著思想史家也正應該視自己為歷史學家，理解和投入文本背後更廣泛的脈絡。戴維斯從另一個出發點實踐此方法，讓自己成為一個注重文本的社會史家；丹屯則明確展現如何通過觀念的社會史面向，來處理社會史和思想史之間的連結。我確信自己從他們那吸收了這些原則。但更廣泛地講，我喜歡整體史的理念，它試圖把所有的支線聯繫在一起，儘管這是不可能全然實踐的。

支撐我這本《自然的大劇場》的另一個重要模型，是一種依循著書籍生命週期的觀念，從其誕生到死亡。一本書始生於被創述，以及作者的閱讀和寫作方法之中；接著是印刷、流通、閱讀和接受。我想，死亡應該是指書籍被讀者主動使用的終點，雖然書往往能留傳至現存的圖書館和古籍交易，有著更為豐富的來世。我是稍晚才知道湯馬斯・亞當斯（Thomas R. Adams）和尼古拉斯・巴克（Nicolas Barker）共同繪製的圖譜，其中描繪了一本書的存續階段，現在我經常在教學時使用這份資料。[12]

**您在《自然的大劇場》的論點是，傳統自然哲學的來世延續性比我們想像的要長。您在多大程度上試圖修正十七世紀新科學興起這種勝利主義的歷史敘事呢？**

這部分絕對是我當時最主要想傳達的訊息。我發現自己研究工作是與書籍史相關的，是到我後來開始教授書籍史後才意識到的。相反地，我對博丹的理解是延續科學史的經驗和對稱原理來論述：研究那些不太知名、如同「常民」般的思想家，和研究那些被正典化為「偉人」的人物同樣重要。當你採此眼光來觀察歷史的過程，往往會在革命之外，看見更多的連續性，是帶有變化和轉變的歷史延續性。舉例來說，博丹在其傳統自然哲學中引入反亞里斯多德主義，但並不是反亞里斯多德主義引出了笛卡兒或培根（Francis Bacon），但現在許多研究卻都集中在這點上。我的研究最想突顯的是，傳統自然哲學的長久延續性和創造性。

我第二本專書的計畫，是在巴黎大學探索延續至十七世紀上半葉的自然哲學傳統。在完成學位論文後，國家自然科學基金—國家原子能組織（NSF-NATO）獎學金讓我回到巴黎，渡過頭一年的移地研究生活。在那年的時間裡，我讀了許多教科書，作者多為法國大學的哲學家，他們寫來比博丹的書文更為晦澀難懂。我特別研究了讓・塞西爾・弗雷（Jean Cécile Frey），他雖然是明確的亞里斯多德主義者，但卻經常偏離亞里斯多德的立場。將他與博丹進行比較，使我意識到這些作者如何以各種方式來描繪自己（作為亞里斯多德派或反亞里斯多德派），與他們的實際立場關係不大，而是與他們希望對同時代人產生的影響密切有關。[13]但是，儘管我很享受那次對弗雷的嘗試性探索，但我也意識到，其他人比我更有資格，也更有興趣研究這些傳統自然哲學家如何精確地結合其哲學源頭和新的觀點、立場。[14]

## 您從何時開始認為自己是從事書籍史研究？

教職生涯初期，我的授課範圍是環繞著科學革命、中世紀到啟蒙運動的百科全書、科學與宗教，以及近代早期的法國史。我第一次教授書籍史是在一九九八年春天。當時我剛獲聘哈佛大學歷史學系助理教授一職。參加哈佛大學的書籍史研討會（該研討會仍持續運作，現設在馬辛德拉人文中心〔Mahindra Humanities Center〕）的經驗，使我確信書籍史將成為自己獨特的一個次領域。一些演講邀約，也是這樣看待。

我在哈佛大學開設兩門講演課，又因第三門課程之需，另外設計「書籍和閱讀的歷史」。起初，這門課是按時序安排，在由古至今的漫長時間序列中，特別著重近代早期的時段。但近來，我相當滿意自己對課程所做的調整。我以一個五週次的序列為起頭，呈現從卷軸到印刷機械化的技術演變軸線。接下來的六週則按主題排列，每週都有一個關於出版、作者身分、法規（審查和許可證）、發行和貿易、接收和閱讀、圖書館和書籍存續的專題內容。在最後兩、三週，我會藉著思考數位技術對上述主題的影響來作為課程總結。這樣一來，學生在前幾週就有時間選擇一本書為其學期報告的研究主題。在每個主題週次，我都會要求學生考察該週主題如何應用到他們選擇的資料上。幾年下來，書籍史相關的二手文獻也呈現爆炸性增長，所以我也需要不斷更新課程內容，而這段過程確實讓我感覺到許多的樂趣。

**您是如何展開對資訊超載和管理的課題，最終引導您完成《我生有涯，知識無盡》這本書？**

我很肯定這是個慢慢形成的想法！我第一本書出版於一九九七年，而《我生有涯，知識無盡》則是到二〇一〇年才出版。[15] 兩書間隔許久，這段期間我寫了很多文章，主題往往與第二本書的計畫完全無關。但事實證明，這些文章極有助於拓展自己的知識和視野，特別是我受邀為各種教科書所寫的論文，例如：為《劍橋近代早期科學史》（*Cambridge History of Early Modern Science*）寫關於自然哲學的部分；為《劍橋基督教史》（*Cambridge History of Christianity*）寫關於科學和宗教的主題；為《劍橋文藝復興哲學指南》（*Cambridge Companion to Renaissance Philosophy*）寫關於知識機構、組織的論文。[16] 這些寫作經驗幫助我聚焦於更寬闊的歷史圖像，且讓我得以將部分教學經驗引入學術著述中。

猶記得我最初對博丹《宇宙自然劇場》的興趣，是研究其百科全書的特質。但我發現，在研究一部自然哲學百科時，我無法有效地探索百科全書主義的各個面向。雖然我討論了博丹的組織原則（例如：存在之鎖鏈〔chain of being〕），但我並不覺得自己對百科全書主義作為一種更廣泛的現象，有獲致多少新知。

於是，我在重新規劃第二部專書計畫時，就逐漸脫離傳統自然哲學範疇，轉為更廣泛地理解文藝復興時期百科全書主義。例如：我喜歡追蹤所有被約翰・海因里希・阿爾斯泰德（Johann Heinrich Alsted）譽為其《百科全書》（1630）典範的作品，其中十七部，包括一部約安尼斯・科勒（Joannes Colle）的著作，該書還提及了二十三位前行學人的名字。我追蹤了大約三十六本書的文獻集叢（兩份書單之間有些重疊），它們涵蓋範圍廣，從輕薄、充滿圖表集解到厚重、雜亂無章的書籍；兩位同時代的學者都肯定它們為百科全書。[17]找齊這些書是件相當困難的事情，有幾本書經年累月留在我的「待找」清單上，而我每次造訪一座新的圖書館，都試著減少這份清單上的數量。這項研究並沒有直接產出任何成果，但我從中學到很多，並在許久以後又回到其中一些材料裡。[18]不過，這經驗卻使我對「百科全書」概念感到沮喪。我某次演講即為重要轉折點。講論過程中有人問：「你會將《唐吉訶德》也算在裡面嗎？因為它就是一部百科全書式小說？」我就想，「喔，不（笑）。」我不可能對每一部作品負責。我必須放棄這個詞彙，它的適用範圍太過寬泛，以至於我無法為這個文獻類別設定任何合理的界限。

就在這時，我決定以參考或諮詢閱讀，這種特定的閱讀方式來定義研究主題。當然，儘管人們可以通讀一本參考書，但有些書卻專為諮詢而生，書中會設置查詢指引，甚至有更明確、直接且有效的建議；就如十六世紀瑞士百科全書家康拉德・格斯納（Conrad Gessner）所做的那樣。[19]我猶記得在研究博丹《宇宙自然劇場》註解時發現，近代早期的參考書是如此有用。可惜的是，那篇稱許近代早期參考書籍之於史學研究實用性的頌歌，至今我還未能完成，也許有天真能實踐此願！不過我必須說，在研究文本的來源和背景脈絡時，曾告誡自己不僅得注重心理範疇的類別，更得參酌當時通行的書籍和複數之版本；我就是循這般思考理路來看待近代早期參考書籍這類材料。就這樣，我就放棄了百科全書，轉向討論參考書籍類。

資訊超載的概念，來自於丹尼爾・羅森堡（Daniel Rosenberg）在二〇〇〇年科學史會議上的一則評論。他對資訊超載的觀點，使我印象深刻，至今仍記憶猶新。羅森堡認為，資訊超載是一種感覺，不管規模大小，你都會感覺到此現象。資訊超載其實相當普遍，就像我們經驗過的各種感知，總是往復循環、一次又一次出現在我們的生活經驗，卻又像是全新的體驗般。最後，這個場次的討論內容，全數收錄於《觀念史期刊》（*Journal of the History of Ideas*）裡的專題中。[20]

撰寫《我生有涯，知識無盡》過程中，我在寫關於瑞士的博學家西奧多・茨溫格（Theodor Zwinger）這章時，有一個錯誤的開始。他確實是本書的要角之一，但這個章節卻未突破我在《自然的大劇場》所採取之分析模式，徹頭徹尾地拆解一部作品，試圖展開百科全書式的研究和著述。我意識到這十分沈悶，只是在重複自己以前做過的嘗試。為此，我重頭來過，有意識地設法納入我對該主題做不同演講時，所廣泛涉及的各類議題，其中我強調與當前數位工具和關注點的相似處。這讓我意識到可利用這些議題來打造這本書的雛形，而這會是一個突破的契機。

寫作過程中，整理與統合《我生有涯，知識無盡》的筆記是最大的挑戰。我花了一個整個夏天的時間來審視筆記，試圖找出哪些資訊適合放在什麼地方，哪些則該進一步做取捨。另一個大挑戰是，當我已經選定某些材料、釐定研究進程後，我就該停止那些未曾間斷的自我懷疑，停止告訴自己：「喔，你該重新安排一切。」（笑）很多時候，我都差點決定重起爐灶了！不過，在某些時候，你必須意識到，可以無限期地修改自己的作品。確實有很多完美的好辦法來呈現複雜的材料，所以，最後你只需要沿著開始所確立的方向，持續前行；因為你真正需要的，其實是看見作品完稿的終點。

## 您又是如何管理自己在學術工作上的各種資訊呢？

多年後，我在巴黎檔案館遇到我日內瓦大學的老師布羅尼斯瓦夫・巴茲寇（Bronislaw Baczko）教授。我問他最近在研究什麼？他回答道：「你知道的，你只對自己下功夫。」（Vous savez, on ne travaille jamais que sur soi-même）。換句話說，你只在自己的問題上下功夫。從某種程度上說，對於做筆記、組織這類議題的興趣，我認為正是反映出自己在這方面的不足和缺漏。

我確實擁有一套尚難稱完善的系統。我為上課和準備資格考試所做的筆記，是很傳統地以紙筆抄寫於紙本上，不過我幾乎沒有回頭查閱過。我很羨慕今天的研究生，我建議他們馬上啟用電腦來做筆記。能從研究工作初期，就在一種具備可搜尋、攜帶等寶貴功能的媒材上，建立屬於自己的資料庫，就是種莫大之特權。我在巴黎工作時就已經開始用電腦做筆記，但偶爾也會因為無法使用電腦，得改以筆記本來記錄研究的計畫和目標。一九九一年，我在英國博德利圖書館（Bodleian Library）被告知不能使用附近的插座，直到一位同樣使用筆電的美國資深學者付了錢，館員才肯通融。當時，他臉帶譏諷的表情，儼然和這筆電費是等價而比的。我在日內瓦大學的圖書館，則遇過被他人投訴電腦噪音太大；但那天的閱覽室卻幾是空蕩無人。我猜想，當時讀者反對的，其實是這種新型態的工作方式；我被告知要關上電腦，並且照做了。所以我還是很慶幸自己會隨身攜帶筆記本。

我仍然會在演講和會議期間做紙本筆記；不過，若沒將這些紀錄轉入電腦，我並不認為自己會再查閱它們。我發現，儘管紙本筆記因單一副本而特顯珍貴，自己卻變得更不在意這些資料。相較之下，我的電子筆記看來是更有條理，而且我有多種備份資料的方式。這讓我成了電子筆記的擁護者，儘管我了解這並非最佳的選擇。我主要利用Word文書軟體做筆記。起初，我會為每本書或作者創建一個檔案。現在更常見的是，我將多個資料來源匯集在一個特定主題上，存載於更大的資料夾裡。我會用兩種方式來記錄筆記，因為自己對電腦內建文件搜索功能沒什麼信心，而且早於這類搜尋功能出現前，我就已經開始記錄、整理筆記。第一種是關於我閱畢之書籍的目錄，還列出儲存相關註解的檔案和資料夾。另一種方式則是受到近代早期名為「備忘錄」（Places）的方式啟發：這是一個可載錄多種主題式評註的大型檔案，裡頭記錄了可簡要提醒自己對該主題感興趣的段落或作者，並參考儲存於他處的完整資料。* 經過初期的筆記積累階段（例如：學期教學期間），過程中穿插著不定時的重整、調配，我會定期盤點目前蒐整的資料，並通過整合部分枝節和其他評註，來增益這個資料夾的內容。有時，有些主題會發展得過於龐雜以致無法被收入「備忘錄」中，我便會進而拆分成各別議題的檔案，例如：「筆記」、「讀者」或「圖書館」。這些檔案包含對另一份文件中相關註解的交叉引用或摘錄，或是我針對某件事情的直接紀錄。將這些項目分門別類地鍵入書目資料庫中，以確切掌握每個課題的主要素材，這點是至關重要的。以「備忘錄」這種蒐整方式來操作，確實有益於我在整理那些較少被使用的主題資料，至少可確保它收納的量不會過於雜亂。

* 布萊爾教授在這裡的原文是「Places」，意指書籍史研究會提到的「Commonplace Books」或「Commonplaces」。這是一種自古典時期就被保留下來的，人類記錄、編纂知識的特殊方式，在文藝復興時期特別發達。人們會將各類訊息如引文、詩詞、信件、祈禱詞、諺語，以各種原初形式，如剪報般黏貼入一本書冊裡。

在寫完《我生有涯，知識無盡》後，我就將這十年來所建立的書目和「備忘錄」收了起來。當然，關閉這部分，就意味著我會開設幾組新的檔案！舊檔案可供回頭查閱，但我不會再增添新內容。直到現在，這些新的檔案也已逐漸變得繁重且雜亂。所以，我亟需完成目前的書稿計畫，以便讓一切再重頭來過。

當我要開始動筆時，我喜歡利用Scrivener這程式作為書寫的中介媒材，我可從筆記資料中提取材料，在Scrivener上重新整理和排列。然後，開始寫作時，我便從Scrivener中組構的文字組織汲取靈感。但我也會在單獨的Word文件中作業，並參考初始的筆記資料；當然，只要可能我也會參考原始資料。過程中，我不擅長的事情是，將不同種類的媒體素材整合在一起，比如照片和PDF檔案。我知道有其他的軟體程式可以協助集中與整合這些資料，但我仍是靠自己的筆記，在存取照片或PDF檔的資料夾中尋索。我也意識到使用耐用性不高的軟體，是很具風險的事情。特別我們不可能預知哪些軟體還能存活到明天，更不用說幾十年後的光景。

**請問您是如何看待，我們現在正所經歷的數位轉型與近代早期學者所歷經的各項變化，兩者之間的關聯？**

我們遭遇許多轉變，其中一個有趣影響就是使人們更加注重「做筆記」這件事情。在我學生階段，課堂上其實很少討論如何記筆記。每個人都會根據自己從高中老師那裡，抑或是個人逐漸養成的習慣來做筆記；但沒人認真談論、思考這件事情。現在，我們都更加關注自己的工作方法，因為科技正在影響和改變它。也還有針對手寫與電腦做筆記之效果差異的研究。令我驚訝的是，這些研究可能僅限於某個特定時間或世代的經驗，且恐怕無法延續到另一個脈絡中。我不確定手寫是否總能帶來更好的保存效果，正如當前一些研究的觀點；特別由於新的世代對於手寫和閱讀成果的適應性，是逐漸在下降（這自然是屬於這個世代的挑戰）。

在近代早期學者做筆記的方法，以及我們今天如何從閱讀中揀選與摘述重點內容，我在兩種筆記方式之間看到許多基本的連續性存在。近幾十年來，做筆記的技術和工具產生很大變化；但其實在近代早期階段也有相應的轉變與創新，其中最主要就如活頁紙張，或是相當於索引卡片的物件逐漸興起。我們感覺自己經歷了數位工具轉型的獨特階段，但並不是只有這個世代遭逢巨變。然而，我很高興的是，隨著我們對媒介和閱讀方式轉變的認識加深，進而引起人們對書籍史和工作方法的濃厚興趣。

**您許多研究都聚焦於既像實踐亦如藝術的編纂工作上。您覺得，編纂工作的歷史是否也能為我們今天提供些啟示和借鑒？**

這是肯定的。當你利用Google展開搜尋時，不就是通過它的搜尋引擎在某種編織成形的網絡中搜索資訊嗎？Google演算法一直是最高機密，但現在卻時常成為討論的對象。當人們批評其搜尋功能和後台程式時，我們關注的其實正是幾個世紀以來，人們不斷從書本上抄寫各類資訊的這種編譯工程。可惜的是，史家往往會專志於追逐著名思想家，反將這群編纂人員視作「小人物」而忽略。事實上，如同現在的Google演算法，編纂者所作的決定和判斷是至關重要的，對於哪些資料容易取得，易於在參考書籍中尋得，並在歷史長河中被廣泛地傳播、閱讀和使用。很可惜的是，多數情況下，在思想史研究者眼中，多半是看不見這類參考文獻及投入編纂工程裡的「小人物」。

編纂史向我們展示了活生生的例子。一個大型研究計畫從開始到完工，費時曠日，當一項新技術的出現就能讓計畫更簡單、容易完成。一如《伊西斯書目彙編》（*Isis Cumulative Bibliography*），在一九六五和一九七五年，先後出版了第一種書目索引資料；這個時間點正是電腦開始轉向商業使用前夕。[21] 我們應該意識到自己正如這套索引書籍，陷入兩難當中：人類運用各種方法應對、執行各項大型計畫，心裡卻知道這些技術很快就會被取代。然而，我們現在還是只能仰賴現有工具來完成這些計畫。

**《我生有涯，知識無盡》以比較伊斯蘭世界、歐洲和中國的資訊管理這章起頭。請問您是如何展開這項比較研究，又從中學得什麼呢？**

從某種意義上說，這個比較的想法是起源於十九世紀關於百科全書的史學作品，當時歐洲學者開始將「百科全書」這個詞和概念，用以比附於阿拉伯語和中文世界的作品上。由於我無法讀懂阿拉伯語和中文，僅能將綜攝古今歐洲史學論著，當作研究起點。不過，書籍史取徑還讓我在即使無法理解文本的情況下，增添些新的可能性。我的同事和研究生非常慷慨，我很幸運地從他們身上學到許多，他們為我對燕京圖書館（Yenching Library）的古籍珍本和霍夫頓頓圖書館（Houghton Library）收藏的鄂圖曼手稿材料，上了寶貴的一課。我試著將自己在哈佛課程中貢獻的一些專業知識記錄下來，這門課是「書籍：歐洲、亞洲和中東地區的印刷和手稿（1450-1650）（HUM1.3x）」，由戴連斌博士（Dr. Lianbin Dai）負責東亞的材料，梅雷迪思・奎因博士（Dr. Meredith Quinn）則是鄂圖曼地區的手稿。此外，學術會議也是了解這些領域的寶貴途徑。我應邀參加二〇〇三年在倫敦阿迦汗學院（Aga Khan Institute）舉行關於伊斯蘭百科全書的會議，受到很多的啟發。[22] 我還與中國史專家探討百科全書和書籍的歷史，這是塊在東亞研究中快速發展、成長的新興領域。[23]

這些比較討論有助於我反思印刷術在歐洲的影響力，這個領域引起很多人的興趣和辯論，特別是伊莉莎白・艾森斯坦（Elizabeth Eisenstein）於一九七九年出版的《作為變革動因的印刷術》（*The Printing Press as an Agent of Change*）。[24]比較的視角得以突出這般事實，即「印刷」這個術語是被用來描述兩種不同類型的技術，各自有相異的限制和優勢。第一種是指木刻印刷或木刻版印刷，抑或也對應現代技術的平版印刷，這些都讓我們能保留和重覆使用木刻印版，提供類似當代「隨選印刷」（print on demand）的可能性。另一方面，排版或用金屬活字印刷則得按次印刷一定數量的複本，因為你需要重複使用剛剛印刷在紙張上的活字模具，它得經過重新編排後才能再複印下一頁的內容。由於這些技術差異，東亞地區的印刷術不像活字印刷那樣，需要如此大量的初期投資或商業買賣，而歐洲書目學家對版本、發行和再版之間的區分，則不那麼適用。在比較歐洲、伊斯蘭世界和中國等地的書籍生產發展時（還有許多其他有趣的比較可做），我們可以體會到文化如何在影響技術成形上，發揮重要作用。

　　這些比較研究使我體會到，歐洲案例的獨特性是在於印刷術應用的具體方式，而非作為孕育印刷術之地這點上。而我之所以專注於歐洲，並不是因為它較為有趣，而單純是我作為一個歐洲人，很自然就將比較的重點放在這個方向上。當然，環繞著其他面向所開發的比較工作，也同樣極具意義的；我很高興看到，關於印刷術的比較研究，目前已陸續出版了這些精良成果。[25]比較研究需要不同種類的語言和歷史專業的合作。與許多不同專業研究生（從廷布克圖〔Timbuktu〕的手稿到滿文寫作）的合作過程中，例如：我們共同規劃環繞著書籍史主題的資格考科，抑或是我出任其論文委員，這些經歷讓我受益匪淺。凡是有文本的地方，就有書籍史的課題，這是著眼於現存的物質文本，闡明一系列主題的作法，包括作者身分與權威、傳播與發行、閱讀、評論、經典形塑、書籍的遺失與存續。

**貫串您許多研究工作的一個主題，是人類嘗試去了解、掌握或編目世界萬物時所展現一種「普遍性」或「全面性」的特質。我們可以從這種針對「普遍性」或「多面性」特質之研究，獲得什麼樣的啟示？**

很多史家的工作，都是環繞著非常嚴肅的課題，例如：暴力和各種權力的濫用。但我個人卻是較為積極、樂觀。我研究的是夢想家、理想主義者，他們懷有將所有知識融為一體的抱負，並且常懷持著隱微的神學層面上的「和平主義」（irencism），儘管他們歷經了宗教和族群衝突，卻仍是朝此方向努力不懈。雖然他們的雄心壯志沒有成功，而且還被困陷於當時的階級社會和政治結構中，但我卻很難不同情他們。當我環顧身邊正在研究戰爭和奴隸制的同事們時，我意識到自己所關注的，其實是歷史上比較快樂的話題。比起其他領域，思想史可能提供更多這樣的機會，但這也取決於你在研究過程中尋找的東西。最近，一位學生提醒我注意戴維斯教授一段鼓舞人心的話：「我一直想成為研究『希望』的歷史學家。」[26]

**對於思想史裡小人物的身影和作為，您方才展現了自己對他們的注重。在思想史上，倘若那些匿名的合作、貢獻者都得到了應有的注意和待遇，這樣一來，思想史的面貌又會是什麼樣子呢？**

這是個很好的問題，我的答案則是「那又如何？」──這想法來自目前正在寫作的一本書，主題是環繞著近代早期歐洲思想史的匿名或隱匿助手。[27] 首先我得說明，該書之目的並非要拆穿這些思想偉人的形象，而是要深化對思想家的理解，了解他們的工作方式，以及如何寫出使之享譽盛名的文本。事實上，這些助手種類繁多，貢獻碩累，實在遠比人們所認為的重要許多。不過既然他們的身影目前還未被註記，我就不能在此說太多了（笑）！舉例來說，我並不是要爭論《蒙田隨筆》（*Essays*）的作者還有蒙田（Michel de Montaigne）以外的人。但我確實懷疑，很多近代早期的多產作家是否真是獨自工作。實際上，他們獲得了許多人的幫助，包括雇用僕人，他們多少具有些專業技能。甚至如經常寄宿在老師家的學生，以及妻女子嗣等家庭成員。他們著實貢獻良多。有些部分，我們會認為是一些機械性工作，讓他們得以依循著條理清明的指導原則來做事，例如：按字母順序排列，精準的複製或校對。這部分工作，適度地解放了作者有限的時間。甚至如其他較具智識難度的工作，包括改正、編目索引、做筆記或整理材料，助手們仍會運用判斷力，為這項工作做出知識貢獻；儘管當時沒人承認這點。所以，針對這項課題的研究，我希望能深化對於近代早期作者在創述文本時，賴以生存之隱蔽社群的理解。我也希望，通過歷史研究，能讓我們更清楚認識自己現在的工作流程，以及我們所仰賴的助手，包括人和電子設備。近代早期的助手確實很難尋見，但在特別的巨冊書中，有時則較顯突出。例如：我在一本一六五二年印刷的中世紀英語手稿巨冊版本中，遇到一位獨特的「給讀者的抄寫員」。[28] 這樣看來，我不正就在和博學多聞的超級藏書癖好者們，一起工作嗎（笑）。

**自從您成為研究生以來，可以研究或是已被開發的問題類型是否已經發生變化？「技術」在這種變化中發揮怎樣的作用（如果有的話）？**

我現在回想起來的第一項轉變，就是圖書館線上搜尋目錄的強大功能，起初你只能在辦公室查閱，現在則是任何地方皆可操作。當我還在求學時，要想嘗試參閱在晤談時間從老師身上獲得的資訊，像是一本書的大概名稱、出版日期，這絕對是一個挑戰。我得在晤談過程中將這些簡要資訊抄寫在便條紙上，但它往往很難讓我馬上在下次查閱圖書館卡片目錄時，找到確切資料。現在，我會盡量趁學生與我在一起的時間，在電子目錄上搜尋記憶中的那本書，這讓我有時間在記憶和資料來源之間翻找，直到我可以將精確的圖書館紀錄用電子郵件發給他們。多樣化的圖書館線上目錄，以及各式整合型入口網站，例如：「一六〇〇年前印刷書的通用簡明目錄」（Universal Short Title Catalogue for books printed before 1600），提供了在網路崛起前人們無法想像的檢索能量。而就在過去幾年中，可供使用之PDF檔案在質量上的提升，如瑞士數位圖書館（E-rara）和德國慕尼黑圖書館（Staatsbibliothek in Munich）的數位館藏，就扭轉了我原先對一個計畫可行性的疑慮。例如：我剛剛完成了一系列關於格斯納出版策略的文章，我研究了他全部六十五種出版物的題獻詞和其他「副文本」（paratexts），所有資料幾乎全數都是我在網路上尋得的電子全文。[29]只要有可能，我還是會去查閱書籍的副本，在一些情況下，這種直接的物理接觸對於我們確認一個在PDF檔案裡頭被取消（只有當你知道要在PDF中尋找時），或無法重現的插頁表格是至關重要的。無論是因為它沒有引起注意，抑或是涉及過於龐雜之格式，而造成太多處理程序上的困擾。但其中有些書是如此的稀有，以至於沒有納藏入任何圖書館。這樣一來，數位技術的出現，就讓人類企圖打造一個虛擬圖書館，將現在分散各處的書籍彙整至一處的想法，成為可能。同樣地，不同版本的比較，或者不同館藏處的手稿和印刷書之間的比較研究，現在，只要兩者之中有任何一樣物件已完成數位化，這件事情就變得更為容易。在法國國家圖書館裡，嘗試往復來回地比對手稿和印刷書的願景，是如此艱鉅和令人生畏，以至於我從未嘗試過。現在，這兩個閱覽室雖相隔幾區，但數位科技已帶來拯救方案。我知道，我只是觸及了許多可能正在進行的新研究，如果我們繼續在非常規字體和字母符號的光學辨識上取得長足進步，這些研究的可行性將有望繼續提升。

**像Google圖書提供的書籍截圖和關鍵詞搜尋這類科技，是否正在改變人類既有的閱讀和學術實踐？**

我確信有些改變正因為它們而發生。在這一點上，我幾乎不記得究竟如何通過翻閱年度圖書目錄來尋獲最近期的論文，我也很難為這種特殊儀式哀悼。當然，Google搜索的便捷性也伴隨著某些風險：那些尋找快速解決方案的人，可以只仰賴書籍截圖來完成他們的註腳，從而忽略這些擷取資訊背後的廣大脈絡。更為可惜的是，Google圖書的後設資料是相對薄弱的，因此想要了解你所使用的文本，較有意義的作法其實是查閱圖書館目錄或書籍本身，好以充分把握數位化的本質。另一方面，Google提供的快速檢索，也更容易幫助我們重新脈絡化地掌握閱讀內容，如果我們真能切實操作的話。例如：現在很容易就可以查看我們引用書籍的好壞，只要掃描書評即可辦到。Google搜索還可以在很快時間內，挑戰一些我們已知的事實。例如：當你在查找一段引文的出處時，你可能會發現一處，並認為它是正確的；但若你上網搜尋即會發現多個相異出處，並意識到問題可能更加複雜。所以，技術本身並不是負面的。無論我們使用何種技術，我們都需要向學生解釋，也要提醒自己，透徹地思考問題和我們所提供之解答，是至關重要的。

**在職涯經歷中，您認為自己學到了哪些東西，又遺漏了哪些？對您來說，那些看似真實或重要的事物，是否有隨時間推移而改變呢？**

鑒於我作為一位歷史學家的偏好，我認為自己的智識發展軌跡是穩定積累和漸進的，而非急轉彎式，我想這樣的回答並不會令你太過驚訝吧。老實說，我從未在心中擘劃一個宏偉計畫，我非常享受旅途中的意外風景，也有人稱之為繞路；這些意外往往來自與他人的溝通交流和邀約。起初，我是想了解著名思想家，最終卻愈來愈關注「小人物」。但最讓我意想不到的是，我領會了參與個別知識社群的重要性，意識到它可作為個人思想反饋和靈感的泉源，並學習花時間為社群做出貢獻，或許還能做些什麼來改善它。一開始，我認為學術工作是相對孤獨的，某些面向當然是這樣，特別是寫作的過程。但其實，我們所有人都是很多知識社群的各別成員。有些社群是由單一學科，亦或是多個次領域所框定，並且遍佈全球；另一些社群則是由地方脈絡裡的機構、地域和人所組成。例如：格拉夫頓通過他在教學、諮詢，以及指導數十名學生和同事的工作過程裡，引導他們進入自己的研究視野中，進一步在許多領域和主題上，培養一個個充滿活力的學人社群。

在多年的學徒經歷及其後漫長工作日程中，我一直很感激格拉夫頓作為論文指導教授，並熱情慷慨地指引一條研究工作的明路。而格拉夫頓也與其他許多人保持著類似的關係！二〇一五年五月在普林斯頓為他舉行的六十五歲生日慶祝會議中，現場所有人都領略到了「格拉夫頓」社群那無遠弗屆的非凡力量。[30] 新的技術也奇妙地促進了知識社群在各個層次之間的互動，不過，我們其實只是延續了幾世紀以來「文人共和國」（republic of letters）慣常使用的老把戲，仰賴多種媒體來展開面對面，或長程和跨區的學術交流、互動和實踐。在未來，我深信這個擁有眾多「省分」的文人共和國，亦將長存於世！

**最後，談談您眼中思想史的未來性吧？它將走向何方？您又希望它往何處走？思想史在更廣泛的史學專業中，可能扮演什麼角色？它又可能在哪些方面，繼續影響其他學科和研究事業呢？**

在我看來，思想史在史學專業以及哈佛歷史系中，似乎比我還是大學部學生的時期，表現得更為搶眼。然而，從整體上看，它還不能被稱作歷史學科的核心。在歷史學門裡，主要重點是經濟、政治、國際關係和帝國。但我仍認為，思想史家與不同領域同仁的交流，甚至和鄰近學門，如文學、哲學、科學史或藝術史的同事互動，確是有益於彼此的成長。我感到高興的是，思想史現在廣納了遠比長期以來一直都是思想史研究重心的政治思想，更為豐富多樣的各種議題，包括對文本生產的方法和實踐的關注。[31] 我真摯地期許，即便激勵我研究熱誠的議題並非思想史研究

# 拒絕不證自明——

## 洛林・達斯頓（Lorraine Daston）

## 洛林．達斯頓簡介

洛林．達斯頓教授，哈佛大學科學史博士，歷任普林斯頓、哈佛、布蘭戴斯（Brandeis）、哥廷根、芝加哥等大學教席，自一九九五年起出任柏林馬克斯．普朗克科學史研究所（MPI für Wissenschaftsgeschichte）所長，二〇二〇年退休。達斯頓教授研究範圍極廣，對於眾多科學史上的視為自古皆然的基本概念，都能追溯具體的歷史脈絡。這路徑稱她之為「不證自明者的歷史」。在哈佛研究院期間，深受科學哲學與科學史家伊恩．哈金影響，博士論文探討機率概念發生突變，從不能想像變得可以想像的政治脈絡，後來修訂成《啟蒙運動中的古典概率》（*Classical Probability in the Enlightenment*, 1988）。此後透過與其他時段的學者合作，達斯頓教授進一步以長時段的視野，對「自然」與「客觀性」等看來普遍概念，予以歷史化。這些合作的成果，可見於為與凱薩琳．帕克（Katharine Park）合著的《奇異事物與自然秩序》（*Wonders and the Order of Nature*, 1998）以及與彼得．加利森（Peter Galison）合著的《客觀性》（*Objectivity*, 2007）兩部獲獎著作。除了合著以外，達斯頓教授在主管普朗克科學史研究所的二十餘年來，帶領多項群體研究，彙集地域、時段和學術背景多元的學者，提出具前瞻性的新問題。近年的計畫成果，包括冷戰時期所特有，可以精確計算的理性概念的跨國史《理性幾乎失控：冷戰理性概念的奇異歷程》（*How Reason Almost Lost Its Mind: The Strange Career of Cold War Rationality*,

2014）；以及科學史上各種「檔案」的發生史《檔案中的科學：過去，現在，將來》（*Science in the Archives: Pasts*, Presents, Futures, 2017）。

## 著作選編（專書、主編論文集）

### 專書

*Classical Probability in the Enlightenment*. Princeton: Princeton University Press, 1988.

Co-author with Katharine Park. *Wonders and the Order of Nature*. New York: Zone Books, 1998.

Co-author with Peter Galison. *Objectivity*. New York: Zone Books, 2007.

*Against Nature*. Cambridge, Massachusetts: The MIT Press, 2019.

### 主編論文集

Editor with Lorenz Krüger and Michael Heidelberger. *The Probabilistic Revolution*. Vol. I, *Ideas in History*. Cambridge: MIT Press,1987.

Editor with G. Gigerenzer, Zeno Swijtink, John Beatty and Lorenz Kruger. *The Empire of Chance: How Probability Changed Science and Everyday Life*. Cambridge: Cambridge University Press, 1989.

Editor. *Biographies of Scientific Objects*. Chicago/London: University of Chicago Press, 2000.

Editor with Gianna Pomata. *The Faces of Nature in Enlightenment Europe*. Berlin: BWV Berliner Wissenschafts-Verlag GmbH, 2003.

Editor. *Things that Talk: Object Lessons from Art and Science*. New York: Zone Books, 2004.

Editor with Fernando Vidal. *The Moral Authority of Nature*. Chicago/London: University of Chicago Press, 2004.

Editor with Gregg Mitman. *Thinking with Animals: New Perspectives on Anthropomorphism*. New York: Columbia University Press, 2005.

Editor with Katharine Park. *The Cambridge History of Early Modern Science*. New York: Cambridge University Press, 2006.

Editor with Christoph Engel. *Is There Value in Inconsistency?* Baden-Baden: Nomos, 2006.

Editor with Michael Stolleis. *Natural Law and Laws of Nature in Early Modern Europe: Jurisprudence, Theology, Moral And Natural Philosophy*. Farnham Surrey: Ashgate, 2008.

Editor with Elizabeth Lunbeck. *Histories of Scientific Observation*. Chicago: University of Chicago Press, 2011.

Editor with Paul Erickson, Judy L. Klein, Rebecca Lemov, Thomas Sturm, and Michael D. Gordin.

## 您是如何開始學術生涯的？

我們科學史家總是沒辦法立定主意。進大學時，我以為自己會成為天文學家，但那其實只是從姓名而來的幻想。我來自一個希臘裔家庭，出生時命名為Urania，即是希臘神話中天文學的繆思，我就一直都認定自己會主修天文學。我最終修讀的是數學、歷史及哲學。但幸運地，當初因名字而來的執念，讓我在大學一年級時選修了一門叫「自然科學9」的課。這門課的前身是由孔恩和其他教授所授「自然科學3」。開課的緣起，是當時的哈佛校長詹姆斯·布萊恩·科南特（James Bryant Conant）想要在要培養「原子彈時代」（譯按，即冷戰時代）的理科生。我修課時，這門課由身兼天文學家與天文史學家的歐文·金格里奇（Owen Gingerich）主講。金格里奇授課有催眠般的吸引力，我至今仍然記得他關於牛頓定律的示範實驗。

這是我初次接觸所謂的科學史。正如金格里奇的眾多學生那樣，我完全地受到他的魅惑。但我仍然不認為科學史可以成為我的職業，所以我往來於數學、歷史，以及哲學的各項課程。大學畢業後，我先是嘗試了科學哲學，到劍橋跟隨瑪麗·赫西學習。赫西關於模型與類比的著作，我認為至今仍是充滿原創性。[1] 但我在當時很快就發現，我對哲學的想法猶如萊布尼茲（Gottfried Leibniz）的《單子論》（*Monadologie*），是形上學與科幻小說的揉合。那在十七世紀末就已經落伍。因此，我最後回到哈佛修讀科學史的博士班，同時想著，如果連科學史也不行，埃及學行不行？又或是晶體學？我想典型的科學史家對於學術的方向，都處於懸而不決的狀態。總是不願意聽到可能性的大門在你身後砰然關上。

## 什麼問題驅使了您研究數學史？

最初而又最主要的原因，當然是我喜愛數學。但這個選擇，也反映了科學史領域在一九七〇年代的走向。當時，很多科學史家仍然認為自己研究的是，為了特定現代科學領域的歷史，例如：物理、心理學或化學等。研究近代早期的學者卻知道，這些學科的概念是幾乎無法適用於十六與十七世紀，甚至是西方世界在一九〇〇年以前的知識分類。可是，當時科學史的分類，都是模擬當代科學的學科。這樣的分類架構，也反映了當代對於何謂科學的定義，在英語與法語世界，尤其如此。當時的我需要選擇一個領域，就選擇了數學史。

數學史在當時是引來爭議的。在那時期，歷史、社會學和科學哲學正處於一場戰爭。在各種意義上，這場戰爭都是湯瑪斯・孔恩的《科學革命的結構》一書無意間地觸發。[2]交戰雙方分別是內在主義論者以及外在主義論者，而數學史則被視為後者難以攻下的領域。這些名詞現在看來可笑，我看到你用年輕人憐憫的樣子看著我，大概在想「那是什麼時代的怪想法」。但在一九七〇和八〇年代，人們會為這些問題吵得面紅耳赤，聲嘶力竭，血壓上升。數學看來就是那個強硬分子，抵抗更脈絡化、歷史化的科學史研究。在很多方面，現狀仍是如此。在一九九〇年代以後，當科學史已經更同化於一般歷史的領域時，數學史仍然處於孤島的狀態。對於一個一九七〇年代的研究生如我，把數學史上的公案歷史化，既讓人欣喜，又是挑戰。在劍橋的碩士論文，我以法國大革命及拿破崙時代的專家招募以及工匠訓練等脈絡，來分析十九世紀初期法國的投影幾何學。後來在哈佛的博士論文，則是關於機率理論在十七與十八世紀的早期歷史。我以更大的脈絡，至少是思想的脈絡（而現在回頭檢視，我也看到其中經濟的脈絡）來理解機率的發展。作為一個近代早期的研究者，也讓我也難以安於數學史的領域裡面。

在近代早期的研究，你不久就會深深懷疑，為何能將二十世紀晚期的知識分類投射在十六與十七世紀，很多時候更包括十八與十九世紀的歷史上。與我的想法相反，數學史有很強，也頗為有趣的現在論傾向。很多數學史學者相信所有前近代的數學，都可以現代的術語來轉譯，而大體不失其概念的內容，例如：把歐幾里德的《幾何原本》第二卷用代數寫出。因此，在思想上我實在難以接受那樣的自我定位。

**您什麼時候意識到那樣的矛盾？**

一九八四年，我在普林斯頓當助理教授的時候。在一九七九年完成博論後，我成為哥倫比亞大學院士會（Columbia Society of Fellows）的成員，掛單在哲學系，然後再回到哈佛出任助理教授。我在哈佛根本是回到一個超齡的研究生的身分，那裡與我研究生的生涯無縫接軌，也因此我沒有理由去改變任何東西。在哈佛與普林斯頓之間（一九九二至一九九三年），我在德國俾勒非德（Bielefeld）待了一年。那確實是關鍵的一年。我在跨學科研究中心（Zentrum für interdisziplinäre Forschung）參與伊恩・哈金、南希・卡特賴特（Nancy Cartwright）與洛倫茨・克魯格（Lorenz Kruger）所組織，探討概率革命的研究群。

那年的所有事都對我都是重大改變。首先，群體研究是一個新穎的體驗，而群體又是由如此傑出的學者所帶領。我只說一點：研究群是由一群明星，如哈金及卡特賴特等人所組成的。在劍橋時，我聽過卡特賴特講授量子力學的哲學；而在哈佛時，我已經知道哈金的研究，在懷德納圖書館（Widener Library）讀到他在一九七五年的作品《概率的崛起》（*The Emergence of Probability*）。那本書徹底改變了我對博論題目，更有甚者，是對書寫科學史的想法。所以對我來說，他根本就是半神！克魯格是知識淵博的哲學家，思想與人格都令人肅然起敬。群組中既有那樣資深的成員，也有剛完成博士學位一兩年的人，如希歐多爾・波特（Theodore Porter）、瑪麗・摩根（Mary Morgan）與我。

在群組的第一次會議後，有人說：「如果有人作會議紀錄，那會是個好主意。」摩根、波特和跟我面面相覷，我們肯定這工作會交給房間裡最資淺的我們。哈金卻舉手說：「這次由我來，之後我們輪流作紀錄。」伊恩身體力行，並謙虛地說：「我其實不太會作紀錄」，這份氣量，既提升作紀錄這項任務的意義，更改變了群組的能量。這件事教導我有一個平等對待同伴，充滿魅力的人物的重要性，以及一種研究科學與數學史，而又充滿哲學敏銳度的方式。在倬勒非德的講論會把我對概率史的興趣，重置在更廣闊、更哲學的脈絡。這主要受惠於群組中的哲學家，尤其是卡特賴特、克魯格和哈金。

但倬勒非德的經驗，也把我帶向一種不同的歷史，同時注意實踐與思想。在早期的概率理論來說，那就關乎保險，以及證據的法律原則實踐。在倬勒非德的一年後，我轉任到普林斯頓，那邊的同事更鞏固了我這樣的學術轉向，尤以杰拉德．蓋森（Gerald Geison）以及米歇爾．馬奧尼（Michael Mahoney）影響最深。此外，由於普林斯頓的科學史學程歸屬於歷史系，我也像上速成課那樣，吸收文化史與思想史的新潮流，這些潮流的開創者正包括歷史系的娜塔莉．戴維斯與安東尼．格拉夫頓。

## 什麼吸引您展開對概率的研究？

就是哈金的《概率的崛起》。[3] 那是少有會永遠蝕刻在記憶內的人生轉捩點。在一九七〇年代中期，哈佛的懷德納圖書館有一張新書展示桌。那天晚上我要帶小孩，所以想先抓點什麼書來看。那是本薄薄的書（笑），我當時應該是想，何不就挑這本？我就把它借出來了。我一口氣就把它讀完，就像笛卡兒認為讀者應該一氣呵成地讀《沉思錄》（*Meditations*）那樣。我已經忘記本來要帶的那個可憐小孩後來怎樣了（笑）。那書吸引之處不僅止於題材，更在於它的歷史方法。那是一種異常創新來處理歷史的方式。哈金習慣用斷言式的句子，例如：「在一六五四年十一月以前，概率作為量化證據是不可思議的。」當然，他會加上一絲的自嘲與反諷。但與此同時，他也會把研究對象徹底地歷史化。例如：「證據」那樣的概念，表面上是人類思想工具中永恆的部分，但其實只在特定的情境下才是可行的。哈金把不證自明的思想徹底歷史化的方式，就像波浪一樣沖擊了我。從那天晚上，我就知道我的博論會寫什麼，也毫不後悔地拋棄了投影幾何學的研究。

**您在哈佛時還有跟誰交流？當時您還以誰為典範人物？**

當時哈佛對研究生的政策，基本上就是仁慈的放牛吃草。我強調「仁慈的」，因為當時我們獲得自由，可以探索與漫遊，而這在現在流行重視事業的標準來說，絕對是奢侈的。我有一位很好的指導教授，埃爾溫・海伯特（Erwin Hiebert）；我覺得他對我的研究所知不多，但還是信任我。無論是為人與為學，他都是我的典範。現在回想，他的典範既在於他對各種學術議題的開放包容，* 也在於對年輕女性學者的支持。海伯特的學生成為首批女性科學史家可以在成家後，繼續她們的學院生涯，絕非意外。我不想誇大女性的弱勢。科學史向來有一個堅強的女性學者隊伍。例如：孔恩在《科學革命的結構》引論中提到他特別獲益的四位學者：法國的化學史學者海倫・梅茨格（Hélène Metzger），德國的中世紀學者安娜莉絲・邁爾（Anneliese Maier），英國文藝復興歷史學者法蘭西斯・葉茨（Frances Yates），以及俄國出身，法國科學哲學史家亞歷山大・夸黑（Alexandre Koyré）。我不會因為這四人中就有三位是女性，就說孔恩是女性主義者；我只會說她們都是有特殊原創性的學者。

因此，我不想誇大其詞，因為在科學史領域內，一直都有少數特出的女性學者存在。但海伯特之所以堅持支持他指導的女學生，同時是出於個人因素。他的妻子艾芙莉達（Elfrieda）是音樂學的博士，而他的兩個女兒，則是跟我們年紀相若的研究生。再者，海伯特的基督教門諾會（Mennonite）背景，也讓他對婚姻和女性抱持平等的態度。我當時就從他的指導中察覺到這些關聯，但要到現在才能清晰地表達出來。當我聽聞其他與我年紀相仿的女性科學史學者的經驗，包括那些孔恩的學生，或想成為孔恩學生的人，她們的經驗可與我相差得遠！

知識的刺激則主要是來自其他研究生。他們都很棒，實在非常棒。我的朋友瓊・理查茲（Joan Richards）當時正在寫關於維多利亞時代英國幾何學的博論。我們一起真正歷史地思考數學史，是共同作戰的同志。帕克在寫的博論是以社會史的取徑，來研究中世紀及文藝復興的醫藥。她成為我們秘密計畫的共謀者：她本應要寫文藝復興時期佛羅倫斯的瘟疫，而我則要寫概率理論的歷史，但當我們在哈佛收藏善本的霍夫頓圖書館時，我們是讀《豬臉女與一千種特別事物》（*The Hog-Faced Woman and A Thousand Notable Things*）那樣的書，來合寫一篇關於近代早期歐洲怪物的文章（笑）。[4]

**您在學術生涯中常與其他學者合作，那樣可以帶來什麼效益？**

嗯，首先要說的是，那實在很有趣（笑）！有許多次，帕克跟我都差點被趕出霍夫頓或其他善本圖書館，因為我們笑得太大聲了（例如：那份豬臉女的大幅印刷品）。這其中也有一點「兩個傻瓜」的因素：合作既會加深偏見，但同時也會給我勇氣去對付我們各自不敢進行的題目。在帕克跟我唸研究所時，「怪物」絕對是那樣的怪異題目。

我們一起修讀了一門哲學系的十七世紀形上學研討課。那是我難以忘懷的。在一群哲學家裡面，我們是唯二的歷史學者；在對待培根、笛卡兒、約翰・洛克（John Locke）和萊布尼茲等經

---

* 譯註：原文以基督教合一運動（ecumenism）來形容。

典時，他們是以論點是否符合永恆真理（sub specie aeternitatis）的角度來評論。舉個例子來說明那堂研討課有多麼非歷史。那位要報告洛克《人類理解論》（*Essay on Human Understanding*）的學生，居然不記得是在一六八九年還是一七八九年出版。對於習慣以時序與脈絡思考的歷史學者來說，像那樣搞混年分，與不分左右根本沒有兩樣。研討課上的哲學家們也覺得我們同樣奇怪。當其他人都在分析是否有天賦觀念那樣的論題時，帕克跟我就在問：「你們有留意到培根提到怪物，萊布尼茲也提到怪物嗎？」我們之間有種瘋子的友誼，而我們的合作研究也是那樣開始的。

**所以您與帕克合寫的《奇異事物與自然秩序》[5] 是從那個時候開始的？**

那本書的確是從那堂十七世紀形上學研討課開始的。但要更認真地回答的話，另外一樣合作好處，就是讓你有長時段的時代感，以及不同的分析視角。帕克跟我是明顯地互補的。她是中世紀與文藝復興的專家，而我則研究近代早期以及啟蒙運動。我所鑽研領域中的研究，大概都如同十六到十八世紀的歷史人物那般，預設當時的歐洲是一個與之前斷裂的時代。但只有完全忽略一五〇〇年以前的文獻，這樣的預設才能成立。我現在絕對不會在帕克面前這樣說：「在十六世紀首次⋯⋯。」因為她一定會說：「親愛的，你有沒有看一下十三世紀？」對於近代早期研究者的傲慢，這是必要而有建設性的提醒，尤其是當這個學門仍然將科學革命視為現代性的大霹霾。「近代早期」的名稱就可見這種心態了。在分析觀點上，帕克同時受到社會史，以及瓦堡學派（Warburgian）的思想史訓練，而我則是受思想史與哲學的訓練。這帶來啟發性的觀點衝突，因為我們都要理解對方的立場，同時又要說服對方。

**您與加利森的合作造就《客觀性》一書。**[6] **研究時段的差異是不是也造成類似的效果？只是這次倒過來，您研究時段較早，而他較晚？**

對，就是那樣。加利森對十七世紀甚感興趣，但他的作品還是以二十與二十一世紀為核心。他對具體事務和物質的層面更有興趣，而我則是著重觀念。我們都要找尋將各自取徑帶來的洞見，翻譯成共同語言的方法。在這方面，我們對哲學的共同興趣，或是說對於哲學與歷史如何互補的興趣，實在幫了大忙。

**作為進行眾多合寫作品的學者，您如何看待把自己與他人意見融合的經驗？**

這是最難的問題。我都記得與帕克及加利森修訂論點時，那些激烈又讓人振奮的討論。我腦中的耳朵，都會聽到帕克的聲音說：「如果連我都看不懂，那就不會有人懂你寫什麼了。你再清楚說一遍看看。」那些討論都進行得很順利，也充滿熱情。我也記得帕克跟我要在一個夏天內刪減一百頁《奇異事物》的書稿內容。由於字數珍貴，帕克都縮短我的句子（笑）。當時真的把我們的友情壓上去了（笑）。但多年下來，我們在文體上達到了平衡：帕克的句子稍長，而我的稍短。到現在，帕克跟我已經合寫不少作品，我們已經有一個慣常作法。首先，我們會讀很多材料，大多數是分工進行，但對於關鍵文本，就會兩人共讀。然後，我們會在傍晚，邊喝茶邊交換閱讀筆記（我們都是筆記狂）：「你有讀過這個嗎？你覺得這個如何？那個如何？」基本上，我們盤點認為最有趣的項目，再摸索出論點來。然後停下來休息吃個晚飯，之後就上床睡覺（睡覺是培育靈感的必要步驟）。我通常早起，坐在電腦前就開始寫作。等到帕克醒來，她就會接過鍵盤，之後又輪到我來接手，以此類推。結果，很多時候我們已經不知道誰寫了哪些句子。

## 是不是每次合作會有不同的風格？

當然，因為每個人有不同的個性，步調，以及寫作的規律。在《客觀性》的每個章節中也是這樣，都會有加利森跟我合寫的段落。我們都同時出現在所有章節裡面。但是不得不說，透過一字一句與兩種如此不同且強烈風格的人合作，不管是實質內容和文體上，我都從中學到了許多。這樣的合作僅次於學習一種新的語言，在各個方面讓我見識到全新的世界。

**當您廣泛觸及與處理各種不同的題材，是否覺得其中有一貫的思路？它們是否為您正在探問的一個大問題的一部分？是什麼驅使您前進的？**

我將會給你的答案是回顧而來的，所以不能太認真看待，那就像科學哲學行內所說的「理性的重構」。在進行研究時，除了「這聽來有趣」之外，我根本沒有任何綜合大計畫的想法。太多事物讓我看來有趣，因此在題材上我是不太挑的。這延續了前述在選題時的優柔寡斷。我不太管對於各學術領域的分野只跟著我的嗅覺走。*

但從後見之明來看，我的確覺得是有些一貫的思路。其中一定包括「所謂不證自明之物也可以有其歷史」的觀念，那正是從那晚讀到哈金《概率的崛起》的頓悟之夜而來的。我的很多研究，包括觀測的歷史、偽裝成概率理論的論證歷史、以突破秩序來定義的秩序歷史、奇異與好奇的認知感性歷史，以及客觀性等等，很多都可以說是自明事物的歷史，即是那些看來基本到不會有歷史的思考與感受方式。我也一直有興趣寫一部關於理性的歷史，而不是要否定理性。歷史主

---

*譯註：原文用了「discipline」一詞的雙關：學術領域與遵守紀律，達斯頓教授意謂自己不受領域的約束。

義不會腐蝕它觸碰到的所有事物；歷史化絕非相對化。我視理性為一項成就，是歷史上的成就，如同科學是歷史上的成就那樣。兩者都是人們持續的探求。

要點出我開始這樣思考的確切時刻，卻比較困難。在一九九〇年代的某個時刻，我發現可以融合抽象得嚇人的概念，例如：客觀性，以及非常實在的實踐，例如：測量或製作圖像等。我大大受益於科學實踐的歷史，它們在過去的二十五年裡重構了整個科學史領域，也打破了我之前提到的內在主義與外在主義的辯論。發現不需要在思想史家與實踐的史家間抉擇，也造就了我研究的主調：你可以把兩方面的振幅調高，看這些研究取徑會如何共鳴或不協，再看結果如何。

另一個突出而影響我生涯的記憶，則是來自我在柏林高等研究院（Wissenschaftskolleg zu Berlin）當研究員的時候，我想那是一九八七或一九八八年，即是柏林圍牆倒下的前夕。對於這般世界級歷史事件，我們這些在柏林格魯訥瓦爾德（Grunewald）的研究員毫無概念，但外面的其他人也是這樣。我們這群高等研究院的科學史家，並沒有預期到蘇聯將要來臨的瓦解，還在打內在主義對外在主義的爛仗。但在像孤島一樣的我們這裡，已經有大事將至的些微徵兆。我記得賽門．夏佛從劍橋來訪，我們討論他那篇後來成為〈天文學家標記時間〉（Astronomers Mark Time）的文章，關於在天文學家弗里德里希．威廉．白塞耳（Friedrich Wilhelm Bessel）指出人為誤差的因素前，天文學觀測是如何高度地道德化。[7] 我想起一八二七年，不萊梅（Breman）的物理學與天文學家海因里希．威廉．歐伯斯（Heinrich Wilhelm Olbers）對哥廷根的數學與天文學家高斯

（Carl Friedrich Gauss）的報告。

歐伯斯指出白塞耳與他的助理沃伯克（Walbeck）在一個月內觀測同一個天體時，固定地有一弧秒的差異。高斯回應說：「就只跟你說，我看來沃伯克還是對觀測不熟習（雖然他在其他方面還是蠻聰明的）。」[8] 對高斯來說，準確的觀測可以透過自願的努力達至，練習可以臻於完美。所有意志下的行動，包括維持專心的意志，都是可以道德化的。這也是其中一個時刻，讓我發現要解開科學中的道德與認識層面，是有多麼艱難。這困難在日後成為我的作品中一直重複的主題。這從我關於科學的道德經濟那篇文章開始，而那當然也是受到夏佛的文章，以及我們在高等研究院的討論所影響。[9]

**作為歷史學家，您向來關注長時段。那您是如何定義科學史的領域？是用時段？還是其他方式？**

我認為所有史家，尤其是科學史家，都不只在重新思考「時間的大陸」，同時也在思考真正的大陸。* 受惠於近來關於各種非西方傳統的研究（也包括那些反思「西方」能否成為一個完整分析類別的討論），我們的地理與時段分野有了有益的調整。一直以來，科學史都用傳播的概念來了解非西方的傳統：現代科學源自歐洲，接著逐漸散播到世界的其他地方。科學史不只是其中一種歐洲中心論述，而根本就是那個歐洲中心論。說我們科學史家發明歐洲中心論是有根據的。該論述始自十八世紀中期，讓・勒朗・達朗貝爾（Jean Le Rond d'Alembert）為《百科全書》寫的引論（Discours préliminaire）。那論述大概是這樣的：歐洲經歷了非常困難的時期，從羅馬陷落到十七世紀一直沈寂在黑暗之中。在這期間，就算是最傑出聰穎的人才，都犯下可怕的錯誤，遵從托勒密天文學與亞里斯多德自然哲學。但接著（笑），從培根與笛卡兒開始，我們歐洲人終於找到通往真實與進步的路徑，這就是我們與世界其他地方的分別。達朗貝爾、杜爾哥（Turgot）以及其他啟蒙運動的思想家都是這樣講的。

正因為科學史領域的正當性來自這啟蒙論述的變奏，我們比其他歷史學家更受到全球史的震撼。舊有的傳播論預設了科學革命像超新星那樣，其光芒逐漸透過耶穌會士輻射到中國、日本以及秘魯等各地。按近年的深入研究所示，這論述已經無法再成立。但我們卻還是沒有新的理論可以取代它。

正因為時段與地理分野同時在重新劃分，這論述的根本結構很快將會改變。脈絡化的運動雖然在多方面是近二十五年來科學史最可喜的發展，但它同時誘使科學史家不加批判地採用他們同行的歷史分期系統。例如：「維多利亞時期科學」看來像完全沒問題的研究單位，「近代早期歐洲科學」亦然。

但當你不只注意那些遠東與歐洲之間的通商路線，而同時看到在路上移動的人們時，這些分期系統就會顯得完全不合理。有個很棒的研究需要人來做：就是要製作出學者移動的歷時地圖。我們馬克斯・普朗克科學史研究所有過一個項目叫「在哥白尼之前」（Before Copernicus，由里夫卡・費爾德海〔Rivka Feldhay〕與賈米爾・拉格普〔Jamil Ragep〕主持），是關於天文學以及其在十五世紀的脈絡。只要看看其中那些人物的移動路徑，就會打消狹窄地以地緣與語言劃分知識社群的念頭。[10] 他們真的四處移動。遠在噴射機發明之前，也遠在大衛・洛奇（David Lodge）的《小世界》（*Small World*）之前，學者已經十分流動，而他們的意念也跟著一起移動。只要有一張他們（以及他們的作品）足跡的地圖，就會推翻眾多關於晚期中世紀智識生活的預設，例如：那些聽來愈來愈奇怪的分類，像「拉丁」「伊斯蘭」「拜占庭」的科學等。這些分野卻仍然用來劃分科學史裡面的專門領域。

我認為，包括科學本身的定義在內，現在科學史的所有事情都可以重寫。重新定義的動力至少有兩個來源。有賴安東尼・格拉夫頓、安・布萊爾、吉娜・波馬塔（Gianna Pomata）以及其他學者，科學史家（至少包括我們這些近代早期的研究者），已經習慣將學術史當作我們的守備範

---

＊譯註：此處用「大陸」（continent）的雙關意義：時間上的大陸形容歷史的分期，真正字面意義上的大陸就指涉地理上的分野。

圍。我最近就跟格倫．莫斯特（Glenn Most）合寫了一篇文章，提出從語文學與天文學的交會可見，為什麼值得融合科學史與學術史方法來研究十九世紀。[11]

那是一個壓力的來源，施壓於對於科學史的比擬式定義。所謂比擬式，即是以現時的科學為定義，來判斷什麼是科學、誰是科學家。將科學史擴大到至少包含部分學術史的舉動，在地理與歷史分期上是有意義的。如果有一種科學，在世界多處都是由正典的文學傳統所培養，那將會是一種語文學。最近謝爾登．波洛克（Sheldon Pollock）、班傑明．艾爾曼與張谷銘所編輯關於世界語文學的論文集，就是對這些傳統的致敬；[12] 而莫斯特與格拉夫頓合編，關於各大經典傳統學術實踐的論文集，則採用科學實踐史的方法來研究語文學。[13]

另一個對於科學史定義的壓力，則來自向來由人類學家所研究的那些知識系統，例如：民族植物學等。近來有學者研究關於歷史上類似現代生物勘探的行為，這些研究顯示，博學的植物學家與一般人之間，其實活絡地交流關於動物、植物和礦物的藥性及其他用途。不只在歐洲如是，其他文化亦然，更重要的是，在歐洲與其他文化之間也存在這種交流。這也對科學史的主題造成巨大壓力，因為它把既有的分際都模糊了：包括在地與普遍的知識，純科學與應用科學，學者與一般有興趣者等。所以，「一切可流轉」（*panta rhei*）。別離開，我們五年後再來看吧（笑）！*

**前面您提到會跟著嗅覺來選擇題目，想知道期間更多的過程。是不是那些題目自己找上您？**

這答案恐怕埋藏在混沌的潛意識裡，要翻出來，還會帶出一堆塵土。其中一個共同點是意外：在那些我閱讀得跌跌撞撞的時刻，當我根本不能解讀那個句子，因為它看來不合理的時候。我記得有次讀到一篇沒有名氣，也真的不高明的十七世紀論文，那是大經典語文學家伊薩克・卡索邦（Issac Casaubon）的兒子梅里克・卡索邦（Meric Casaubon）所寫的。梅里克也是經典學者與聖公會教士。梅里克（我一直懷疑他就是喬治・艾略特〔George Eliot〕的《米德鎮的春天》〔*Meddlemarch*〕中那個學究角色的靈感來源）試圖同時挑戰學者與平凡人的懷疑心。對於後者，他引述了鄉下人對於飛天貓故事的不合理懷疑，他們不相信飛天貓，只是因為這不是在他們的村莊裡出現，他們同時卻沒怎樣懷疑過飛老鼠（即是蝙蝠）的存在。另一方面，梅里克認為，遊歷豐富的精明人士，可能會取信這些奇異但真實的事物，但他們卻連女巫的存在都否定。對於梅里克來說，賢明的判官不可能故意判罪於無辜的人，也不可能被矇騙而誤判。[14] 後來，梅里克即將

＊譯註：此處原文用的是「stay tuned」，是廣播與電視的常用語，字面翻譯是「別轉台」。

意識到有一萬兩千個無辜的人被判為女巫，以可怕的方式處死，他可說是被逼到懸崖邊了，他卻別過他的雙眼。在這種時刻，我內心的觸角就會動起來。

**在過程中，您會撒下大網，閱讀各種不同的東西？**

沒錯！那的確是作為科學史家的一大樂趣，與更有紀律（在各種意義上）*1的歷史學家正好相反。我們管得像海邊一樣寬。歷史學家如果要跟推薦人這樣說：「我做過十七世紀了，我想我會回到十二世紀，或是前進到二十一世紀。」一定會啟人疑竇。但科學史家卻常常這樣做。我們悠然自得地做這種跨越式的時空旅行，以及伴隨而來的廣泛（有人會覺得是亂看）閱讀。

**所以您從過去不同角落的異形與差異中找到樂趣？**

是的。帕克稱之為娥蘇拉．勒瑰恩（Ursula Le Guin）式的感性（笑）。*2

**那您如何劃定命題，規劃書的架構？如何把您所有讀到的材料，拆成可以處理的部分？**

視乎是獨自還是群體研究，這會有兩個不同的答案。我應該解釋過，除了與帕克與加利森的合著，以及參與多作者的書籍，例如：《機會帝國》（*The Empire of Chance*）及《當理性差點失去理智》（*How Reason Almost Lost Its Mind*）等，我也組織過很多學者群組，尤其是一九九五年來到柏林以後。這些群組產出了各種專題的論文集，例如：《自然的道德權威》（*The Moral Authority of Nature*）以及《科學觀測的諸多歷史》（*Histories of Scientific Observation*）。[15]

如果我獨自研究，首要的步驟是找出材料。我可以用怎樣的材料來回答這些問題？其次，我如何能夠把一個飄渺的思想議題變得紮實？我如何給它細節、給它質感，把它聯繫到特定的歷史脈絡裡面？有次我就是受困於那樣虛無縹緲的題目：「規矩」。二〇一四年我在普林斯頓的戴維斯講座作了一講後，現在正在寫一本小書來處理這個大問題，那簡直是學者墳場那樣的大問題。我後來從食譜與禁奢令著手，因為那是所能找到，中世紀最具詳細的規矩。我收集很多、很多的例子，然後看會不會出現若干規律與趨勢。那是我自己會做的地毯式閱讀。

---

*1 譯按：此處「discipline」也指遵循本行的規範。

*2 譯註：娥蘇拉．勒瑰恩以科幻與奇幻小說聞名，代表作是《地海戰記》（*The Earthsea Cycle*）以及《黑暗的左手》（*The Left Hand of Darkness*）。

如果是群體研究，那首要的步驟就是招募成員。在題目以及人事的限制範圍內，通常盡量找尋最多時段、文化，以及研究領域的代表。在德國，我所作的叫「Wissenschaftsgeschichte」，而不是「history of science」。其妙處在於「Wissenschaft」（廣義科學）在各種意義上，都接近於中世紀的名詞「*scientia*」，比十九世紀晚期開始使用的英語或法語系統的「science」更接近。我在馬克斯・普朗克科學史研究所組織的大多數研究群，都充分利用德語「Wissenschaft」的寬廣定義，包攬人文與自然科學。《科學觀測的諸多歷史》論文集就是例子。研究群組成以後，我們就要平衡個別的個案研究，以及讓論文集完整的整體時序與架構。這都是透過一個接一個小時的討論，以及擬稿，重寫，再擬稿，再重寫而來。

## 遷到柏林帶來什麼知識上的衝擊？怎樣改變您的觀點？

「Wissenschaft」是一例。另一例子，就是我發現人文學者的研究群可以多有效用。這是另一個受益於待在俾勒非德那年，以及當時那些啟發性組織者的發現。合作不是人文學者唯一的工作方式，我完全沒有那個意思。但我覺得大多數人一旦試過集體研究，就會知道它的啟發性有多大。要組織這樣的合作，在一般大學的情境是不可能的，它重整了我進行研究的方式。

更廣泛的衝擊，就是以德語為寫作與研究語言。進入另一種語言的環境，總會為人開啟另一個世界，而德語是以精準與具創造力聞名。

衝擊也來自我能夠把本來不會相遇的研究者聚集在一起。馬克斯・普朗克提供的自由，讓我可以集合資淺與資深的學者，也可以邀請從不同知識傳統來的學者。這是一個大優勢，跨越學術領域的分際，我可以吸收各種不同的見解。

**您提到科學史領域的新知識地貌。那在科學史中能問的，或已經問的問題，是不是已經改變？**

你是問從我當研究生以來有什麼改變嗎？首先，如果你現在跟科學史的研究生說出「內在」與「外在」那樣的名詞，他們會覺得你像有長角那樣奇怪。他們覺得你真的可能是十九世紀的時空旅人。科學史曾經的根本原則，更不用說那些舊辯論的戰線，已經完全蒸發了。

原因出自對於實踐與脈絡化的重視。史蒂文・謝平（Steven Shapin）與夏佛的《利維坦與空氣泵浦》（*Leviathan and the Air-Pump*）做了卓越的示範，這書集中探討一種毫無疑問是科學的實踐，也就是實驗。[16] 其他科學史家，例如：潘蜜拉・史密斯（Pamela Smith），進一步將實驗的實踐追溯到工匠的工房去；又有人指出近代早期的廚房是個重要的化學變化場所，遠早於專門實驗室的設立。[17] 像實驗那樣，毫無疑問地屬於科學「內在」的實踐，可以追溯到一般定義下屬於「外在」的人、地和事情，如此一來就打亂了內外之間的區別。因此，對於實踐的研究讓科學史領域產生巨大的重構。

如果在馬克斯．普朗克科學史研究所的博士與博士後研究者，可以作為標準的話，我想我們快要有一個去脈絡化的轉向。這樣的轉向部分與他們本身的實踐有關，對此我會保持中立態度。首先，我們正身處一場閱讀慣習的革命。部分由於網際網絡與超連結，閱讀現在變得更為細碎。分析的單位已經不是一本書，甚至一個章節。你幸運的話，那會是一個段落。新一代正在崛起的學者，熟練於讀者一直點擊連結到別的資訊上面這種閱讀模式，那是我永遠都做不到的。當我在教學的時候，我注意到學生會聚焦在一個他們有興趣的字眼上面，並用變厲害的方式把它與其他概念並列在一起。

與上一代所教育的細讀相比，這是一種非常不同的閱讀方式。我認為這種閱讀方式會帶來文本的碎片化，而這是有特定作用的。我那一輩思想史家或科學史家，都預設人們會整體地閱讀文本。事實上，你會通讀一位作者的全集。所以如果你研究的是十七世紀英國東方學者愛德華．波科克（Edward Pococke），你不會只讀他的其中一本書，而會嘗試閱讀他的全集。你會研究與他同時代的牛津、他與大主教威廉．勞德（William Laud）的關係，以及他多次前往君士坦丁堡的旅程，以致十七世紀中期聖經學在英國的脈絡。理想上來說，這所有部分就會像拼圖一樣，拼湊成一幅完整的圖像。那種全面性的預設已經成為反射動作，可是，它其實來自未經驗證的預設，而對於新一代的史家來說，這已經不再不證自明。我想閱讀慣習是改變這些預設的關鍵。受到特定閱讀方式訓練的學者們，往往會對他們的分析帶來趨同的影響。正因為我們正經歷一場閱讀慣習的革命，我預期分析的單位和形式也會經歷一場革命。一種彷如博物館展覽似的新邏輯正在崛起。如策展人成功地陳列看似無關的展品，展品間就會擦出火花。這似乎是新一代的學者們正在追求的，而不再是整體的、厚實的、脈絡化的論述，或是分析以書為單位的論點。

**這個領域的限制是什麼？優先考慮特定形式的解釋，會讓我們錯過了什麼？**

我希望能看到我們如何分類歷史的歷史。為什麼我們把歷史分成思想、社會、經濟、文化等類別？如果我從十八世紀入手，這分類根本不合理。在某個時刻，歷史學家的群體決定把世界如此分割，他們這樣做的理據，我卻看不出個所以然。所以我想我會用另一個問題來簡短回應你的問題：為什麼我們會有思想史這樣的領域？我絕對不懷疑思想史的重要性，只是覺得奇怪，為何它像是一個自然存在的類別？思想史可能是個特例，因為它正處於來自四方八面的砲火中：從社會史的觀點來看，它是一種神祕化的形式，是上層建築的歷史；從文化史的觀點，它是菁英主義。最後，要主張思想史的重要，總是看來自戀，像是學者們宣揚他們族群在社會上的中心位置。但我認為思想史家應該敢於維持不受歡迎的立場。首先，他們必當主張觀念有其因果效應，縱然很多人反對這點；其次他們應該主張，有些觀念比其他觀念更為豐富有力，因此更值得進行歷史的研究。

**歷史與科學史是不是也是如此？換句話說，兩者之間的分別是否只是我們建構出來的人為邊界？**

我想很多、甚至是大多數我的同事們都會贊成，但我卻沒那麼肯定。我當然不會否認，科學史家大大受益於歷史學者的訓練。當我回顧當年在研究所時的訓練標準之低，尤其覺得如此。檔案？什麼是檔案？就算是基本的規矩，例如：原典需用原文而非譯本，都沒人理會。這就是當時的慘況。毫無疑問地，我們科學史家與歷史學家們的聯繫提升了專業的能力。我們學會並受益於脈絡化這種方法，對於四十年前的科學史來說，可是一種非常陌生的歷史形式。在這種形式的科學史嶄露出天分的學者，例如：詹姆士・塞科德（James Secord）與安妮・塞科德（Anne Secord），後來都寫出超凡的作品。[18]

另一方面，科學史也一直擁有歷史所少有的高層次理論化。我們理所當然地覺得可以問像是「論證的歷史」那樣的大問題。我們一方面與哲學結盟，另一面則有社會學與人類學這兩位盟友。但與歷史學家的連結增強時，與這些學科的聯繫就減弱了。我對於失去發問跨時代問題的自由感到為難。我想，歷史學家都認為那些問題是不可理喻，或是不負責任的（笑）。姑且不論所謂的不負責任，光是我先前提到那樣，不按慣例地從十七世紀跳到二十世紀，就要冒上被側目的風險了。

**科學史與當下科學家所進行的科學，在您看來是怎麼樣的關係？歷史學家可以為科學領域的工作者帶來什麼？**

直接的答案就是，我們科學史不能做科學家最想要我們做的事。最近我在馬克斯・普朗克學會（Max Planck Gesellschaft）演講，在場的主要是科學家，而他們想知道的是，什麼會是下一個科學的大突破？他們對科學史的觀念，是認為可以從過去推斷未來的。他們問我，能否請妳告訴我們，下一個諾貝爾獎會頒給怎樣的研究？我的答案當然令他們失望：「對不起，我做不到。而且是你不會真的想要讓我們科學史家可以做到這點。因為如果我們可以作那樣的推測，代表你們的科學已經不再能夠產出有創造性的發明。」我覺得科學史可以提供給科學家的，尤其是在現今高壓且不斷加速的科學世界，是定位與概觀：科學家現在進行的研究，命題到底從何而來？而又有否其他的可能性？對於沉浸於個別研究裡面的研究者來說，其命題彷彿是無可置疑的。在這個專業化日趨細碎的時代，科學史能提供宏觀的視野：這問題如何接合於更大的研究傳統？最後，我們可以展示科學發展的偶然性，那其實可以有完全不同的結果的。這或許會給予研究者勇氣，讓他們去走不同的路。

**在您的生涯中，您摒除了什麼先入之見，又學習了甚麼？**

我拋棄了先前對於研究領域的地理觀念。如果在我研究所的時候，要我畫一幅囊括具有研究重要性國家的地圖，那整個伊比利亞半島都會消失，更不用說任何布拉格以東，或哥本哈根以北的地方了（笑）！在阿爾卑斯以南的，只會有羅馬以北的部分義大利。我在拋棄這種狹隘地理觀念後得到解放。從與帕克合作開始，我也摒棄了對時段的既有觀念。雖然我仍然用「近代早期」的說法，但我小心翼翼、彷彿要用鉗子夾起來一般來運用這個說法。我也漸漸地拋棄了整個「現代性」的類別，已經不再知道它代表什麼意思。現代性的觀念構成了我們很多想法，不光是在歷史領域，甚至整個人文社會科學皆然。這個觀念卻開始變得像海市蜃樓那樣，閃爍不定，沒有形體與實質。

**作為把被認為是常規的事物歷史化的歷史學家，您如何調和您的歷史方法以及肯定研究對象**

**的貢獻，例如：理性那樣？**

歷史化不是去駁斥某件事情。例如：指出克卜勒的第三定律來自現在看似古怪，對於五個柏拉圖立體（solid）彼此之間關係的看法，並不是要打破第三定律。解釋觀念的起源並不影響它的有效性。但是當我和加利森開始作客觀性歷史的演講時，往往被當成是要攻擊，甚至是否定客觀性的存在。其實絕對不是那樣。我們是在強調這些觀念在當時的特異性。一件事物擁有歷史的前提，就是你能對其產生不同的想像，但這不代表它是不值得尊重的成就。

**前幾代的學者們，是不是混淆了批判與脈絡化？**

我不認為批判會消失。批判是啟蒙運動留下的永久成就，一種不斷地跳出自身視角來思考的意識。這樣來看，批判並沒有消失，反而是在各處更活躍，這也或許是啟蒙運動的最根本意義。它是一種反對知識上的地方主義、反對個別視角限制的衝動。雖然不是追求上帝的視角，但卻尋找深奧觀點的可能性，也是超越所處世界中偶然位置限制的可能性。

因此，本來的脈絡會過去，但批判卻並不會。真的在衰退的或許是批判理論，就是那種覺得可以把批判理論化的觀念。在特定時刻，馬克思主義及女性主義者的批判理論，非常有助於修正那些批判試圖去揭露的狹隘偏見。可是，批判其實是不可能像批判理論所保證的那樣，變成一種方法。有力的批判需要洞見與想像力，而這兩種特質都是難以理論化的。

**您非常熱心於教學。教學提供了什麼研究無法得到的收穫？學者可以從教師的身分學到什麼，而這些對您又是多麼重要？**

喔，實在太多了。首先，如果你無法對一群好學生說明你的研究是有趣的，你就麻煩大了。這情況我在馬克斯．普朗克科學史研究所看到不少，因為這裡學者不需要教學（雖然很多人會自願開課）。那些學者之所以會自說自話（idiolect），是因為只跟同行的小圈子討論自己的研究。如果你無法回答「那又如何？」—這個學生總是會丟給你，相當合情合理的問題，而且假如不能清楚說明研究的重要性，作為研究者的你就麻煩大了。

第二個收穫是學生問的問題，不是一個經過社會化的內行人會問的問題。那些問題往往無法回答，但會提醒你的專業有什麼侷限。

第三點純粹是與年輕人相處的樂趣。僵化都在中年時襲來，那是生活安頓下來後的必然結果，並會讓人在知識與生活態度上都追求拘謹的整齊感。我想那就是變成僵化屍體的第一步吧（笑）。因此能與年輕人相處是很大的幸運。對他們來說，世界是流動的，充滿可能性的；也充滿可以邁向不同道路的抉擇。他們的人生是開放的。我很抱歉這聽來老套又做作，但對我來說卻是非常真實的感覺。

**在《客觀性》一書中，您提供一個非常具啟發性的歷史敘事模式。那是重置，與斷裂或漸變都不同。您是否認為這模式可以更廣地運用到思想史的思考上面？**

我想它可以在很多案例中運用，尤其是關於學習的歷史上面。我們以經典註釋的傳統為例。註釋的傳統仍然在科學論文中留下痕跡。每篇科學論文開篇都會自我定位在一個文獻的序列裡面：「文獻說X。」無論多簡略，或是多辯駁的，這都是一種對於已有研究文獻的註釋。無論那是多敷衍的，那總是對過去的一種致敬。那總是會有重置，既根據現在，也依照所有干預其中的註釋來重置過去，往往會重置到近乎解體的程度。但我想這是傳統的內在結構。就算是最保守的人，都會像兒童遊戲「賽門說」（Simon Says）那樣：在賽門背後，其他遊戲者會偷偷前進，只有賽門突然轉身時，他們才會停止動作。在延續性的遮蔽下，總有改變存在。

當然，我不是要否定那些改變世界的原創時刻。但這些時刻的認定，的確通常是來自二十世紀的後見之明所致。很少有書籍會甫出版就被推崇（或記憶）為分水嶺。達爾文的《物種起源》（1859）在發行當天就銷售一空，可能是個例外。但就算是《物種起源》都有其先兆，那就是匿名出版的爭議性作品《自然創造史的痕跡》（*Vestiges of the Natural History of Creation*, 1844）。而如果先前沒有自然歷史以及地質學的傳統，這兩本書都會是無法被世人理解的。一個傳統建立於自身之上，是一個持續過程，以現在來啟發對已有知識的反思。在以經典文獻為中心的人文學，這是最戲劇化的；但這樣的重置也在科學發生，雖然歷時較為短暫。科學家很少引述五年以上的文獻，這也讓那些思索自己的貢獻是否、如何為下一代人所銘記的人們感到憂傷。

科學的延續性有時候會讓人吃驚。那些探討超越人群經驗的長時段現象的科學，例如：天文學，就仍然受益於古代巴比倫及中國的觀測。但其他科學也偶然跨過幾世紀，上溯那些早已死去的先行者們。諳熟古希臘語，偉大的法國自然學者喬治・居維葉（George Cuvier）就曾證明了亞里斯多德幾項對動物的觀察，而當時這位古希臘哲人在科學上的聲望正處於低潮。在哲學，擁抱過去的衝動特別強烈，但這在科學也不是完全沒有：「你們是我橫跨長久時間的同僚，同僚們呀，我向你們握手致意。」這種無視時空阻隔的共同體感覺，有其極為動人之處。那是一種道德與知性的衝動。

## 您怎樣決定何時結束您的書？

我很想回答：「寫到乏力，寫不下去為止」（笑）。但那太輕浮了。當我可以寫出一個結論來回顧該書的論述軌跡，這結論展示中間經過了多少變化，而若沒有經過歷史學家的協助，當初的出發點就會變得再也無法理解，這時候，我就知道結束已經來臨了。在書開端與結束的歷史角色們活在完全不同的世界，但我們歷史學家正可以解釋這種變動。《奇異事物與自然秩序》一書結束於晚期啟蒙運動，當時的人回顧十六世紀初期，絕對會取笑前人的偏見。其中發生了巨變，而巨變在歷史時期之間設下了一層面紗。

**當您進行一項研究時，是怎樣感覺到歷史敘述正在成形？**

就像前面所說的混沌潛意識，那都是信手拈來的。我真的不知道如何回答這個問題。我是那種到下筆寫之前都不知道會如何寫的人。

**那是個化學過程，真的嗎？**

我不敢肯定。我覺得那很多是夢中工作，或最少是睡眠工作而來。因此，就算我不是因為跟人合寫而密集地討論所閱讀的材料，我還是會一直重讀我所有的筆記。我仍是非常老派，都在小筆記本上手寫筆記（從研究所開始的習慣，至今我有很多打這樣的小筆記本）。接著我會根據主題來作索引，那時候各種規律開始成形。然後我會睡覺，到早上睡醒時，總是會有完整的一句起始句浮現在腦海中，我就從那句話著手進行了。這並不足以回答你的問題，但這就是我碰到的現象。

**我們談過現時科學史的潮流。您對這領域的將來有何期許？**

幸運地，我身處的機構鼓勵創新的勇氣，包括選題上的大膽嘗試。一個出色的例子是我在馬克斯．普朗克科學史研究所的新同事，中國科技史學者薛鳳（Dagmar Schäfer）的研究。她有興趣的是理性規劃的歷史，對於科學史來說是未知的範圍，驟眼根本看不出是科學史領域的一部分。[19] 從漢朝到清朝，中國有一段非凡的理性規劃歷史，可見於廣泛的領域裡，從蠶業、建築到軍事皆然。更有甚者，因為規劃與行政的官僚化，而且是以學術的樣態來官僚化，所以他們留下白紙黑字的線索，一套悠長而全面的檔案，讓研究其他時段與地域的歷史學家艷羨。規劃史結合科學與科技史，以及更廣義的理性的歷史。這歷史不只關於因果，更是關於對風險與不確定性的理解。回頭來看。在我熟悉的近代早期歐洲領域，我發現太多科學史家鍾愛的人物，都有從事這種理性規劃的事業，從培根、萊布尼茲、牛頓到整個巴黎皇家科學院（Paris Académie Royale des Sciences）都是如此。這只是其中一個例子，說明與來自其他文化傳統的人合作，可以得到的成果。我預期在下一個十年，科學史在地域與時段上的擴充，將會產生更多這樣的成果。

更廣泛地說，我相信重新思考地域與時段的分野，會迫使科學史家反思，我們領域的基礎論述，是如何地被綁在現代性的概念上面。正如我前面所提到，現代性這個被用來跨越＊歷史與人文學眾多難關的方便概念，在認真審視下就會像海市蜃樓那樣消解。一個明顯問題就是，它根本是個大雜燴：沒有兩個歷史學家或社會科學家會同意現代性在何時出現（我聽過的答案，從一四九二年到一九四五年都有），更不論什麼是現代性。科學革命？工業革命？法國大革命？人口轉型？世俗化？全球史家們開始談所謂「多重現代性」（multiple modernities），嘗試抹去這概念的西方痕跡。但似乎沒有看到有人徹底放棄這個概念。這份遲疑是有理由的：沒有另一種論述能同樣地橫掃千軍，而又充滿戲劇化了。科學史家尤其急需新的敘事，這方面有待集體的努力來推進。

第三個增長的領域是語文學史。我認為語文學是「根本學」（Urwissenschaft）。在中世紀拉丁語，只有兩個學術領域裡面，「lex」（法）這個字被用於規律上面，那就是文法與天文學。尤其是文法，它是其中一種最早經歷正規化與方法化的科學。與天文學相同，文法學是最早有學者

＊譯註：原文作「舉重」（heavy lifting），意指幫助論者先行繞過眾多問題的預設。

探索鐵一般規律的學科之一，也先有累積知識的概念。我預期語文學史會有新突破。

**回到您對於現代性概念韌性的評語。您是否擔憂現在論（presentism）對於其他文化，或久遠過去的歷史研究，都會有不良的影響？**

是的，這是十分準確的觀察。它解釋了「前近代」定義的異常擴充（有些歷史學家會把任何發生在一九一四年以前的事，都稱為「前近代」）（笑）。這大大限縮理解現在的參照框架，幾乎讓人感到幽閉恐懼。

**關於非理性或超理性現象的歷史研究，會是怎樣的樣態？**

我的專業就是把看來非理性的事物變得理性，同時不讓自己變得非理性。因此，你要花很大的力氣才能逼我承認一個非理性的案例。但我承認非理性的存在，更確切來說是故意的非理性，例如：梅里克對於女巫審判的態度。在科學史尤其如此，當眾多科學家認為科學史本身就是錯誤，甚至是非理性的歷史，科學史家要不斷對自己重複，像念咒那樣：「這些人不是瘋子。一定會有方法，可以從他們的知識與經驗理解他們所相信的，而又不贊同它。」科學史家也需要承認，理性本身也可能有其歷史。因此，我們用來衡量理性與非理性的那些準則，往往都是流動的。我們站在一直移動的地面上，而要訣的就是不要失去平衡。

# 從「中國沒有什麼」，到「中國有什麼」——

**班傑明・艾爾曼（Benjamin Elman）**

# 班傑明．艾爾曼（Benjamin Elman）簡介

班傑明．艾爾曼教授，賓州大學東方系博士，曾任UCLA歷史學系教授，退休前為普林斯頓大學胡應湘漢學講座教授，主要研究領域為科學史與思想文化史。在思想文化史的領域中，艾爾曼教授跳出既有就思想論思想的方法，注意文化與社會脈絡。反映於獲獎的作品《從理學到樸學：中華帝國晚期思想與社會變化面面觀》（*From Philosophy to Philology: Intellectual and Social Aspects of Change in Late Imperial China*, 1984）以及後來的《經學、政治和宗族：中華帝國後期常州今文經學派研究》（*Classicism, Politics, and Kinship: the Ch'ang-chou School of New Text Confucianism in Late Imperial China*, 1990）兩部論著。同時，艾爾曼進一步從科舉的制度，探討文化與學術的重大問題。先於一九八四年借用皮耶．布迪厄（Pierre Bourdieu）文化資本與再生產的理論，反駁當時仍然流行的「科舉帶來帝制中國高度社會流動」的論點；然後在二〇〇〇年出版《帝制中國晚期的科舉文化史》（*A Cultural History of Civil Examinations in Late Imperial China*）一書，綜匯大量文獻與當時最新研究的成果，成為英語世界研究明清科舉的必讀論著。在科學史方面，艾爾曼教授挑戰李約瑟（Joseph Needham）「明代以後中國科學停滯」的命題，重視明清中國輸入並理解近代科學的種種嘗試，主張不應預設明清以後中國科學是落後於西方的，而對這些豐富的經驗與文獻一筆抹煞。

相關研究見諸《科學在中國（1550-1900）》（*On Their Own Terms: Science in China*, 2005），及其縮寫本《中國近代科學的文化史》（*A Cultural History of Modern Science in China*, 2006）。在個人研究外，艾爾曼近年也組織各領域學者，共同研究作為跨地域現象的東亞語文以及文獻學，成果見諸《東亞語言，白話與識字問題的再思考，1000-1919》（*Rethinking East Asian Languages, Vernaculars, and Literacies*, 1000-1919, 2014），以及《世界語文學》（*World Philology*, 2015）等論文集。

## 著作選編（專書、主編論文集）

### 專書

*From Philosophy to Philology: Intellectual and Social Aspects of Change in Late Imperial China*. Cambridge: Council on East Asian Studies, Harvard University, 1984. 中譯本：趙剛譯，《從理學到樸學：中華帝國晚期思想與社會文化面面觀》。南京：江蘇人民出版社，1994。

*Classicism, Politics, and Kinship: the Ch'ang-chou School of New Text Confucianism in Late Imperial China*. Berkeley: University of California Press, 1990. 中譯本：趙剛譯，《經學、政治和宗族：中華帝國晚期常州今文學派研究》。南京：江蘇人民出版社，1998。

*A Cultural History of Civil Examinations in Late Imperial China*. Berkeley: University of California Press, 2000

*Civil Examinations and Meritocracy in Late Imperial China*. Cambridge, MA: Harvard University Press, 2013.

*On Their Own Terms: Science in China*. Cambridge, MA: Harvard University Press, 2005. 中譯本：原祖傑等譯，《科學在中國（1550-1900）》北京：中國人民大學出版社，2016。

*A Cultural History of Modern Science in China*. Cambridge: Harvard University Press, 2006. 中譯本：王紅霞等譯，《中國近代科學的文化史》。上海：上海古籍出版社，2009。

### 主編論文集

Editor with Alexander Woodside. *Education and Society in Late Imperial China, 1600-1900*. Berkeley: University of California Press, 1994.

Editor with John B. Duncan and Herman Ooms. *Rethinking Confucianism: Past and Present in China, Japan, Korea, and Vietnam*. Los Angeles: UCLA Asian Pacific Monograph Series, 2002.

Editor with Martin Kern. *Statecraft and Classical Learning: The Rituals of Zhou in East Asian History*. Leiden; Boston: Brill, 2010.

Editor. *Rethinking East Asian Languages, Vernaculars, and Literacies, 1000-1919*. Leiden; Boston : Brill, 2014.

Editor with Sheldon Pollock and Kevin Ku-ming Chang. *World Philology*. Cambridge: Harvard University Press, 2015.

Editor. *Antiquarianism, Language, and Medical Philology: From Early Modern to Modern Sino-Japanese Medical Discourses*. Leiden; Boston: Brill, 2015.

Editor with Chao-Hui Jenny Liu. *The "Global" and the "Local" in Early Modern and Modern East Asia*. Leiden; Boston: Brill, 2017.

Editor with Sheldon Pollock. *What China and India Once Were: the Pasts that may Shape the Global Future*. New York : Columbia University Press, 2018.

## 您是如何開始學術生涯的？您早期有些什麼興趣？

人們常問我：「你怎麼會知道中國與東亞在未來會如此重要？」其實我根本不知道。在「冷戰」中成長，我所處的美國，是個一個科學就是一切，也與全球政治密不可分的世界。蘇聯在一九五七年十月四日發射了史普尼克一號（Sputnik 1）衛星，震撼了我們自由世界的報刊與公共媒體。我記得一九五九年九月升上八年級，那時要測驗我們對科學與數學的「適性」，在初中的我們還被選拔進行特別的「科學訓練」課程。在這些課堂上，科學老師們展示了一九五〇年代「新」科學的前沿。這些科目成為對我們的要求，就是要讓我們可以在太空競賽中追上共產主義者們。我們其中一些人，在高中三年級時就被送到大學，當作大學新鮮人，以接受高中所沒有的微積分與高深數學訓練。

冷戰是科學被認定是普遍真理的時代。因此，當湯瑪斯・孔恩提出科學是歷史上的偶然，而且聯繫在特定時空裡的主張，就迎來了不小的騷動。作為科學家，孔恩經歷過他同僚們的唯科學主義；作為史家，他看破了科學哲學的誘惑，它聲稱可以解釋科學發現的普遍「邏輯」。科學並不是卡爾・波普（Karl Popper）所謂的猜想與反駁，孔恩主張科學總是與某種時代精神和世界觀聯繫。他稱之為「典範」，一個被濫用，讓他後悔創造，想要撤回的概念。[1]

一九六六年，我在紐約州北部的漢彌頓書院（Hamilton College）主修哲學，對於歷史上關於科學本質的辯論產生興趣。當時的我正在找尋出路：我想過要從事科學，可能在康乃爾進修，或者轉到工程學去。毫無先兆地，我在漢彌頓的老師告訴我當時在夏威夷新成立的東西中心（East-West Center）。如果你的學校（如同大多數小規模的學院那樣）沒有中文或日語課程，你可以申請美國政府的獎學金到夏威夷一年，學習這些「關鍵」的語言。* 再者，這計畫並不限制大學生或研究生的參與。

我獲得大學生的獎學金，大三時在夏威夷渡過。我享受如同研究生那樣的生活。我們有中文或日語的密集課程，成為語文教育的白老鼠，貢獻給夏威夷大學的第一至三年中文教科書。同時，我也學習儒學與新儒學（neo-Confucianism）。我逐漸對夏威夷感到著迷，那是個迷人的地方，來往亞洲的外國人都在這開始他們的東方之旅。在一九六〇年代，甚至是一九七〇年代的美國西岸，除了若干禪師以外，只會看到很少數的東亞人；在東岸更是沒有這些人的存在。夏威夷引領我進入太平洋的世界，但我當時還是沒想到那會成為學術或其他職業的歸宿。

我的家族在一九四七年從歐洲移民到紐約。一九四六年，我生於戰後德國慕尼黑一個難民營。家中從來沒有覺得歐洲偉大與美好，而對歐洲的恐懼厭惡，卻總是揮之不去。那是個末日般

---

* 譯註：此處指冷戰時期，在地緣政治上關鍵國家的語言。

的時代，東歐與西歐的衝突是常態。我從亂局中出身，那混沌最終卻造就了我。我試著找到自己的路，決定不要成為工程師、醫生或律師。不過我熱愛學習中文。

接著越戰爆發，使我無法在一九六八年進研究所，因為我所在地的徵兵委員會不承認我想進修東亞研究那樣另類的選擇。結果，我加入和平工作團，在泰國與東南亞服務。那三年間我從事公共衛生，尤其是霍亂的流行病學，加入世界衛生組織去除傳染病的計畫。我學到很多關於佛教的事情，但同時也了解到現實。在接受哲學教育以後，我開始知道泰國僧人們在做什麼，以及眾多截然不同的人們到底怎樣過他們的人生。從這個角度來看，我在當時接受了社會、政治、經濟等歷史的前沿教學，不是經由書本，而是透過我自身關於「區域研究」與「田野研究」的體驗。

在和平工作團待了兩年後，我再次嘗試申請研究所。但當年遇上徵兵的抽籤，我抽到不幸的六號，所以又留在泰國多一年。最後在一九七一年，在曼谷的陸軍第五戰區醫院，我沒有通過徵兵的體能測驗。之後我回到美國，在華盛頓特區的美利堅大學（American University），以及喬治華盛頓大學修讀碩士，然後進入了賓州大學東方學博士班。在當時，要在東亞研究中找到自身方向，是有趣而又艱困的。人們仍然不明白為什麼你會修讀中文或日語。我並非來自學術的世家，之所以作這樣非正統的選擇，只是出於好奇；同時也是因為我根據自己對歐洲的認知，對歐洲史沒有興趣。

要言之，我選擇中文是因為它對我來說完全陌生。我學了一點，接著開始學會更多，然後變得著迷。我非常幸運有經歷過大學時在夏威夷的那一年，並且在那個過程中發現我喜歡學習中文。從後見之明來說，我可以說我早就知道會這樣，但我們都知道，後見之明是不能解釋這種事情的由來。在當下，誰會知道什麼是凶？什麼是吉？我的父親當時就覺得我永遠找不到工作。

**學習中文是怎樣的歷程？您又如何學習應付您研究過的不同文類？**

那需要時間、努力和經驗。在普林斯頓這裡，以中文為母語的學生有一定優勢，因為在中國與臺灣，他們都已經學習過有標點的經書文本。我這一代人入門時連標點都沒有，所以要從零開始。有時候我們會先讀羅馬拼音，然後才開始讀中文的文字。

有賴夏威夷那一年，加上一九六七年在臺灣的夏季班，我等於修讀過好幾年的密集中文課程。我可以口說與閱讀以北京「方言」為準的現代白話中文。我也可以讀已經翻譯為白話的文言文文本。可是，當我在研究所愈來愈鑽研文言文的原典，我也發現整套書寫文字，就算是被認為是白話的舊式小說，都沒有嚴格定義上的白話。在一九一一年後全面的白話文改革確立以前，書寫文字都被文言文所環繞。當我開始讀這些一九一一年前的文類，就遇上要讀無標點文言文原典的考驗，然後理解它們是如何被運用到書寫和口說的白話文之中。

從那時候開始，我到哪裡教學，都總是與學生讀文本，一同解讀它們的意思。我們也嘗試那些沒有標點的文本，因為大作家與思想家都不會標點，他們只會把作品給你，而你要夠聰明知道如何讀懂它們。作為讀者的傲慢，是讀者相信自己的訓練讓他知道如何閱讀，而作者並不需要教導他。就中文的文言文來說，我們外國人的優勢在於我們什麼都不知道，所以我們根本不知道標點有問題。我們預設標點都是對的。當中國人已經在文言的表達與標點上篳路藍縷，我們只需要跟上他們就好。

最後在我研究所期間，我開始前往日本。在東京大學的研習班，他們只是不停地閱讀文言文本，然後翻譯成現代日語。為了易於閱讀，他們變更中文字的次序，置於句子的不同地方：主詞放在開頭，動詞放中間，結尾放最後。舉例來說，如果他們給你一段朱熹（一位十二世紀的儒家學者）的文字，他們給的是已經調整成日語文法的版本。日本人自從十一與十二世紀開始，就已經這樣處理中文的文言文。他們編纂已經經過標點和解讀過的文言文本，讓所有人都可以閱讀，那真的是比讀原典容易得多。你或許會以為我的同事跟我都是厲害的語言學家，但其實我們是站在日本人的肩膀上。某種程度上，我們是複述他們已有的成果而已。

到了臺灣與香港讓我知道，其他被稱為「中文」的方言與日語的經驗若合符節，以及中文系統的特出之處：中國人不太在意你說的話；他們在意的是你寫些什麼。在香港以外的廣東人說的語言，與上海或北方的人完全不同。但從十五到十九世紀，他們全都作為平民的考生參與科舉，爭取成為官員。考官或許會笑說：「啊！你的南方口音實在是重。」但若考生的文章優異，他們還是可以通過考試。共同的語言是書寫的語言，所有人記誦它，但保持著不同的讀音。

## 在研究所的訓練中，有沒有特別的研討課或導師影響了您？

我在賓大的其中一位老師菲利普・瑞夫（Philip Rieff）寫過一本關於佛洛伊德（Sigmund Freud）的名著。[2]在他的課上，舉例來說，一班二十名研究生會讀保祿給羅馬人的書信。整個學期下來我們只完成兩頁英語翻譯本。讀到的所有東西都會帶往別的線索，而我們會討論所有延伸的問題。他的教學充滿訓詁與註釋，接近宗教式的閱讀與理解，因為他認為已經再也沒有人懂得如何閱讀了。朱熹對印刷書本戒慎恐懼，就是因為他認為人們會匆匆翻閱文本就作罷。你這樣閱讀，是不可能體味到該語文的奧妙。瑞夫深知這一點。

每個學期我們都會讀完一本書的其中兩頁。第二學期裡面，我們處理了佛洛伊德的壓抑理論。瑞夫編集了佛洛伊德的專業論文，其中有一篇就是討論壓抑。[3]那只有七到八頁，但要嘗試通讀它們，嘗試理解佛洛伊德確切是在做什麼，那就花了我們一個半學期。我記得我們以前在那個班上有多惶恐，我們都懼怕瑞夫。那像在幼稚園（笑），而你知道老師會責罵你一樣。

瑞夫讓我所做的事情有很大的轉變。他對中國好奇，是因為他感到如果自己關於現代「（精神）治療的勝利」的想法要成立，就要在全球的社會文化脈絡中成立，因此需要同時理解其他地方的重大思想。[4]為了當代文化意義上的健康，醫院是不是在所有地方都取代了教堂？想要測試這個理論，他就要理解其他地方的重大思想，而不限於西方。他偶然指定中文作者作品的翻譯本，讓我們閱讀。有次我們讀到早期二十世紀的偉大激進作家魯迅（1881-1936）的作品。瑞夫與其他人曾經以活在「不健康」文化的概念來討論魯迅。但瑞夫處理中國作者時，並沒有像他閱讀西方作者時那樣細緻，因為他實在不太理解中國作者的作品。

## 您是如何投身中國科學史的？

在高中時，我不經意地學習了許多科學與數學的知識。孔恩從哲學家手上奪走話語權，他說：「要告訴我們，我們真正在做什麼的，是科學家。」從哲學轉向歷史，我大大領會到他所說的。孔恩是物理學家，回應著哲學家對於科學的各種宣稱：什麼是科學？什麼不是科學？什麼是好科學？什麼是不好的科學？[5]我愈來愈欣賞孔恩的企圖，但是想當然，孔恩對於亞洲一無所知。緩慢但堅定地，我開始看到在這新領域發展的空間。

最後，在歐美的所謂「西方」，我們開始明白科學在宏觀歷史論述的角色。在對科學史發生興趣後，我發現關於亞洲科學的論述同樣有問題。偉大的中國科學研究者李約瑟，在一九五〇至六〇年代發表了他那套《科學與中國文明》（*Science and Civilisation in China*）的大書系時，訂定了研究中國科學的典範。他與賓大的南森·席文（Nathan Sivin）建立探索帝制時期中國的幾條線索，而我後來就是跟著席文學習。這些線索呈現在席文關於宋代的通人沈括（1031-95），以及明代的草藥學者李時珍（1518-93）的兩篇短篇傳記，這兩篇都收進《科學傳記字典》（*Dictionary of Scientific Biography*）之類的百科全書。[6] 但由於李約瑟與席文的「歐洲對中國」視角太過寬廣且包羅萬象，他們並沒有到達真正問題的核心。李約瑟是傑出的胚胎學家，在戰時的一九四〇年代，他在中國遇上當地的科學家。他與其他牽涉進戰時中國的西方學者都吸收了「中國失敗」的論述。他們覺得那樣窮困的中國，在古代曾經前途一片光明，而在現今突然變得一敗塗地。

在共產革命洪流之中的中國人，也認為所有關於中國的事物都是不好的：中國有醜惡的政府、醜惡的經濟、醜惡的文化；儒學是醜惡的、纏足是醜惡的。革命家們需要打倒一個失敗的中國，那是誰提供那個失敗的中國呢？日本人。日本人不只在現代的戰爭獲勝，他們也給予歷史的論述。我也花了很多時間，才從一八九四至一八九五年，甲午戰爭以來形成的論述中掙脫：它聲稱中國是場失敗，而日本則是成功。戰爭在此非常重要。它也是一場文化的事件，歷史論述在那場戰爭中轉變。日本人開始主張：「我們的藝術、文學、文化全都優於中國。」

逐漸地，我開始讀通日本的研究文獻。我去過日本幾次，臺灣也是；而因為當時的政治狀況，我們美國人還不能到中國去。歐洲人在一九七五年就開始可以到中國了，但美國人直到一九八四年才通行。我因此在日本花了很多時間，學習日本關於中國的經典文獻。像我們所知道的，漢學無論在日本、歐洲和美國，都依賴日本的專業知識，他們是領先的學者。很多日語的學術著作被翻譯成西方語言，但我們漢學家很多也在中文外，擁有流利的日語，以把握日本人的成果。

我們學會欣賞日本人的研究，而在經歷更長時間後，也開始看到其限制。日本人之所以對中國有興趣，不是因為他們熱愛中國，而是因為他們想超越中國。尤其是在二十世紀初期，歐洲變成了新的模範，於是日本學者開始說：「中國明顯已經四分五裂，輸掉了這些戰爭。我們已經打敗他們。我們現在是亞洲的領導國家。」在我有生之年，我們應學習不再接受這些日本的主張，並且準確揭開那些中國人是怎樣看待自己的想法。我的同僚與我都要對於所用的研究工具十分警惕，否則我們很容易就會被牽著走。這個摒棄成見的過程，開始時非常複雜，但同時又鼓舞了我。我開始可以借道於日本人，運用他們以完備的研究工具所編纂的資訊。他們閱讀中文材料，而且在歐洲人加入漢學這領域之前，已經六七百年的漢學經驗。他們是一個讓我們運用與學習的重要智庫，至少一開始是這樣。

最初，我們大部分都接受中國失敗的論述。我以前講課，就會以「十六個中國發展科學失敗的原因」為題。我誤導了一整輩研究生與本科生。現在我都把這個當成課堂上的笑話，而幸運地是所有人都會懂得笑點。失敗論述異常緊密堅實，你一開始根本不會看穿它。要花很多的力氣來摒除成見，才能掙脫它的解釋力量。要強迫自己摒棄成見實在困難。你需要懷疑差不多所有事物，但有時你會做得過頭，反而懷疑太多。以李約瑟為例，他差不多什麼都說錯。我們那一代人想要解構的那些論述，李約瑟要付很大責任。但在當時，李約瑟對我們卻是必要的，因為他為我們提供一個「科學的」起點。

李約瑟認為，中國科學之特殊性，只維持到一六〇〇年前後，耶穌會士到來的時候。在此後，李約瑟稱之為「普遍的科學」。這個名詞暗示的是，中國自一二〇〇年開始在科學與技術上獨步領先全球，到一六〇〇年時卻已不再處於前沿。我後來發現這並非事實。在此後更長的時間，中國科學還是維持與歐洲科學的差異。因此我主張我們要從它們本身的意義（*On Their Own Terms*）來掌握這些不同。[7] 中國人堅持自我的特色很長一段時間。過往被視為失敗的事物，現在應該被理解不同群體的對話：從什麼時間點開始，中國人採用了日本與歐洲的科學概念？為什麼會採用？在這些語言的選擇背後，有怎樣的政治存在？這比驟眼所看到，複雜太多。但我們還是要承認李約瑟的貢獻，他指出中國科學曾經是有趣的。他知道古代、中古、近代早期的中國，都有很精彩的東西。

## 在這幾十年來，中國科學史是如何被重寫？

耶穌會的巨大影響，不只在於中國科學，更在於中國科學的歷史敘述。在這方面他們就像日本人。更重要的，他們有自身的議題。義大利耶穌會士利瑪竇與其他人，都對中國文明下宏大的論斷，遠超他們所真正知道的；如果他們知道得更多，他們應該會更小心才對。他們描繪了一個成功的晚期明朝中國（1368-1644），並建議把它視為一個模範國家與社會，歐洲人可以從中學習。

同樣地，在十九世紀眾多的新教傳教士，如果知道更多的話，也就會更小心。可是，他們並不像耶穌會士那樣過度熱衷於中國，卻強調中國有無可救藥的弱點，當時中國正處於一八五〇年後的內戰以及人口災難。說這麼多，無非是要說我們應該極為謹慎。一度我們才說中國沒有指涉科學的詞語，然後就發現「格物」與「格物致知」。這是朱熹最偉大的教導之一，並在中世紀的宋朝以後得到非常大的影響力。在那之後，人們把這概念運用到醫療、天文，以及數學；他們都以格物致知為己任。我得澄清，我不是主張這個字從十一、十二世紀到一九〇〇年間都是指涉科學。但直到十六與十七世紀，毫無疑問也包括十八與十九世紀，這就是中文裡指涉自然學問的名詞。

我們也曾相信，中國學者在十九世紀摒棄了「格物致知」的傳統。但事實上那沒有發生。在十九世紀，中國學者把「格物致知」套用到新科學上面。格致書院（Shanghai Polytechnic）在中文的意思，就是為了格物致知而設的書院。因為經典的用語被翻譯成為一個現代名詞，而我們一直誤解，並聲稱根本沒有這樣的概念。

當日本在一八九四至一八九五年的甲午戰爭勝出後，中國人就採用日本人的名詞「kagaku」（科學）。今日在中國與日本，這仍然是「科學」的漢字。這掩蓋了一個事實，就是「格致」這個經典中的詞語，其實已經包含科學的內涵。我們之所以不追溯更早的發展，至少有部分就是因為我們侷限於認為中國沒有科學的歷史觀點上面。

我們以前只會研究耶穌會來華前的中國科學。接著有另一群學者在研究一八四〇年鴉片戰爭到二十世紀之間的中國科學。兩者之間的空窗期完全被忽略。現在我們發現，或者說至少我已經盡力澄清的是，你不能只研究其中一邊，而是要綜觀中國思想史的全局。我們必須克服那種衝動，不再把中國科學限制於與一六〇〇年後的耶穌會士，或一八四〇年以後新教傳教士的關係上。

我來給你一個例子。在很長一段時間裡，中國人學習代數與微積分，是在海軍船塢、機械工廠等新組織裡，因為代數與其他數學對於工程學非常重要。他們用傳統中國數學當踏腳石，來學習近代早期的西方數學。這作法被批評為落後，因為他們可以直接學習西方數學，不用經過中國數學的轉折。但其實中國數學也是非常精深，在一八〇〇年前後仍然奠基於那個與蒙古和伊斯蘭世界交流而來的傳統。當中國人說：「我們要計算微積分。但我們有我們的文獻，它們與微積分頗為接近。那就先用它們作引子吧。」他們是站在他們的先行者肩膀上，運用自身的傳統去學習新教傳教士譯介的新數學。但我的前輩們都傾向忽略這一點。為什麼要學習落後的數學？中國數學史完全落後的假象，就是這樣誕生。

在很多方面，我們正在做的是糾正先前的「中國失敗」論述。我們已經通過那個階段，找尋別的問題、發現別的問題，並重新詮釋它們。我想，要解釋中國科學缺陷的命題已經是過去式了。

**您的《從理學到樸學》，透過重構清代學者們重新發現與研究古代中國文獻的重大工夫，探索晚期帝制／近代早期中國的思想轉變。是什麼問題促成這本書的？**[8]

在夏威夷時，我開始研習所謂的「新儒學」，那是當時流行的名詞，透過狄百瑞（Theodore de Bary）在哥倫比亞大學的宣揚而廣為流傳。[9]就像狄百瑞，我在夏威夷的老師成中英也把儒家與新儒家描述成一整個道德理論的「黑箱」（black box）。他們傾向哲學地詮釋那些理論名詞，因此偏好「新儒學」的稱呼。但這些美國的學者們不太質疑這些技術性的名詞，也不會想像中國的經典文獻學者那樣鑽研文本。早自西元二世紀，中國學者已經有名詞來指涉「古文字學」（paleography）。中國的研究方法偏好於文獻學。與此相反，歐洲人直到晚近在近代早期的時期，才出現「古文字學」的拉丁語名詞。

十八世紀的中國經學家的論述，鞏固了從宋明理性主義，到一種懷疑論且世俗化的實證主義之間的轉變。後者正是從對經學傳統的鑽研而來。透過把精準的考證定為可接受的知識來源，清代經學家主張古代理想的適用性，應該根據比對知識的各種文本來源來重新衡量。這個邁向實證的經學研究轉向意味著，抽象的觀念與理性主義的論辯不再是菁英關注的主要事物，其位置被具體的事實、可驗證的制度名物、古代的自然學，以及歷史事實所取代。大體來說，清代的經學認為宋明的「道學」（即是新儒學）成為了可驗證真相的障礙，因為道學不鼓勵在實證的路線上進一步探尋。

他們主張對於知識的實證取徑，把證據與驗證變成經學傳統的分析核心。在這時期，學者與評論者也把歷史的分析應用到官定的經書上面。對經典的評註因此讓道於文本分析，以及重新鞏固經典的證據。作為一個晚期帝制時期儒學運動的代表，清代經學家仍然追求經學世界觀的復興。但這些近代早期中國文獻學家的作品，最終卻促進了去經典化（deconoization）的過程，雖然那並不是他們原本的意圖。

中國人面對著對於經學問題的不同解釋：為何它們用這樣的形式被製作出來？為何它們以這樣的方式被音讀？一連串關於讀音與字型的問題，使他們的學問往古文字學與語言學靠攏。就像德國理論家高達美（Hans-Georg Gadamer）對西方語文學的批判研究，中國那些更為文獻學導向的學者們著重對於全文的釋詞與註解。這些考證學家秉持三個原則：（1）你必須知道語言的聲音；（2）你必須知道經學系統的文字學；（3）你也須要熟諳各種對文獻註釋的方式。這是他們學問的三個基石。我研究過的其中一個唐代（618-907）文獻，後來在中國失傳，直到十八世紀中期才從日本重新傳入。[10] 這份十八世紀的文獻是孔子《論語》的一篇序言，在一七八〇年代，中國人把這份文獻轉化為古文字學，音韻學以及比較思想的討論。我曾指出這篇重新發現的序文是偽作，是日本人對中國人的騙局，而後者不智地把日本版本印行。因為我研究十八世紀多年，才看出日本人如何在中國人自己的經學文本上，騙過中國人。那些日本人聲稱這份材料是一位中古中國的文獻學家所寫，這人看來像是在古代就先行從事現代意義的文獻學。但事實上，這人是近代早期的日本人所創造。連這位所謂中國作者的名字，在日語版上根本就不一樣。這名字的錯誤是由不同的書寫形式與習慣所造成，日本人對這份文本的讀音也不一樣。

再者，中華帝國擁有一個龐大的考試制度。我對這個考試制度的興趣，其中一個理由就是它的規模。當人們參與考試，隨著時間過去就會產生一個正統，而考官們不會對異議忍受太久。舉例來說，朱熹一直是儒家正統的代表。但在十六世紀的晚明時期，士大夫與軍事領袖王陽明（1472-1529）的支持者就成為主要的異議者。當時有些王陽明的門徒可以用他的儒學觀點答題，讓陽明學暫時成為被接受的正統觀點，但這並沒有持續太久。我們可以從其他人那邊看到異議，但面對異議時，正統的立場仍然紋絲不動。皇帝們不只發動戰爭，他們也毀滅自己所不喜歡的文獻。隨著時間過去，文獻的散失也就被隱瞞了。

要發現真確的思想史，就要經過這些文獻與材料組成的崎嶇路程，在過程中很容易被騙。對於經學文獻學史，我嘗試做的是要問：什麼是文獻學的規律？在歷史上有不同種類的文獻學存在。中國人從事一種批判性的文獻學，它驗證經籍的語言，辯論不同的形式。他們會爭辯一份文獻到底是真是假，可信與否。他們致力對經籍的意義保持批判性，而不會全盤接受。

中國人以及後來的日本人與韓國人，都十分珍視文獻學，變成他們之間的共同語言，也是競爭的領域。到十八世紀時，日本人聲稱他們的中國經籍版本更為優越，因為它們更為真確。那些文獻在六或七世紀來到日本，然後當在中國大陸的版本銷毀時，仍然在日本流傳。在這個意義上來說，日本人有更好的文獻，也有更有力的論點。

這裡開啟了一段有趣的東亞交流。我們開始注意並討論它，但未獲得應有的成績。不幸地，研究日本的學者依然與研究中國的人保持距離；而大多數中國新儒家的研究者對於日本的情形甚至一無所知。他們不談論這段交流，是因為我們在研究上分道揚鑣。但如果我們想真正理解雙方的話，這些傳統與歷史是需要綜合研究的。

**美國的圖書館能幫助到您的研究嗎？您有多依靠在亞洲移地研究？**

沒有把亞洲藏書引進美國的話，我們這一代學者是不可能完成自己想要做的。我們很幸運擁有現在這些圖書館。美國圖書館的東亞藏書，大多數都是在二十世紀建立起來，它們的成績斐然。部分藏書開始得更早。舉例來說，柏克萊大學在一八七二年建立阿格西東方講座（Agassiz Oriental Chair）後，就開始收集中文書。第一位講座教授傅蘭雅（John Fryer），是一位曾居於上海的英國學者。他帶著他所有的藏書，從中國來到柏克萊。普林斯頓的葛思德圖書館藏書，則是由美國商人葛思德（Guion Moore Gest）所創。他在二十世紀初曾到過中國。他的眼疾讓他產生了對於傳統中藥、針灸和按摩的興趣，開始蒐購相關題材的書籍。葛斯德在一九二〇年代把藏書捐贈給在一九二六年於加拿大蒙特婁成立的麥基爾大學（McGill University）。後來麥基爾大學要把中文藏書分拆變賣，葛思德設法把它們買回。稍後，普林斯頓高等研究院（Institute for Advanced Studies）的羅伯特・歐本海默（Robert Oppenheimer）聽到這個消息，結果由研究院把它們買下。第一位館長南希・李・斯旺（Nancy Lee Swann）卻從來沒能用這些藏書教學，只因為她是女性。

在二次大戰後亞洲藏書蓬勃發展，人們從中國跟日本購買整套藏書，然後送到美國。例如：著名學者芮瑪麗（Mary C. Wright）戰後幾年在華北旅行，在哪裡找到書籍都會買下來，然後由耶魯大學買單。中國人往往擁有像小型圖書館那樣的藏書，因為他們從十二世紀就開始印刷書籍，因而西方買家可以像這樣整套來收集藏書。

這些書籍最初很便宜。在戰後，你可以用微不足道的價錢買日語書。今天要花費成百上千美金的書，當時你只需要十到十五美金就可以買到，只因為日本人輸掉戰爭，讓很多人覺得他們的文化一文不值。當人們窮困時，都會丟掉這些藏書跟文化。

總體來說，中國史的材料實在太多，因為中國人對所有事情都會留下紀錄。例如：如果你想研究考試制度，我可以給你一系列策論題目，從中看到同一朝代的考官們在一五七三到一六三〇年間都在憂慮些什麼。這系列會包括幾百條問題和答案，這有一點嚇人。研究印度的學者謝爾登．波洛克（Sheldon Pollock）看著我們，就說：「這不公平，一點都不公平」，因為印度的材料非常難找（笑）。但如果你身處美國，要找到很多特定的中文材料，還是有挑戰性。要讀到最關鍵的文本，你需要移地研究。當年，什麼都沒有被放到網路上，而要看到在中國的材料，你就需要處理其中的種種政治問題。

以前，我們光是把書拿到手就會感到雀躍，因為那很難取到，是個艱難的往來過程。在歐洲史的領域，你在搜集材料時大概不會碰到太多政治上的麻煩。相反，我們偶爾都要隨著政治起舞。例如：一個十分進取的女學者，當她在寫關於華東和華南瓷器的論文時，就偽裝成遊客來蒐集資料。因為她知道，如果告訴那些中國人她是從社科院來的學者，他們絕對不會讓她通行。

中國人會感到奇怪，為何你會想看到他們的書籍？而且為何要讓你早於他們的本土學者看到？要看到那些書，需要不少技巧與外交手腕，當然也需要點運氣。當我在一九八〇年代初第一次到中國時，我不被允許進入圖書館。上海社會科學院給了我一間辦公室，讓我在裡面看他們的書目。我會問：「我可不可以看這本？」他們會私下把那本書帶到辦公室，讓我在那邊讀。在北京，當時中國社會科學院的圖書館完全對外封閉。我卻剛好獲得其中一位領導支持，讓我自行進入圖書館研究。你得很幸運才能接觸到這些館藏。

時至今日，電腦改變了研究，無論是中國或臺灣，都把很多文獻與資料上線。在資料庫搜尋《四庫全書》，讓事情變得容易太多。* 此外，研究生們也設計他們自己的程式，建構自己的搜尋引擎。這些都帶來巨大的改變。

**從宋朝（960-1279）延續到一九〇五年的考試制度，是其中一個您主要的研究題目，您是怎麼開始這項研究的？**[11]

在很長一段時間裡，我都避開科舉考試的文章。誰會真的讀這些科舉文字？為何要花那個時間在它們身上？它們只是所謂的「八股文」，遵循一種平衡而可預料的，分為八「比」的修辭方式，以虛偽的文筆寫出。沒有人會再認真對待這些文章了。但事實上，在科舉考試的最後一部分，是當代事務的策論問題，題目包括天文、科學、以及統治。這些問題都是非常實際的議題，處理的是經書對於國家社會的當代意義。我開始閱讀這些問題，然後發現它們頗有啟發性。例如：為什麼他們會在一五二五年號召曆法改革？那個要被改革的曆法，一定有些問題才對。當時的曆法是蒙古人征服中國以後，將阿拉伯與伊斯蘭的材料，增補進宋朝到明朝的曆法系統裡面。

有賴這些策問文字，你可以更清楚地知道在一五二五年的中國人對於數學與科學有特殊的興趣。在耶穌會士到來前，他們已經帶來了穆斯林和波斯／粟特的曆法家來幫忙。如果在當時就有一個國際天文局，它就會是在中國成立。中國曆法家會被安置在一棟建築物裡，波斯／粟特在另一棟，後來的耶穌會士則在第三棟。中國朝廷說：「我們設立三個天文館，給我們正確的答案。」誰能給朝廷正確的答案，就會得到更高榮譽，而耶穌會士在此愈來愈占優勢。

更廣泛地說，你可以說只要我們視事情為理所當然，就會一直做下去。考試制度就是被視為理所當然，而人們就讓它繼續運行。最後有一天人們說：「啊，科舉真不好」，考試制度就完結了。可是，當我開始研究這個題目時，根本沒有人真的搞懂考試制度是如何在那樣的長時段下運作的。這個漫長的歷程，其實對落第者是沈重的打擊，因為只有百分之五的考生會及格。每年會舉辦十七場鄉試，每場會有多達二萬人參加。那每個考場中落第的一萬九千人，都會發生什麼事？他們接著會從事怎樣的事業？你可以想像，哈佛只給予百分之五的大學部學生及格畢業嗎？那會發生什麼事？

那百分之九十五的落第考生會從事一切涉及文字的事業。他們會成為佛教僧人或印刷商等各式各樣的角色。此外，菁英家族的女性都相對地擅長閱讀，當她們成為母親，她們的兒子就能受

---

* 譯註：原文直接稱四庫全書為十八世紀的「皇家圖書館」（Royal Library）。

惠於熟悉經書傳統的賢母。我嘗試理解為何科舉考試在明代如此至關重要。那些人都等於是現在的博士？當公務員系統中所有人都是博士時，會發生什麼事？他們主修的是什麼？他們在做什麼？他們是為了什麼來接受訓練？

**長期以來，研究近代早期歐洲的學者爭辯早期現代性是否特殊，而又為何特殊。從中國的角度來看，您在一五〇〇至一八〇〇年的時段裡，有看到任何特殊之處嗎？**

在漢學界，如何為這時段命名引起了激烈爭辯。以前我會把一六〇〇年以後全都稱為「晚期帝制」時期；後來年輕人才開始用「近代早期」。我其實蠻反對這個名詞，以及其所引申的意義。從各方面來說，我研究文獻學的那些「考證」學者，並沒有嘗試打破經典。在近代早期／晚期帝制，即是一六〇〇至一八〇〇年的轉折中，明清文獻學者的考證學，一開始是為了支持他們對宋明哲學的哲學批判而來的。這些「考證」學者與研究聖經的基督徒相仿，他們不是要打破舊約聖經，而是要讓它以新的型態流傳、讓它淨化。考證學者們嘗試淨化中國的經書，並以各種方式核實它們。這個學者群體屬於晚期帝制時代，是儒家經典的信徒。

從十六到十九世紀，中國學者就算質疑經學的資料來源，但也不會質疑經學本身。學者們會說：「這份文獻是偽作。我們要取代它，我們要研究別的東西。」但政府的高層並不會取代這些偽作。官員們會回應說：「不，我們不想要人們失去對經書的信仰。」即使是學者們都無法如此徹底做到這點。

我們稱呼這段時期為「近代早期」，是因為它還沒那麼現代，但我們同時要非常小心，不要過分強調其中蘊含的現代性。我比較傾向稱之為「晚期帝制／近代早期」。「晚期帝制」一詞，強調這時期的人們思想上仍然屬於舊有的傳統；「近代早期」的面向則反映對傳統疑問的成形。在十九世紀的特定時刻，革命性的立場獲得勝利，對於經典的質疑，開始壓倒那些舊時代人們心中的信仰。人們願意把「一個文本有誤」，推進為「所有文本有誤」的結論，而且往往會誇大其詞。

在這層意義上來說，把一八〇〇年前的時段稱為「晚期帝制」似乎比較好。但如果跨過一八〇〇年的話，那當然會存在我們稱之為「近代早期」的線索。但到一九世紀前，這些線索尚未完全顯現。我不知道在你的領域會如何處理。但我們這些中國研究者嘗試同時把握晚期帝制與近代早期兩個面向，強調傳統與變革同時存在。「晚期帝制」形容一種心態，那心態回顧著明代、蒙古以及之前的朝代。然後當你到達那個引人注目的轉變，我們就用「近代早期」這個概念。我認為，把十六與十七世紀形容為「近代早期」中國，是有點太早。「近代早期」會比較適合用在十八與十九世紀。但這仍然有爭議，而且較為年輕的學者更傾向把所有東西都稱為近代早期。

## 您是怎樣形成研究問題的？這些問題又如何貫穿到研究計畫裡面？

我以前的指導教授教我，挑一個歷史上特定時間的議題，往前追溯，然後再下溯到當代。我當時被教導的根本就是目的論！那有一定的效用，因為它能把知識與資訊打包成一個袋子那樣，容易處理。但隨著時間過去，我認識到這些「袋子」不如所有人想像的那麼有用：知道一八九五年發生了什麼事，然後上溯到一八六五年，看有什麼發展趨勢導致了一八九五年的結果。在很多方面，這種方法會讓我們錯失了一八六五年發生的其他現象。

我這一代人都被目的論洗腦。目的論的歷史預設下，知道過去事件的結果，會讓人知道它們的開端。我花了很多時間來擺脫這種預設。我們必須重視「非意圖結果」（unintended consequences），然後好好地消除目的論。以科舉考試為例，它們原意並不是要讓百分之九十五的考生落第；它們本來只是要選拔最優秀者。結果，卻有很多人想從那百分之九十五的落第者中找學者來聘用。然後問題就變成：這些人都會做什麼？他們會造反嗎？他們不滿嗎？不，甚至有人會寫嘲弄考官的小說，他們什麼都做。因此，科舉考試的「非意圖結果」正是產生了一個充滿才華，可以從事各種不同事業的的文人群體。再者，在十五、十六和十七世紀，甚至有不少女性作詩。在讀到她們的作品前，我們根本不知道這些事情。

**近代早期歐洲思想史的研究，會聚焦於當時歐洲人如何理解「古典的」這個概念。在中國脈絡裡，您會如何理解所謂的「古典主義」？**

跟「近代早期」一樣，問題是我們真的想用「古典主義」這個詞嗎？什麼是古典？在西方歷史文獻，以及我們中國研究者來說，這同樣都會有爭議。什麼是「經」？「經」是真實世界與處境的條理與反映。其中一種定義經典的方式，就是以它受到的推崇為準，那是人人需要學習的就是「經」。在中國傳統，經書是真理的標竿，如同在歐洲文藝復興時期那樣。經書特出於其他眾多文獻，被一再重新生產，然後成為考試的題目。

在漢學的領域，我們引用歐洲的各種古典概念，把它們帶到中文與日語史料的討論上面。在東亞有一種信仰，就是文字蘊含著真理的傳承。中國人把這個傳承上溯到孔子，或者甚至是更早的聖王，即是那些傳說中在西元前三千年的統治者們。到近代早期時期，中國學者開始打破這些觀念，他們開始主張這些文獻並非真的都是從孔子的時代而來，而就算有，那也只是很少的一部分。可是，在二十世紀之前，這些懷疑者都沒有獲得勝利。

我們太理所當然地把歐洲定義的「古典」等同於中國定義的「經」。我們應該先弄清楚歐洲對古典的概念，然後與東亞人所謂的經進行比較，看它們各自的定義到底是如何運作。[12] 最終，我們不能把「古典」與「經」混為一談，然後說它們是同一回事。兩者之間並非如此。你可以作一些比較，但同時要非常謹慎。

## 重新發現被遺忘的中國科學史，是如何改變了傳統上較偏向人文與文獻學的學問？

我們逐漸開始看到，文獻學家與對科學有興趣的人，其實頗多是重疊的。他們對數學有興趣，但他們也從事各種不同的知識領域。中國學者用人文的學問來支撐國家意識型態。學問提供擁護政府的修辭。所有學習科學的人都不是要成為科學家，但他們要意識到為何曆法那麼重要。這些人要明白為什麼耶穌會士能妥善地處理曆法問題：「我們不用自己來處理，但絕對可以讓耶穌會士們幫我們分擔。」當耶穌會士變得愈來愈不可靠的時候，他們說：「我們不想依賴他們。我們想自己處理曆法，因此我們要學習如何去做。」清朝的國家試圖讓滿洲旗人學習科學。但對他們那些戰士階級來說，學科學實在沒有好處。最後是誰學科學？是那些漢人菁英，因為他們對此有興趣，從事科學也成為他們傳統的一部分。我認為這個傳統促進了對於「經世」的各種興趣。各種科學成為處理帝國治理上技術層面的一種實用手段。出乎意料地，軍事出身的滿洲旗人沒有跟上傳統經世學問與新的數學和科學融合的趨勢，即使這趨勢最終帶來新科技的誕生。諷刺的是，清朝國家沒有選擇，只得仰賴科學上先進的漢人官員。這些漢人官員特別注重數學與自然學，以整理（normalize）天文、政治、以及經濟上的長時段現象。

**合編《世界語文學》（*World Philology*）一書是怎樣的經驗？[13] 從比較的角度，中國在世界語文學中又處於怎樣的位置？**

雖然《世界語文學》並未提供關於全球各種語文學興起的歷史敘事，它的幾個章節仍揭示語文學在世界各地語言學的投入，以及結構上的深度。我們從當代的古典研究者中廣泛招募，為他們的語文學興趣構成一個全球脈絡。成書部分是按時序，部分是按題材排列。題材上，我們在各個全球性的案例裡，都加入來自五大洲的學者。我們加入了很多所謂的伊斯蘭材料，若干印度材料，還有其他關於拉丁語與希臘語的材料。我們現在有中文與日語的材料，未來則會加入韓國的語文學。在《世界語文學》裡面有不同的論點，而我們決定不對它們下任何論斷，因為存異議正是語文學家的工作。一本關於語文學的書沒有任何異議，那會成什麼樣子？語文學家素來就以互相敵視聞名。你可以把《世界語文學》視為一本資料集的開端。它是一本由關於語文學的文章所組成的資料集，我們希望會有後續跟進的研究，這本書只是一個起點。

我在《世界語文學》的文章在很多方面，都是處理前面提到的晚期帝制／近代早期問題。晚期帝制以及近代早期的面向，是同時存在於十八世紀的中國。[14] 哪一邊的論述會勝出，在當時並不清楚。從後見之明來看，我們知道其中一方勝過了另一方，但我們要做的是重建那各種可能性及不確定性。我嘗試展現，當時的中國人最終並不是要摧毀他們的各項傳統，而是嘗試淨化它們。

## 當代中國在地緣政治上的崛起，如何影響東亞研究以及東亞思想史的領域？

在以前，不論是西方或是在東亞，所有人都對中文避之唯恐不及。因為中文被視為一種落後的語言，而中國則是個落後的文化。他們寧願學習現代日語。事情當然已經轉變了。現在，韓國人愈來愈後悔排除掉漢字。他們有可能在未來恢復漢字。日本人一直保留著漢字，但其他先前捨棄漢字的群體，都開始重新學習中文。例如：越南人過去廢除漢字，改用法語，但現今中國學者蒐集越南中朝，即是大概一七五〇至一九〇〇年之間的材料。上海復旦大學的學者最近編輯了一套二十卷的資料集，裡面都是以中文文言文寫成的材料。

越南人開始後悔拋棄他們的中文文言文傳統。在殖民時期之後，法語、英語，以及其他西方語言在越南成為主流。越南人已經無法逆轉時光。韓國人無法閱讀任何一九〇〇年前，以自己的語言寫成的東西，正因為他們去除了中文文言文。但總體來說，隨著中文學習更受重視，文言文的文本也更被認真對待。中國人本身就開始注意這些文獻，想知道「可以如何讓我們了解自己？」例如：與我在復旦大學共事的人，就提出「從外部來看中國吧。如果我們從外部看中國，我們可以學到什麼？」我認為他們提供了有益的比較方法。

## 在您的智識生涯裡，教學處於怎樣的地位？

我認為教學非常重要。我試著強調教學對於理解你所教的議題，是如何的重要。換句話說，你可能過分執著只有你的指導教授或特定人士才關心的狹小意義，而完全錯過了將會吸引更廣大讀者的大圖像。但你的確是需要跟這些讀者對話的。

你是否一個大演說家、是否有氣場，或者是否一個出色的演員，都不重要。站在學生們面前與他們互動，這本身就是必須的。當你嘗試為他們說明情況，你就會知道一直以來自己把什麼東西當成是理所當然。在課堂講授時，我們喜歡簡單的答案。我在寫文章是會不會常用「新儒家」這個概念？不太會。但當我在演講的時候，新儒家就會常常出現，因為它簡單，學生十分容易理解。同時，你也要開始引發對於材料的疑問，引領學生進入材料，然後進行解釋，好比為什麼我們不能總是使用新儒家這個名詞。我認為讓學生感受到學者面對的問題，是十分重要的。那樣你就可以把學生帶進你的學術領域，如果學生們可以體會你正在研究的問題，以及你嘗試解決的問題，他們有可能會想：「我不想當醫生。我不想當律師。這會很有趣，是我可以做到的事。」

## 我們接下來是不是有更多應該共同摒棄的成見？

如果你所說的是質疑我們一向視為理所當然的事物，以導向正確的答案的話，是的，我認為在東亞領域需要摒棄更多成見。我們也得明白，有時候我們要摒棄那些中國人與日本人關於自己的成見。我們常說我們是東方主義者，是把扭曲過的形象強加在東方的人。但讓人意外地，日本人再現中國文化與社會時，也扮演東方主義者的角色。我花了十年來克服日本漢學的問題。我至今仍然尊重日本漢學，也非常關注它，但我也可以為你指出很多日語作者對中國藝術的不負責任評論。例如：把大都會美術館稱為中國人「貧乏藝術」的居所。令人不安的是，一些在西方受聘為藝術史家的日本學者和研究日本的學者，例如：波士頓美術館的鄂聶斯特・芬諾洛薩（Ernest Fenollosa, 1853-1908）和岡倉天心（1862-1913），都主張中國藝術的次等地位。你可以說特定的藝術好，特定的藝術不好，但要把問題上升到形上學的層次嗎？沒有藝術史家應該那樣做的。我在二〇一一年四月哈佛的賴世和講座（Reischauer Lectures）上，就強調了這一點。[15]

## 您對近代早期學術實踐的研究，有沒有形塑您的學者作風？

我儘量保持自己與研究對象之間的距離，所以當我研究文獻學的歷史時，我並不是是要成為一名文獻學家。有時候我會運用文獻學家的技巧，但我同時也要把他們當成分析的對象，審視他們如何對待文獻學，他們的主張、新增了什麼、略過了什麼。總的來說，我有興趣的是通盤地思考意圖與後果。我們需要搞清楚，意圖是什麼時候形成，後果又是什麼時候被意識到，是立刻如此，還是十、十五、二十年以後。科舉考試制度就是一個例子，可以看到意圖與結果隨著時間愈行愈遠。很多時候，人們建立制度時的意圖，與最終產生的結果有很大的不同。

## 書籍史的興起如何改變您的研究領域？

我們一向聚焦於歐洲文藝復興中印刷術的興起，忘記了在德國人從事印刷前的兩個世紀，中國人已經有大規模的出版事業。若說印刷文化從歐洲開始，而中國人要等到耶穌會士來華後才跟進，那我們就大大地低估了早期現代性了。印度本身沒有產生印刷文化，雖然有關於特定題材的眾多手稿。但中國人在十一與十二世紀，已經有廣泛的官方印刷，而到了十五和十六世紀，就有地方印刷商，以及各種商業印刷者的活躍。記得伊莉莎白・艾森斯坦討論印刷術是如何神奇，帶來多大的躍進，而後來加入的阿德里安・約翰斯（Adrian Johns）就認為：「不、不、不，印刷文化不是自動產生的成果嗎」？[16]

蘇珊・切爾尼亞克（Susan Cherniack）調查了中國十一世紀的印刷文獻，發現眾多當時的作者都主張：「書籍是邪惡的，印刷會讓人偏離學問，所有印刷的錯誤都會污染文獻。」[17]很少研究中國的學者會認同艾森斯坦的敘事，因為中國人傳統以來對於印刷保持非常批判性的態度。印刷是危險的，不太是政治上的意義，而是因為它引起內容的訛誤，並流傳這些錯誤。在印刷以後，很多文獻就此散逸、錯置、誤讀，手稿也會消失。這其中部分的問題，是可以與歐洲的印刷文化進行比較。

事實上，關於印刷文化的討論，在某些方面是應該以東亞為開端。如果要做一個年表的話，就要從東亞開始。然後我們就能了解可以與德國印刷文化的哪些面向作比較。[18]十六、十七世紀時，印刷書籍遍布中國，耶穌會士們對此卻似乎並不驚奇。他們買書，也自己印行書籍，他們了解中國的印刷書。對於中國人印書，耶穌會士視之為理所當然，就像他們看待歐洲的印刷書一般。因此，這不是關於誰向誰學習書籍印刷，而是所有人都把印刷書當成必然的存在。利瑪竇當時甚至能夠賣書。他撰寫關於友誼的文章，獲得眾多讀者，中國人就為他印行成書。

**現時您的領域中，您覺得有哪些方向是最有趣的？對於領域的未來，以及下一代的學者們，您又有什麼期待？接下來有什麼題目是應該發展的？**

我們的領域已經有很多的成長。試想從前沒有性別議題的歷史。學者曾經聲稱並沒有材料可以研究中國的性別史，那是何等的胡說八道？你會相信歐洲人曾經聲稱中國歷史上是沒有經濟方面的經驗嗎？從十九到二十世紀初，歐洲的學者認為帝制中國是一個無商業，或反商業的社會環境。我們現在知道這是胡說。我認為我們正在摒棄這些不實的概念。我希望像《世界語文學》那樣的書，可以讓這些事情成真。人們會像安東尼．格拉夫頓在一九八五年的文章所作那樣，把他的史料與我的比較，試圖找出相似與差異之處。[19] 可是，我們同時應該反過來做，歐洲的例子可以怎樣幫助理解中國？以這樣的方式來持續地進行比較研究是有益處的。

我們對歷史的批判性，比以前都來得強。但與此同時，學院的歷史學在社會上卻沒有廣泛的影響力。作為大學訓練出來的歷史學家，我們寫出關於歷史的書，但大多數政客與大眾有自己對歷史的觀感，而他們電視上看到的，也是不同種類的歷史。我們學者的見解，重要性可有可無。在有些時刻，例如：九一一攻擊之後，關於伊斯蘭世界的扭曲報導鋪天蓋地而來，你如果還有包容多元的心胸，就會想逃離電視螢幕。歷史是重要的。人們仍然相信那些我們要打破的迷思。綜覽全局，仍有很多對於研究與學問的限制，是我們當中的很多人要忍受的。只要我們還可以在學院訓練我們的學生，我想我們的狀況還算不錯，但那可能是會改變的。在中國，當政客涉入學院的時候，事情可以轉變得比我預期得更快。香港作為一個學術思想中心，其岌岌可危的未來，就是例子。

歷史學家既相信自己是正確的，同時也明白了一些我們必須屏除的偏見。意外地，語文學的全球復興，仍然有能力解放去正當化（delegitimation）的力量。在全球化的脈絡中，現代主義的論述仍然堆積如山，集體的迷思及共有的政治，仍然在我們自我設下的學術思想邊界之外。

# 總其技藝、方法為「學術」——

## 安東尼・格拉夫頓（Anthony Grafton）

## 安東尼．格拉夫頓簡介

安東尼．格拉夫頓教授，芝加哥大學博士，現任普林斯頓大學歷史學系教授，是美國知名歷史學者，亦可謂是當代最重要的思想史、學術史暨科學史家。格拉夫頓教授於一九七五年取得博士學位後，旋即進入普林斯頓大學歷史學系服務迄今。此外，他於二〇〇七年主編英美學界重要的思想史雜誌《觀念史期刊》（*Journal of the History of Ideas*），二〇一一年一月擔任美國歷史協會（American Historical Association）主席。學術工作外，他還為《新共和》（*The New Republic*）、《美國學者》（*The American Scholar*）及《紐約書評》（*The New York Review of Books*）撰寫各類題材的文章。格拉夫頓教授的學術成就，讓他曾於一九九三年獲得《洛杉磯時報》（*Los Angeles Times*）圖書獎（歷史類）；二〇〇二年以其人文歷史方面的研究，獲頒全球學界最高榮譽之一的波薩獎（Balzan Prize）；二〇〇六年，並獲萊頓大學（Leiden University）頒贈榮譽學位的殊榮。

整體來說，植基於年幼對古典學、古文獻的濃厚興趣和扎實訓練，格拉夫頓教授的研究領域是以古典學術史為範疇，在西方文明、人文主義發展的架構下，由古典時期逐步拓展至文藝復興及後期的思想史、學術史、科學史三個相互交織的議題。早期受科學史啟發，結合後期圍繞著歷史編年學的研究，格拉夫頓教授思考學術思想發展、變化的角度，是特別關注「方法」、「技藝」這類技術性條件，並敏銳地意識到歷史時間的延續和斷裂，如何被不同時期的人文主義者釐定、改制甚或挪用。執此，他考核古籍文本的各種特徵：諸如閱讀筆跡、批評、註解、參考書目、手稿和各類印刷複本，以及形構文本的物質特性，循此編織了西方人文主義發展的複雜歷程。如其博士論文改寫出版，描寫十六世紀法國編年史學家約瑟夫．斯卡利傑（Joseph Scaliger）的思想傳記，後續寫就的《偽作與批評》（*Forgers and Critics*, 1990）、《文本的捍衛者》（*Defenders of the Text*, 1991），均呈現格拉夫頓教授考索古典文獻和呈現歷史圖像的細密手法。這也讓他觸及書籍和閱讀歷史。舉凡中文學界熟知的《腳註趣史》（*The Footnote: A Curious History*, 1997）、《書本的危機》（*Codex in Crisis*, 2008）以及新近出版的《墨水心：近代歐洲早期的書籍製作》（*Inky Fingers: The Making of Books in Early Modern Europe*, 2020），皆展現他結合文本物理性和學術、思想暨教育史的努力。誠如其學生安．布萊爾教授言，格拉夫頓教授一生的寫照，就是以古典材料為基底並結合現代技術的各種嘗試；在學術表現上為此，在其工作的處所亦為如是。

## 著作選編（專書、主編論文集）

### 專書

*Joseph Scaliger: A Study in the History of Classical Scholarship*, vol. I, *Textual Criticism and Exegesis*.

New York: Oxford University Press, 1983.

Translated with introduction and notes with Glenn W. Most and James E. G. Zetzel. *Prolegomena to Homer [1795]: A Translation with Introduction and Notes*, by F.A. Wolf. Princeton: Princeton University Press, 1985.

*Forgers and Critics: Creativity and Duplicity in Western Scholarship*. Princeton: Princeton University Press, 1990.

*Defenders of the Text: The Traditions of Humanism in an Age of Science, 1450-1800*. Cambridge, MA: Harvard University Press, 1991.

*Joseph Scaliger: A Study in the History of Classical Scholarship,* vol. II, *Historical Chronology*. New York: Oxford University Press, 1993.

*Commerce with the Classics*. Ann Arbor: University of Michigan Press, 1997.

*The Footnote: A Curious History*. Cambridge, MA: Harvard University Press, 1997.

*Cardano's Cosmos: The Worlds and Work of a Renaissance Astrologe*r. Cambridge, MA: Harvard University Press, 1999.

*Leon Battista Alberti: Master Builder of the Italian Renaissance*. New York: Hill & Wang, 2000.

*Bring Out Your Dead: The Past as Revelation*. Cambridge, MA: Harvard University Press, 2001.

Co-author with Megan Hale Williams. *Christianity and the Transformation of the Book: Origen, Eusebius, and the Library of Caesarea*. Cambridge, MA: Harvard University Press, 2006.

*What Was History? The Art of History in Early Modern Europe*. Cambridge: Cambridge University Press, 2006.

*Codex in Crisis*. New York: The Crumpled Press, 2008.

Co-author with Brian A. Curran, Pamela O. Long, and Benjamin Weiss. *Obelisk: A History*. Cambridge, MA: Burndy Library and MIT Press, 2009.

*Worlds Made by Words*. Cambridge, MA: Harvard University Press, 2009.

Co-author with Joanna Weinberg. *"I Have Always Loved the Holy Tongue": Isaac Casaubon, the Jews, and a Forgotten Chapter in Renaissance Scholarship*. Cambridge, MA: Harvard University Press, 2011.

*The Culture of Correction in Renaissance Europe*. London: British Library, 2011.

Co-aurthor with Urs Leu. *Henricus Glareanus's (1488-1563) Chronologia of the Ancient World*. Leiden: Brill, 2013.

Co-aurthor with David A. Bell. *The West: A New History*. New York: W. W. Norton, 2018.

*Forgers and Critics, New Edition: Creativity and Duplicity in Western Scholarship*. Princeton: Princeton University Press, 2019.

*Inky Fingers: The Making of Books in Early Modern Europe*. Cambridge, MA: Harvard University Press, 2020.

## 主編論文集

Editor with Lisa Jardine. *From Humanism to the Humanities: The Institutionalizing of the Liberal Arts in Fifteenth- and Sixteenth-century Europe*. Cambridge, MA: Harvard University Press, 1986.

Editor with A.C. Dionisotti and Jill Kraye. *The Uses of Greek and Latin: Historical Essays in Memory of A.D. Momigliano*. London: Warburg Institute, 1988.

Editor with Ann Blair. *The Transmission of Culture in Early Modern Europe*. Philadelphia: University of Pennsylvania Press, 1990.

Editor with Nancy Siraisi. *Natural Particulars: Nature and the Disciplines in Renaissance Europe*. Cambridge, MA: MIT Press, 2000.

Editor with William Newman. *Secrets of Nature: Astrology and Alchemy in Early Modern Culture*. Cambridge, MA: MIT Press, 2001.

Editor with John H. M. Salmon. *Historians and Ideologues: Essays in Honor of Donald R. Kelley*. Rochester, NY: University of Rochester Press, 2001.

## 請問您是如何愛上古典文獻研究？

我自小就對古典文獻感興趣，甚至上過電視機智問答節目，我還記得那集的主題是「希臘神話」。這次經驗讓當時六、七歲的我，對希臘產生濃厚興趣，在心中種下了學習希臘語這樣的念頭。然而，當時我們住在康乃狄克州，這裡的環境讓我父母知道，這是很難實現的願望。他們在當地耶穌會大學找到一位主修古典文獻的年輕人。他以古老的耶穌會課程，為我與母親講授希臘語，每週一次。令我興奮的是，這趟語言之旅是從荷馬史詩開始的（笑）。從十歲到十二歲，母親便與我一同學習希臘語。她說，陌生人在家時她最好也待著，不如就趁此機會也充實自己。

之後，我們舉家搬到了紐約，這並未減損我對語言的高度興趣。起初，我選讀的學校在拉丁語和法語方面，擁有良好學習資源。但我知道自己還是獨鍾於希臘語，希望能持續深造，這讓我父母得在入學前去和學校商量，表明孩子真正需要的是一所寄宿學校。紐約唯一一所教希臘語的學校是瑞吉斯（Regis），這是所耶穌會學校，而學生必須是天主教徒！就這樣，我來到瑞吉斯讀書，集中學習拉丁語、希臘語和法語，以及些許美國史。那是所非常好的老牌私立學校，讓你適性適才地讀書、做事。在那之後，我獲得芝加哥大學的入學通知，這對我來說是個再好不過的機遇。那年春天我才十八歲。起初，我打算主修古典文獻，結果卻很快就發現，我也許無法從這個學系學到任何東西。不像哈佛和耶魯大學，芝加哥沒有收到太多來自寄宿或預科學校的學生，以至於沒有多少人擁有希臘語基礎。所以，如果你已經能掌握拉丁語和希臘語的話，就真的沒有辦法在古典文獻學系學到更多新知。大學部課程已經沒有什麼用處，研究生課程又完全超出我的能力範圍。

於是，大一升大二的暑假，我留在芝加哥擔任宮廷劇院公司（Court Theater）暑期劇場的技術員，並用這筆薪資來修習西方文明史課程。我不知道自己這麼做的真正原因，但我真心喜愛西方文明這主題。這門課程不單單是批判性呈現「文明」的內涵，更教導我如何嘗試循著脈絡來思考，這意味著得學習從「文本細讀」（close reading）角度出發，尋索將文本重新置回脈絡中的可能作法。

我這裡並不是在描述一種形式極其複雜的歷史學，而是一種文化史取向，它環繞著當時思想史家關切的幾個議題為核心。像是西方「個人」的崛起，這又如米歇爾・傅柯（Michael Foucault）後來預期般，人將會像「海邊沙灘上的一張臉」輕易地被抹去；抑或是著重將感受與知覺歷史化的問題；在近代早期發展出的新型態形上學；不同種類的教育方式；社會理論的歷史。當然，這幾個是較具生命力的課題，其他部分也許就非如此。不過，對我來說，此處提及的每個部分，感覺都與我十分合拍。於是，我在大二就從古典文獻學轉到歷史學系，選了一大堆相關課程，並開始學習德語。

我還選修了漢娜・格雷（Hanna Holborn Gray）的文藝復興課程，同時決定以伊拉斯謨斯當作學期論文主題。在她建議下，我把珀西・斯塔福德・艾倫（Percy Stafford Allenm）編輯的《伊拉斯謨斯書信集》（*Opus epistolarum*）帶回家，然後意識到自己不能再堅持古典文獻學所教授的作法。[1] 我發現自己不該嘗試以整晚的時間，讀完十二卷書冊中的四十行文句，而是要真正地坐下來讀。於是我坐下來開始閱讀，發現自己可以讀懂伊拉斯謨斯的拉丁語。這很有趣，也學到許多。最後，我寫了一篇非常糟糕的論文（笑），但使我意識到，自己對人文主義的高度興趣。我們從未自接收角度來考慮人文主義，當然也沒有從學術史或其他相似的面向來想過。就只將它視為文藝復興時期的人文主義，僅僅是人文學者解釋和玩弄古典文本的方式之一。

而當時出現的平裝書革命，也在很大程度上啟發、增益了我的智識。我指的是梅隆基金會（Mellon Foundation）出資成立的「波林根書系」（Bollingen Series），在一九四、五〇年代出版大量譯著，巧妙地將榮格心理分析和古典傳統等多個學科領域，以書系形式出版。這個書系對西方傳統懷有高度興趣，這也就意味著，我們能藉由它的出版計畫，擁有更便宜的平裝本，一如埃里希・奧爾巴赫的《摹仿論》（*Mimesis*）、恩斯特・羅伯特・柯蒂烏斯的《歐洲文學與拉丁中世紀》（*European Literature and the Latin Middle Ages*）、讓・塞茲涅克（Jean Seznec）的《異教諸神的遺緒》（*Survival of the Pagan Gods*）、亞瑟・洛夫喬伊的《存在的鎖鏈》（*Great Chain of Being*）。[2] 這些都是我基於自己的樂趣而閱讀的書，陪我渡過大一升大二和升上大三的暑假，以及整個大三生活。

透過博林根書系，我接觸到蘭德（E. K. Rand）的《中世紀的奠基者》（*Founders of the Middle Ages*），這仍是一本了不起的書；也習得神話學中的古典傳統；更讀了很多歐文．潘諾夫斯基（Erwin Panofsky）、埃德加．溫德（Edgar Wind）和魯道夫．維寇爾（Rudolf Wittkower）的書，都是該書系的平裝本。[3] 當時，我們還無法接觸真正的瓦堡傳統。阿比．瓦堡的作品，幾乎沒有義大利語版，更不用說翻譯成英語，加之我自認當時的德語程度是無法勝任原文閱讀。雖然我很努力地學習，但瓦堡的文字真的就如德語脈絡的「物自體」（Ding an sich）般難解。但我們可從潘諾夫斯基、維寇爾、溫德、法蘭西斯．葉慈（Frances Yates），以及沃克（D. P. Walker）諸位藝術史家的論著，來了解瓦堡研究所（Warburg Institute）。[4] 我猶記得在研究所低年級時，初讀邁克．巴克桑德爾的《喬托與演說家》（*Giotto and the Orators*）時，那種爆炸的興奮感，心想：「啊，這是新的。這就是人文主義的拉丁性重要之原因。這是種他們可用以批判性析論十五世紀新藝術的語言。」[5]

對於正在考慮以史學為職志的我來說，那是段促勵人心的時期。這段時間，書市上不斷湧現的新題材，許多雖然無關乎我當時在處理的課題，但仍非常吸引著我。像是新形式的思想史研究，比如彼得．蓋伊（Peter Gay）兩卷冊的啟蒙運動史，以及羅伯．丹屯針對蓋伊所撰寫精彩、犀利的書評論文。[6] 不過，蓋伊啟蒙運動史巨著所提供的書目清單，就已足夠啟我智竅。那時候，費爾南．布勞岱爾（Fernand Braudel）的英譯本也遂爾誕生；雖然我早在大學時期，就為了一篇論文而閱讀過法語原著，這自是一段慘痛經歷。[7] 歐金尼奧・加林（Eugenio Garin）的著作也被翻譯成英語：我記得讀過《早期文藝復興的肖像畫》（*Portraits from the Quattrocento*）和《義大利人文主義》（*Italian Humanism*）。[8] 另有一些新書，提供我們在理解和撰寫過去世界上，幾近全新的視野和作法。西奧多・羅森加頓（Theodore Rosengarten）的《諸神的危險》（*All God's Dangers*）一書，比卡羅・金茲堡（Carlo Ginzburg）早幾年向我們展示了一個人，單單一個前佃農的生活可以讓歷史變得如此多彩且富啟示性。約翰・戴莫斯（John Demos）的《小小共和國》（*A Little Commonwealth*）擘劃了一個令人信服的模式，讓人們思考如何觸及過往的家庭生活，並在人們明言「物質文化轉向」（material turn）前，就率先實踐這種研究手法。《十字架上的時間》（*Time on the Cross*）一書，作者宣稱要改寫奴隸制的歷史，儘管它終告失敗，但仍引發了攸關歷史的道德性和數據資料之性質的論辯，吸引各個領域史家的注意。[9] 其他書籍的影響也十分巨大，因為它們匯集了過去常被分別視之的各種材料，進而發現這些材料是極具歷史想像和解釋力的。例如：約翰・艾略特的《舊世界與新世界》（*The Old World and the New*）表明，學者們試圖理解和描述美洲的方式與古典模式存有深刻聯繫。雷諾茲（L. D. Reynolds）和威爾遜（N. G. Wilson）的《文士與學者》（*Scribes and Scholars*），通過文士和學者實踐的視角，講述古典傳統的故事，並清楚表明這些實踐有其歷史脈絡可循。[10] 這些令人倍感興奮的事物，都在幾個月或者最遲一年後以平裝版問世，你可以全數買回家，讓書本化作成為你智識的一部分。

## 在您印象所及，可曾有任何特別的一手史料向您發聲過？

這部分如果有的話，那多半是史學類文獻。我曾以希羅多德和修昔底德為題，撰寫西方文明史課程的論文，這也不脫史學類範疇。我為奧古斯丁的《上帝之城》（*City of God*）深深著迷。三年級時，我參加了格雷兩期關於文藝復興思想史的初級研討課，我記得自己為特奧多爾．蒙森（Theodore Mommsen）和漢斯．巴倫（Hans Baron）關於佩脫拉克的文章所吸引，他們都很著重佩脫拉克歷史觀的本質。[11] 此外，我也對學術史議題很感興趣，但當時卻很難找到書籍詳盡描寫與討論，過往學者在實際學術工作過程中的細節。

朱利安．富蘭克林（Julian Franklin）關於讓．博丹的書，已於一九六三年問世。[12] 唐納德．凱利（Donald Kelley）的創作能量豐沛，他的《現代歷史的學術基礎》（*Foundations of Modem Historical Scholarship*）一書於一九七〇年問世；而喬治．哈伯特（George Huppert）的《完美歷史的理念》（*The Idea of Perfect History*）亦於此時出版。[13] 藉由這些書文，你可以了解如何從史學角度切入羅馬法，及其於近代早期法國的發展脈絡。我們都讀過約翰．波考克的《古代憲法與封建法》，那令人眼花撩亂，描述近代史學在法國揭開序幕的第一章，穿梭於中世紀法學、人文主義法律學，以及中世紀關於法律和社會之歷史思惟的初機，此三者間，追索前人多所忽略的連續性。但它仍帶有些許神祕色彩。波科克出色地將博丹的歷史著作描述為「奇怪、半傾圮的陳積物」，但卻未幫助我們攀上博丹以豐沛多樣的文本和論點所建築的華茲塔（Watts Towers）。[14]

另一件令人真正興奮的事情，是當時已漸漸展露頭角的昆丁・史金納。我最近找到了一九六九年的筆記，當時我們正開始在格雷的研討課上對讀《烏托邦》（耶魯大學版本）與史金納在《過去與現在》（*Past and Present*）發表的長篇書評。他戲劇性地展示了文本輯纂工作如何扭曲了意義，尤其是在隨附的翻譯中；此處，拉丁語再次展示了它的重要性！史金納發表在《歷史與理論》（*History and Theory*）的〈意義與理解〉（Meaning and Understanding），有力地駁斥了環繞著來源和影響的研究。而這是每位關心人文主義學者如何運用文獻材料者，都在嘗試回答的課題，當年的我也是如此。[15] 許多事情確實正在發生。大學課程裡的分析哲學，是刺激我思想的動力泉源。所以，見到史金納早期將分析哲學和歷史學聯結在一起，將其論文觀點推向我們面前，進而重構關於脈絡（context）的觀念，這似是極其激勵人心的。

**請問您是從甚麼時候開始發現，自己會以學術史作為特定研究領域？**

這般想法發生得相當早，從我對科學史產生興趣就開始了。我跟諾爾・斯威爾洛（Noel Swerdlow）這位偉大的天文學史家學習。一九六八年，他剛取得耶魯大學博士學位，來到芝加哥大學，我便選修了他開的古典晚期百科全書和語法，內容非常有趣；這還是他開設的第一門課呢！我們一起讀了聖依西多祿（San Isidore）和卡希德魯斯（Cassiodorus）。來到研究生階段，因為選擇留在芝加哥就讀的關係，我也就跟著斯威爾洛一起讀了一門以天文學史為主題的資格考科。

科學史的訓練，讓我採取比較迂迴的方式來考慮學術史課題。我是通過科學史來思考人文主義，進而追索能否將科學史的部分問題和研究取徑，應用於人文主義理解上；當時幾乎無人有這般操作。一些道地的古典學者會從其當前立場來審視人文主義者。這樣作法所透露的問題意識似乎是，過去的學者會如何操作我們現在處理的問題？他們的成果是如何？還有一些古典學者的實踐，更深化了一種印象：一位偉大學者如何循著已被放棄的方式在操作他的工具，而這般落差則得歸咎於一套全然不同的假設。我還記得閱讀愛德華・法蘭克爾（Eduard Fraenkel）《阿伽門農》（*Agamemnon*）初版首卷時，心情有多麼激動，其中包括針對伊薩克・卡索邦作為古希臘悲劇詩人艾斯奇勒斯（Aeschylus）之註解者的宏偉研究。[16] 法蘭克爾表明，卡索邦以高超技巧和學識，重新理解與修正了艾斯奇勒斯的文本，但是，作為一個堅定的改革派新教徒，他仍然希望將艾斯奇勒斯視為一神論者。回過來說，歷史學家並不會這樣細究學術實踐、操作過程的各個環節，也沒甚麼人關心科學史的取徑和手法，有如人們針對牛頓《自然哲學之數學原理》（*Principia*）做的科學史、文本起源、遺存歷史和相關技術資料之分析等方法，能否轉用於學術史研究上。在我跟著斯威爾洛讀書的階段，他就嘗試藉由分析史料文本的邊頁處和其擷取科學數據之表格，來追蹤哥白尼的身影。我認為，斯威爾洛極富智慧的作法，是一位史學家嘗試理解一個技術性文本從無到有，逐步成形的複雜過程。[17]

不過，科學史並未減輕我對伊拉斯謨斯的熱情。我認為，伊拉斯謨斯是將自己對語言及其運作模式、社會改革、倫理學和基督教的興趣，很好地結合在一起。於此，我遂以基督教人文主義為主題，申請進入研究所。我沒有考慮太久，就決定留在芝加哥。主要就是因為，我發現自己愛上了伊拉斯謨斯。直到現在，我還是與他相依為命，沒有想過要離開。

我在艾瑞克．科克倫（Eric Cochrane）指導下完成探討伊拉斯謨《語言》（*Lingua*）的大四畢業論文。[18]科克倫非常投入在教學裡頭，他以其古典、犀利的方式，真切地關心學生；宛如立陶宛猶太人的經師般。我從他身上學會了自制。不過，日後在構思博士論文題目時，我就遇上了些麻煩。幫助我釐清自己方向的是，確信自己想試著從分析層面上結合人文主義和科學史這個想法。有一天，我問斯威爾洛這作法是否可行，他告訴我：「有一位近代早期的學者約瑟夫．斯卡利傑，自從一八五五年的雅各．伯奈斯（Jacob Bernays）撰文討論後，就再也沒人論及。而斯卡利傑所從事的歷史編年學研究，看來就像是你會感興趣的東西。」就這樣，我盡我所能地遍覽架上各種書冊。伯奈斯的研究，哈佛大學出版、羅賓森（G. W. Robinson）翻譯的《斯卡利傑傳記》，雷諾茲和威爾遜合著之《文士與學者》，以及一些其他資料。過程中，我逐步認識到斯卡利傑是一位全心傾注於文本批評和歷史紀年的學者，我感受到自己對此人的興趣日漸加深，確實可以以他為題，來做點事情。[19]

我分別和科克倫和斯威爾洛談過，他們一致表示「這個主題十分龐雜，我們對此不甚了解。你應該尋求和阿納爾多・莫米格利亞諾合作。」對於莫氏關於歷史編纂學之造詣，兩位老師知悉甚深。科克倫受其義大利文藝復興時期史學史所吸引，而斯威爾洛則在他的愛德華・吉朋（Edward Gibbon）研討課上，指定我們閱讀莫氏的著作。於是，我申請了傅爾布萊特（Fulbright）獎學金，早早考過資格考後，在博士班二年級結束後的夏天，以二十三歲的年齡遠赴倫敦，試圖以斯卡利傑為題，大展拳腳。

**究竟是什麼吸引了您？不單單是斯卡利傑，還有歷史編年學這個領域嗎？**

老實說，我還真不曉得。我原以為現代學者以史學史角度，鑽研文藝復興時期人文主義歷史學（*ars historica*）以及法國古物學時，已經走到盡頭，做遍所有的課題。後來我才發現並非如此，兩個領域還有許多問題尚待深挖。但我實在看不出有什麼理由，需要再寫一本關於歷史批評，或十六世紀判斷、批註資料方法的書。

我想做的是，觀察批評、評註如何應用於學術實踐中。在我看來，歷史學方法的興味在於，它催生了何種歷史圖景，而不僅僅是方法論本身。同樣地，對詮釋學而言，詮釋理論固然重要，但也得循其所凝塑的特定詮釋類型來做進一步判斷。這點對剛剛起步的我來說，深具啟發性。當時，我沒有比這更好的想法。我以為自己會在編年學上下功夫。但隨後又意識到，自己對斯卡利傑前半生傾注心力的文本編輯工作一無所知時，我才發現，還得花上更多時間、功夫來理解這塊。除此之外，沒有人知道這篇論文最終會走向何方。

## 吸引您以撰寫思想傳記為志業的理由，有沒有甚麼特殊之處？

一開始是和科學史有關；儘管現在回想起來，我很可能是以莫米格里亞諾和其所寫的傳記為摹本。事實上，真正影響我的人是亞歷山大・夸黑和法蘭克・曼努埃爾（Frank Manuel），他們都是結合脈絡和文本分析來寫作的大師。曼努埃爾的《遇上諸神的十八世紀》（*The Eighteenth Century Confronts the Gods*）和《作為歷史學者的艾薩克・牛頓》（*Isaac Newton, Historian*），讓我留下深刻印象。這是兩本關於歷史編年學的研究，其他則較不多見。[20] 兩書雖採取傳記書寫方式，卻不單是為著刻畫思想家的英雄事跡，而是嘗試將其人之智識內涵及思想實踐，置於歷史脈絡下分析、理解。

在我看來，學術史研究是不太可能僅循單一歷史時段為背景來書寫。我必須順著時序，按照編年學方式前後探索；看看早於傳記主角的學者，曾對相似議題提出何種見解，及其後續，他們如何在相互影響下，成就何景？大多從事人文主義研究者，都會選擇停留在自己喜歡的特定時期。如果你正在考察一個人文主義社群的全數事情，確實可以採取此法；就像巴倫那部討論佛羅倫斯的巨著，以及其他人的成果，或者威尼斯主義者的作法。但是在我的觀點中，要理解學術實踐裡的特定技術形式，重點是要看到更多世代的學術成員，如何在一些細節上來回應前人論點。這讓我更加深信，牛頓、詹巴蒂斯塔・維科（Giambattista Vico）和雅各・佩里佐尼烏斯（Jacob Perizonius）也和斯卡利傑一樣，都在我未來研究範圍內。

**您能體會傳統所具備一定廣度之時間和脈絡，是否與您早期對奧爾巴赫、柯蒂烏斯和瓦堡學派的閱讀有關？**

我認為，應該有一種從傳統角度來思考學術技法竅門之方式。來到倫敦瓦堡研究所後，我發現學術史融為該機構的血肉。從瓦堡本人開始，他把安傑羅・波利齊亞諾（Angelo Poliziano）的學術和詩歌，以及波提切利（Sandro Botticelli）的繪畫聯繫在一起，持續深挖方中課題。甚至在這之前，我就先讀到了一本精彩絕倫的雜誌《義大利醫學與人文主義》（*Italia medioevale e umanistica*），主題是關於早期人文主義學者。是由朱塞佩・比拉諾維奇（Giuseppe Billanovich）

和其學生們，比如米雷拉・法拉利（Mirella Ferrari）在米蘭天主教聖心大學（Catholic University of the Sacred Heart）創辦的學術期刊。讀後，我期許自己筆下，也能產出那種圍繞著評註和其他學術實踐的縝密解讀。

但我在芝加哥雷根斯坦圖書館（Regenstein Library）巨大的開放式書庫中也有許多獨特發現。卡羅・迪奧尼索蒂（Carlo Dionisotti），一位非常非常苛刻、尖銳的史家暨文學批評家，就是令我興奮的緣由之一。而最激動人心的發現，是一本義大利學者塞巴斯蒂亞諾・甸納羅（Sebastiano Timpanaro）的《拉赫曼方法的起源》（*La genesi del metodo del Lachmann*）。甸納羅與我閱讀的大多數人不同，他對科學史很有研究。[21] 他的父親是一位非常傑出的伽利略學者。他自己則接受過古典文獻學訓練，其後選擇以編輯為生，逃離學院生活，是因其認為大學已是個徹底腐敗的機構。他的著作是循著學人試圖理解不同手稿之關聯的方式，從文藝復興時期一路做到現代。這本書簡短、犀利、尖銳、精確且具無窮的暗示性，例如：書中一個語帶諷刺意味的段落，他拒絕了追蹤再現文本傳統的遺緒和當代語言學發展之間的聯繫。在我心中，甸納羅著述所展示的可行性，久久都屹立不搖。

確定獲得傅爾布萊特獎助後，我決定和妻子提前出發。我們在一九七三年夏天抵達倫敦。我選在莫米格里亞諾去義大利前拜訪他。他認為我應該從十五世紀義大利人文主義者波利齊亞諾的東西開始讀起。我不曉得他為什麼認為我應該通過閱讀波利齊亞諾來接近我的目標——斯卡利傑——我真的沒有任何頭緒！另外，我對莫米格里亞諾也非常不了解。作為一個來自芝加哥的小局外人，我總感覺許多偉大的歐洲學者，都居住在倫敦布魯姆斯伯里區（Bloomsbury），這裡頭有許多人是海外移民，甚至彷彿都是出於同樣的移民計畫。當我提到羅伯特・魏斯（Roberto Weiss）關於文藝復興時期考古學和古物學的著作《文藝復興時期古文物的發現》（*The Renaissance Discovery of Classical Antiquity*）時，莫米格里亞諾把它描述為「一個局外人首次見到未知事物」。[22] 反倒比不上旬納羅。

這明顯反映了當時我設想的目標已遠超出能力範圍，我也深知這差距猶如萬里、光年般遙遠。就在我還未能搞清楚自己的方向前，這座王朝就即將崩塌。但是，我深信莫米格利亞諾的知識範圍遠超過我，所以又回到了倫敦的瓦堡研究所。那時候，研究所擁有許多珍稀書籍文獻。有波利齊亞諾的文獻，以及完整的二手文獻，一本接一本，以絕妙的瓦堡方式來裝訂和編目。我花了整個夏天的時間，閱讀波利齊亞諾，理解關於他的故事。直至夏令終了時，我才看見一個環繞著文本評註的歷史故事。這個故事得從波利齊亞諾比較存續於義大利的佛羅倫斯、羅馬和維內托（Veneto）新人文主義圖書館的手稿工作說起，並一路延續至斯卡利傑著手重建那些遺失的稿件。原來，事實證明，斯卡利傑所討論的正是波利齊亞諾，亦如莫米格利亞諾以某種奇異方式所覺察到的那般！

## 在這一年，您和莫米格利亞諾的關係如何？

從各方面來說，莫米格利亞諾都是個了不起的學者。我參加了他的研討課，在瓦堡研究所進行，而非大學院校。這門課引領我走入一個文化傳統的寬闊殿堂。莫米格利亞諾做了一個關於希臘歷史學家波利比烏斯（Polybius）「再現」於西歐世界的演講，坐在台下的我，聽來感到敬畏又羞愧。至少我很清楚地知道自己和莫氏在知識上的差距。[23] 他每隔幾週就會邀請我共進午餐，以一九七三年英國博士生導師的標準來看，莫氏此舉極其慷慨。這對我來說，簡直是難以置信的幸運。

我在芝加哥時期掌握到，斯卡利傑發掘並出版了西元前三世紀的埃及祭司，塞本尼托斯的曼涅托（Manetho of Sebennytos）用希臘語彙編的埃及王朝名單。所以，在夏、秋兩季時，當我擱下波利齊亞諾的閱讀進度時，便會轉而追蹤這段被發現的接受史。在我做了詳盡調查並撰寫為文後，就將文章交給莫米格利亞諾。他並有太多讚許，但一些批閱註記卻透露了，這般嘗試確實還有些發展空間與希望。接著，莫氏邀請我在他春天的研討課上演講；這使我確信他認為這個方向仍存些許生機。大約在研討課開始前一週，他邀請我與《歷史與理論》（*History and Theory*）的創辦人喬治・納德爾（George H. Nadel）共進午餐。[24] 早已退休的納德爾，住在英國一棟頗為華麗的鄉間別墅。這個午餐約會顯然是對我施作的一次智力測驗，考驗我的研究主題是否有趣，且足以說服納德爾前來課上聽我演講。最終，納德爾還真的現身在研討課上，並邀請我投稿至《歷史與理論》。[25]

不過，我並不只是和莫米利亞諾合作。首先，他引薦我認識了卡羅・迪奧尼索蒂的女兒卡羅塔・迪奧尼索蒂（Carlotta Dionisotti）。我經常和這位倫敦國王學院的傳奇教師碰面。她當時正在研究十六世紀法國和義大利古典文獻學的學術史。[26]我寫了些東西後，她表示「好吧，你已完成了波利齊亞諾的研究。」「這些內容還可以。現在你必須轉往研究皮耶羅・維托里（Piero Vettori），還有皮耶羅・瓦萊里亞諾（Pierio Valeriano）和那個學術社群。」於是，我只好拖著疲憊的身軀，走入十六世紀古典文獻學的幽謐森林中。

**令人印象深刻的是，您與那些受過訓練的古典文獻學者合作，但他們也活躍在現在稱其為古典傳統，或古典接受研究這兩個更廣泛的領域上。這對您的工作有什麼影響？**

對我來說，古典傳統始終是饒富意義的；這讓你會想循許多不同取徑，各種角度和觀點來審視它。我不會將自己侷限在學術實踐與技藝的歷史上。這就好比說，你不會知道的是，自己需要的書籍就擺於你正在尋覓之書冊旁邊；這是瓦堡研究所極力推崇的廣泛閱讀，讓我們總能在過程中找到知識良伴。而大英圖書館則鼓勵對原始資料的無止盡閱讀，而這些都是展開研究的好地方。

我對古典傳統非常感興趣，我想找出向大學生和研究生展示一些材料的方法。我開始在康乃爾大學教書的時候，底下坐滿了心嚮中世紀主義的研究生。我們選擇伊拉斯謨斯一篇神學方法相關的文章，縝密地檢讀其拉丁語句，並在討論課正式開始前先預作討論。我與學生一起坐下來，花上一個半小時左右，非常仔細地閱讀拉丁語。通過那篇課文的解讀工作，我們看到伊拉斯謨斯如何從古典修辭學的工具裡發展出他的詮釋學。此外，我們同時還選讀了翻譯的一手及二手文獻，使我們得以一種豐富且新穎的方式，接觸伊拉斯謨斯和那個世代的人。

某天晚上，我正在準備講演課時，靈感突然找上了我。我一直在反覆思考，如何向學生講述人文主義。我想跟他們說明，人文主義者究竟做了哪些事情？以上帝之名，我要如何告訴學生，這群人文主義者是如何編輯文本？其實，這些人文主義者就和我一樣，是仰賴教書之道。於是我想，我應該和學生談談人文主義者的教學呀。就這樣子，當日午夜，我開始著手準備一個關於人文主義者「教學經驗」的演講。我從精彩的古籍經典中揀選部分資料，組成豐富的課程閱讀資料，包含雷米吉奧・薩巴迪尼（Remigio Sabbadini）的《人文主義的門徒》（*Metodo degli umanisti*）和其他幾本書，特別是巴克桑德爾的《喬托與演說家》。[27] 在核心部分，我從拉丁語修辭學巨著《修辭學論》（*Ad Herennium*）選擇大量篇章，然後又選了自己翻譯的，義大利人文主義者适里諾・維羅納（Guarino da Verona）對該論著的評論。第二天，我帶著疲勞引致的醉意走入教室說：「人們總是告訴你，人文主義者教導人要做獨立的道德個體。他們也許是這樣做，但我現在要讓你們看看，在人文主義者的課堂上到底是學些什麼。我昨天整晚沒睡，所以我等等要做的事情可能沒有任何意義，但就讓我們姑且一試。」語畢，學生紛紛起立鼓掌！這也是為什麼，我一直希望循得各種不同方法、取徑，進而消解心中困惑的議題。

當我進入普林斯頓任職時，約瑟夫・李文森（Joseph Levenson）的《儒教中國及其現代命運》（*Confucian China and Its Modem Fate*）則成為我構思課程架構的素材。[28] 李文森在書中為古典文本描摹、刻畫了一個非常強有力的形象：最一開始，它們被視作軍械庫裡的武器——那些實用、能行事、甚至可能是危險的文獻內容——最終則是以博物館中之展品，結束其精彩的一生。這就是我試圖描繪的故事，一個從佩脫拉克到蒙田的故事。我們現在不會採取這種方式講述相同的故事，但這種作法能將思想史轉寫為一則講述傳統變遷的故事。這涉及到用一定篇幅討論中世紀的閱讀方式，並考察人文主義和宗教改革時期兩種特殊的閱讀方式。舉例而言，這種作法就能適切地塑造出馬基維利的形象，也建構了同時代的佛羅倫斯歷史學家法蘭斯科・圭恰迪尼（Francesco Guicciardini）的樣貌。有篇文章，收錄在我第一本論文集《文本的捍衛者》的首篇文章，就是用較為含蓄的手法來描述不同的人文主義閱讀方式。[29] 文中提到，馬基維利曾這樣表示：「我們在政治上嘗試的作為終歸是無用的，因為我們早已遺忘了經典閱讀的方法。」圭恰迪尼則恰好相反論道：「閱讀經典是沒有意義的，因為今昔間的鴻溝，早已難以比較。」我曾這般強調兩位人文主義者關於經典閱讀方法的差異，這些論點都源自我早期的教學經驗。

**待在普林斯頓，您會遇到湯瑪斯．孔恩及其《科學革命的結構》，以及剛開始探究書籍與閱讀史的羅伯．丹屯，與他們當同事是什麼樣的感覺？**

我必須說，那真是可怕極了。在那裡，我才二十五歲，是位菜鳥助理教授。每間辦公室上的名字，都是我在大學時閱讀過的暢銷作家（paperback），例如：西奧多．拉布或傑羅姆．布盧姆（Jerome Blum）；抑或像丹屯，他極富才華，很早就嶄露頭角，雖未到大師地位，但我在大學時期就已讀過他出版的精裝書（hardcover）。普林斯頓確實是個非常令人興奮的地方。待在那裡的經驗使我總是覺得，歷史學這個領域隨時都在變動，總是能經由新近好書的出版，重塑其型。勞倫斯．史東常常談到傑納．布魯克（Gene A. Brucker）的《佛羅倫斯》（*Florence*）或理查．戈德斯韋特（Richard A. Goldthwaite）的《佛羅倫斯》（*Florence*），佛雷德利．連恩（Frederic C. Lane）的《威尼斯》（*Venice*），好像只要寫出這樣一本書，就能確立你在這個領域的權威和聲望。[30]

克利弗德．紀爾茲嘗試對「文化」所作的符號分析，就是其中一段令人倍感興奮的經歷。紀爾茨當時正在撰寫《內加拉》（*Negara*），這是一本關於峇里島君權統制的書。[31]我記得他在普林斯頓的戴維斯中心舉辦了一次研討會，他在會上指出，王室的遊行慶典維繫了英格蘭的團結。女皇伊麗莎白通過官方正式拜會大戶人家，並留下來參加各種具象徵儀式的娛樂活動，此舉所積累的象徵性資本，遠比軍隊來得重要。史東對此解釋、評論道，這樣一來，每一個舉辦遊行的大宅，都將會在接下來的五十年裡破產（笑）。他還指出，伊麗莎白其實從未離開過本郡。儀式的實質力量究竟多大？不久之後，艾德華・穆爾（Edward Muir）出版了一本關於威尼斯公民儀式的書，這本書仍是這種解釋模式下，最令人印象深刻的書之一。[32]

歷史學家們都在嘗試一些新事物。此時的社會史，發展是日正當中，卻也略顯危機之感；部分原因是出自於，很難持續操作相似研究方法，開創新題。你可以將博士論文獻給社會史研究，但是你怎麼可能有時間，回頭繼續做第二本需要仰賴大量檔案來研究的書？這顯然是個問題。一些大型的綜合研究，如娜塔莉・戴維斯關於里昂印刷工人，或者卡爾・休斯克（Carl Schorske）針對維也納的討論，實際上從來沒有完整地成形，至少是這些學者曾經希望做出的總體史。[33]在社會史領域的某些事物已經出了差錯，而文化史很明顯地蓬勃發展。正如丹屯收錄在《我們面前的過去》（*The Past before Us*）的文章所指出的，思想史正陷入困境，且將被文化史取代。[34]當時候的思想史研究確實創發了許多議題，但那往往是相當枯燥的東西。相比之下，戴維斯和休斯克的書，則是部令人眼花繚亂的模型，向讀者說明如何想像歷史中的文化，並進而確定塑造這些文化的力量為何。

## 您是如何發現，自己此時已經改變了對斯卡利傑的想法？

原因很多，科學史家的影響就是其中之一。例如：彼得．迪爾（Peter Dear）比我晚到普林斯頓不久。他和其他科學史研究者的想法都非常具有挑戰性。[35]他們促使我更努力思考，寫一本現在人們稱其為「實踐」，但當時並不以「實踐」指涉的思想傳記，意味著什麼。「實踐」還不是一個真正的專業術語，就像行動者的「範疇」和「能動性」，以及其他所有那些現今不可或缺的術語一樣。

但是，科學史家社群正逐漸開展出益加豐富的研究項目。他們即將進入《利維坦與空氣泵浦》的世界。[36]科學史即將走向在地，強調實踐層面，而我的工作正出乎意料地與此逐步融合。一九七七年，我在英國休假，藉此機會研究斯卡利傑編纂的羅馬詩人和占星家馬尼利烏斯（Marcus Manilius）；透過這次經驗，我才真正了解到，馬尼利烏斯是個如此深奧、複雜和奇怪的學人。

一九七六年夏天，我正在研究斯卡利傑註解的羅馬語法學家費斯圖斯（Festus），那次經驗對我來說，是真正學習到某些事情。費斯圖斯的作品是零星地被保存下來，斯卡利傑通過整理他所能蒐集到的，所有其他古代語法學家的作品，藉著運用他對早期拉丁語之習俗、法律和語言的深厚知識，以及純粹的直覺和才華，才得以重建費斯圖斯其人其事。但馬尼利烏斯這個個案的難度更高。我花了七個月的時間閱讀斯卡利傑的評注，與豪斯曼（A. E. Housman）的評注做對比，進而試圖理解斯卡利傑評註的真正意義。結果發現，他是在利用這位羅馬占星詩人來重建古代世界的天文學和占星學的歷史。這是一個迫切的問題，因為彼得呂斯·米姆斯（Petrus Ramus）這位在十六世紀具影響力的邏輯和科學改革家曾認為，希臘在天文學上的造詣，是遠遠落後於埃及的。當斯卡利傑編註一位優雅的拉丁詩人時，此舉似乎也表示，對於這個與其處同時代的重大知識論題的爭議，他所採取的立場。從未有人指出，斯卡利傑的作品是集中在這些問題上，即便是對斯卡利傑幾近癡迷的豪斯曼也沒有發現。因此，當我發現在他的時代，無論是關係友好如伊薩克·卡索邦這類讀者，抑或是不友好者，都和我採取同樣角度來理解他的作品時，我這才鬆了一口氣。

一九七七年，我的工作十分繁重，職涯也面臨了一個重大決定。我得到阿姆斯特丹大學新拉丁語研究所（University of Amsterdam in the Neo-Latin Institute）的工作機會，此際，普林斯頓大學才剛聘請了戴維斯。原本，我得回到普林斯頓接受第二個三年任期的續聘契約。此時，我手頭的書稿業已大要完成；但我也很明白，在獲致戴維斯後，我的系確實可以輕易且合理地請我離開。加之對於荷蘭工作的前景，我個人是感到十分滿意。於是，我回到家，想了想自己的研究究竟為何？個人初衷又是為何？就這樣，我寫下了關於斯卡利傑那部專書第一卷的導言。這其實是我頭一次向外界做自我闡述的嘗試。事實上，通過那篇簡短的導言，我不僅想說明這是一本關於實踐的書籍，更想進一步闡明，選擇這位生活就在實踐中渡過的學者，撰寫這樣一部思想傳記，確實是個明智且合理的決定。[37]

於是，我開始動筆，雖然篇幅不長，但要在開學前想清楚並行諸成文，卻相當困難。其後，我遞交了這篇稿子，並對系主任說：「聽著，我有個很好的提議。如果三年內你們會解雇我，不如現在就做吧。我會轉去歐洲拿更好的薪水，我們家將會十分樂意前往阿姆斯特丹生活。」這一切似乎很明顯。如果一個系所擁有了戴維斯，這位我聽過一次演講就由衷欽佩、崇敬的學者，為什麼還會需要我？系上看來似乎沒有任何空間。不過，令我驚奇的是，他們把我叫進去說：「不是這樣的，雖然不能保證，但其實我們認為系上可能會想要留下你。你當然不應該因為沒有空間而離開。」就這樣，最終我決定留在普林斯頓堅持下去。

**您在《約瑟夫．斯卡利傑》（*Joseph Scaliger*）第一卷的導言，非常精要地論證了關於實踐的研究。**

在我看來，雖然些許誇張了，但是該書當時提出的主要論點仍具有一定道理。作為一個學者，絕大多數時間都是在處理學問本身，而非在構築繁複的知識綜合體；就像牛頓花在鑽研物理學和天文學上的時間，會比他撰寫《自然哲學之數學原理》的〈總釋〉（General Scholium），抑或思考空間是否作為上帝的感官中樞要來得多一樣。在我看來，對於那些無法以成套觀念或政治體系來概括描述的部分，是思想史理應公平對待、追索的對象。

我認為，在更深一層次上，自己的努力是嘗試和史金納對話。他以人們說話或書寫文句裡的「意圖」（intention）為主題，是為當時最富挑戰性的思想史分析模式。史氏的核心概念是，只要掌握單一文本當前的脈絡，就能對其形成真正具影響力的解釋。我相信，很多思想性工作都得耗費一定時間和精力，而這並非唯一有用的解釋範疇。你怎麼能問牛頓《自然哲學的數學原理》裡，文句表達之際的真正意圖為何？又或者是哥白尼的《天體運行論》（*De revolutionibus*），書中徵引了詩人賀拉斯（Horace）的詩意文字，花上哥白尼超過二十七年的時間才完稿；他的意圖又是什麼？作為政治思想的研究典範，史金納的方法是有道理的，因為政治思想往往都是對一個獨特政治世界的介入。但並非所有東西，都可與政治思想等而視之。

所以，我認為這才是我真正在思考的問題：如何為這種看來截然不同的思想史研究，提供一個個案？這其中，最主要的行動者和主體，會和以往的思想史全然不同。我當時根本沒有想到，這種工作可能使我們得以在更寬廣的範圍裡，理解文化接觸、互動的性質和發展。例如：湯瑪斯・布曼（Thomas Burman）對西方版《古蘭經》（*Quran*）的詳細研究就做到了這一點。[38] 對此，我真的全未想到。

**這篇序言在一九八三年與該書一起出版。但早在一九七七年，您就已經在《羅馬研究雜誌》(*Journal of Roman Studies*)發表一篇書評，透露了一些綱領性觀點。**[39]

我發表的東西看來還算不錯，所以很早就開始接到一些書評工作。我現在回想，有兩篇評論應該在原書作者和我的記憶中，都留下深刻印象：我發表在《羅馬研究雜誌》上，針對愛德華・約翰・肯尼（Edward John Kenney）的《古典文獻》（*The Classical Text*）的書評，以及我對伊莉莎白・艾森斯坦《作為變革動因的印刷術》的書評。[40] 兩者相當不同。肯尼絕對是一位優秀的古典學者，也是一位傑出且慷慨的人。他在《古典文獻》中追索古典學術及文本的歷史，發掘各種有趣的東西，但並未如其針對盧克萊修（Lucretius）一樣，用全副心力來批評。[41] 當時自以為是的我，對於對方以這種方式處理我傾注心力的領域，確實會感到惱火。

而我在對艾森斯坦的書評中指出，印刷術的重要性，在我看來是個再也明白不過的論點。例如：尤金・萊斯（Eugene F. Rice）在一九七〇年寫就的近現代史教科書中，就將印刷術放在第一個章節來討論。[42] 我認為，印刷術的重要性早已為大家公認。艾森斯坦的書以各種方式促使書籍史、印刷史和閱讀史的蓬勃發展；她過度肯定印刷術的重要性，這點我們並不完全同意。[43] 雖為如此，該書實是擁有修辭的、結構性、磁吸式影響力，甚或是我不明白的，一股強大的震撼力。總而言之，其他人確實比我要來得欣賞這部作品。

一九七〇和八〇年代初的普林斯頓，是一個充滿論爭也鼓勵論辯的地方。同事之間，彼此無情地爭論，不留餘地。這是史東從牛津大學帶來的方法，它現在成為了普林斯頓當地的普遍作法。我們的想法是，在對事不對人的前提上，應該盡你所能地提問。如果某件作品真存有謬誤，就該直接指出來；如果有些論點是空洞的，就該予以指證。久而久之，我對人性的缺陷產生了更多同情，我發現自己與這些評論對象的缺失，竟是如此地雷同。這讓我漸漸地放棄撰寫這類書評論文。不過我還是認為，當時這些書評可能仍然起到一定的正面影響，即便僅是點出了這些議題的重要性。

**同時，您也開創了一套新的研究方法，即運用有註釋的書籍、學者手稿和其他相似資料。**

當然，註釋並不是一種新的學術興趣；義大利學者及其盟友就一直在研究註釋。朱塞佩・比蘭諾維奇（Giuseppe Billanovich）和其他人針對佩脫拉克的註釋，已做了大量精彩的工作。這還可上溯到一九〇七年，由皮埃爾・德・諾爾哈克（Pierre de Nolhac）出版關於佩脫拉克與人文主義的書籍。[44] 不過，對我來說，這種興趣是在與丹屯和麗莎・賈汀（Lisa Jardine）的不斷對話過程中逐漸形成。在那段時間裡，丹屯正在摸索書籍史的可能樣貌，展現了極高的創造力。他接連寫就《啟蒙運動的生意》（*The Business of Enlightenment*）和《舊政權的地下文學》（*Literary Underground of the Old Regime*）相關文論，緊接著完成了《貓大屠殺》（*The Great Cat Massacre*）和《革命前夕的暢銷禁書》（*The Forbidden Bestsellers of Pre-revolutionary France*）。[45] 他翻來覆去地思考，關於如何探索書籍歷史的各項問題。其中，他認為閱讀史是特別困難的環節。你可以尋找較具系統性的反應，比如讀者群體寫給盧梭的信，在信中可看到人們正逐漸形成一種新的，對文本的反應模式。[46]

但這其實很難讓丹屯相信，你可以尋得物理痕跡，從中重建人們閱讀的經驗。不過，藉由對筆記的考察工作，你確實就像是站在一個十六世紀學人的肩膀上，看著他或她思考某個文本的細緻過程。你可以審視原文，跟隨著那隨手寫下回應的痕跡，尋找這位讀者提及的其他資料，抑或是他或她畫線註記的部分。最終，你確實得以重建他或她對某一特定文本，部分卻生動的閱讀經歷。

從一九七〇年代開始，我就把帶有註釋的書籍，視為探究學術史的工具。在傅爾布萊特獎助的那一年，一位朋友兼同事邁克．霍夫利希（Michael Hoeflich），現在是堪薩斯大學（University of Kansas）的法學教授。當年在劍橋的時候，他告訴我一則書訊，是一份劍橋大學圖書館館藏註解書籍的目錄（*Catalogue of Adversaria*），由十九世紀中期一位偉大藏書家勞德（H. R. Luard）

編纂完成；我只需花四十五便士，就可從大學圖書館的出版中心購得。[47]仰賴這本書籍目錄，我得以獲悉，伊薩克・卡索邦對斯卡利傑最重要的一冊書，也就是斯氏最後一部歷史編年巨著《編年學寶典》（*Thesaurus temporum*）所作註解的版本，就收藏在劍橋圖書館中。就這樣，我開始一如往常地，操作一些學術史問題：把卡索邦當作一位讀者、註釋者和批評家來思考，並以他為尺度來衡量斯卡利傑論點的可信度為何。斯氏就是在這部書中，發表了曼涅托的埃及王朝清冊。比起聖經觀點的世界史時間，曼涅托名單所規劃的歷史時間要長上許多，但斯卡利傑仍認為，它作為真正的埃及遺物，仍具研究價值。單從時代的角度來考慮斯卡利傑的論點，是否合理呢？對此，我曾抱持肯定意見，但莫米格利亞諾卻不同意。後來我發現，卡索邦也持否定意見，他將這份名單視為異教徒的幻想。在這個案例中，是他人的註釋而非過度的同情心，才得以讓我真正地理解斯卡利傑；而這後者，則是傳記作者經常掉入的陷阱。

幾年後，當賈汀和我在研究教育史時，我們進而發現了各種註釋皆是各異其趣。[48]當時，在新星監獄（Sing Sing prison）旁的書店老闆威廉・莎拉克（William Salloch），販賣一本文獻集叢（*Sammelband*），纂集了巴黎自一五五〇至一五七〇年間以小冊子形式出版的古典文獻，上頭有一位學生在一位老師課堂底下所做的各式註記。為此，我前往拜訪當時普林斯頓大學新任命的珍本館館長史蒂夫・佛格森（Steve Ferguson），請他買下這本書。對此，他願意拿出大筆金額，價值約是一九七六至一九七七年間的三千多美金左右。幸運的是，該書確實值此價格。書中註釋非常豐富，整齊劃一、彼此相互補充、說明，使你整個人彷如回到了一五七二年巴黎大學某學院的課堂中，緊緊跟隨著老師和學生，重溫其校園學業生活的每一個場景。我和賈汀經常就這部文集和其他教育史文獻展開討論。

但閱讀史則是一則與眾不同的故事。我慢慢開始寫些東西，它成了《約瑟夫．斯卡利傑》第二卷的工作；這變成了一段漫長、曠日費時的過程，最終成就了一本大書。[49]一九八八年，賈汀來普林斯頓戴維斯中心客座。她知道普林斯頓圖書館存放了加布里埃爾．哈維（Gabriel Harvey）的藏書，他是十六世紀末、十七世紀初的古典學者，是劍橋大學希臘語教授，同時也是一位備受學術諷刺的對象。關於哈維，學界一直無法形成一致的認同和共識。從某方面講，這樣的落差似乎是一種歷史正義的實現。我們對哈維的印象是來自一幅木刻畫，畫中的他正解下褲襠小便，只因為害怕湯馬斯．納許（Thomas Nash）又在寫一本反對他的書。哈維就是會發生這種事情的人。賈汀在一九七〇年代初曾看過這些書。最近，維吉尼亞．史騰（Virginia Stern）出版一本討論哈維這些藏書的研究，書中列舉這些書籍以及其中一些相關照片。[50]

哈維的藏書中，有一本巴塞爾（Basel）版的李維《羅馬史》（*History of Rome*），看來好像藏有些我們未知的事物。我想我不能再多說什麼了。整部書像是浸潤在豐富、細密的註解裡頭：是一部被大量註釋掩蓋的老舊廢墟。裡頭會否存有秘密？當時，賈汀在研究伊拉斯謨斯，我則在探索斯卡利傑，但在這些工作以外的多數時間，我們兩人則是花上一學期的工夫，手裡拿著紙筆在珍本室進進出出，試圖從哈維這本書的筆記中，抄寫出部分有用資訊。這進度非常、非常緩慢，我們漸漸開始明白，可以從哈維的這部李維《羅馬史》中，看見被後世稱作一個特定時代風格的閱讀方式。這有幾層意思，首先，哈維並非自絕於外，孤立地閱讀，不是將自己鎖在書房裡，而是朝向公眾閱讀，與那些被他點名的人一同展開這趟旅程。再者，這也意味了他的閱讀是懷抱著特定目標，他和那些正在接受公共職業訓練的年輕人一起閱讀；因此，他其實是為了使文本在這種情況下，能有益於他們而閱讀。這不是博學式閱讀，他並不單純關心如何評註李維，而是為了拓展視野的閱讀。

哈維比對了李維與其他各種文本，從公理版本的塔基特政治思想（Tacitean political thought）到旅行敘事。慢慢地，我們開始感受到一種閱讀和個人風格的展現。我們開始稱他為促進者，他穿梭於學術世界、公共生活相關的部分，以及將要投入公眾事業、活動之社群，扮演了中介和溝通的角色。我們也開始意識到還有其他同類型的人。我不認為自己和賈汀會願意將哈維的閱讀實踐，視為一種夙昔典範，或具主導性的風格。即使在他生活的時代，亦不太可能如此。但我們確實捕捉到一種閱讀風格，而且是很大程度已被遺忘的那種。誠然，這是種在二十世紀晚期就已相當少見的一種小說閱讀的特定方式。儘管如此，它似乎是種得以重構某些細節的閱讀方式。

史東允許我們在戴維斯中心的特別會議上介紹成果，我們身著正裝來到會場，最後從聽眾身上得到非常驚奇的反應。在我學術生涯中，這次經驗是我少有的，走在浪尖上的緊張時刻；想像自己站在那位置上演講，而底下聽眾卻沒人理解你說的是什麼！不過，整體來說，聽眾的反應是極感興趣的。他們看到非常豐富的史料證據，也提不出他種解釋來論辯。於是我們就持續將論文完成，其後投稿至《過去與現在》，收到了四份相互矛盾的審查意見。我們盡最大努力回覆這些意見，不僅刪減了材料，還調整了論述重心。[51] 和賈汀一起寫那篇文章時，我開始把自己視作一名書籍史和閱讀史家。我開始考慮教授書籍史課程；並且從那時候起，我或多或少都在做這項研究。

此外，有另一件事情正悄悄發生，我開始收研究生了。我全然沒有預期過，會有研究生選擇來普林斯頓跟我讀書，而且他們都是對閱讀史感興趣，以各種方式嘗試在操作這項研究。舉例來說，安．布萊爾來了，她剛完成劍橋大學一年期的歷史和科學哲學碩士。她的學術、研究能力相當好，開始和戴維斯及系上科學史老師一同工作。布萊爾想找到一種操作模式，是能將學問、人文主義和書籍史結合在一起。有一天，我建議她考慮研究讓．博丹的自然哲學。事實證明，博丹的自然哲學確實是個相當好的主題，它最終成為布萊爾第一本極具原創性的巨著。[52] 不久，卡羅爾．奎倫（Carol Quillen）就開始著手撰寫關於佩脫拉克和奧古斯丁的精美論文；凱特．艾略特（Kate Elliott）則在操作一個非常有創意的西班牙人文主義研究。[53] 隨著時間推移，我的學生愈來愈多，他們所規劃的研究計畫也變得益加豐富和多樣。

突然間，我意識到自己正在做一件真正能引起學生興趣的事情：就是從思想和物質實踐的角度，有如循著遺存於書頁邊緣處的石墨色痕跡，來審視學術史和閱讀史的方方面面。到了一九八〇年代末，很明顯，真正有才華的學生還是想做思想史。他們仍然喜歡文化史和社會史，也深受啟發，但卻想做一些截然不同的事情。

後來，我才漸漸明白，也有其他學者和我一同走在相似的道路上。一九八〇年代，詹姆斯・漢金斯（James Hankins）出現了，他出色地運用書籍和註釋這類證據，扭轉了文藝復興時期的哲學史研究，儘管他同時也做了許多語文學相關研究。[54]當時，嘗試將思想史、書籍史和學術史鎔鑄在一爐者，並不是僅有普林斯頓的學人。不久後，寶拉・芬德倫（Paula Findlen）更提供了另一種同具原創性的方法。[55]此些種種，現在回想起來確實比當時更具意義，邏輯則更顯清晰。不過，回首過去，我們則可清楚看見，幾種追溯和書寫歷史傳統的新方法，在近日還略見貧瘠的思想史園地裡，已開綻了幾朵豐姿搖曳的早春之花。

我想，除了與賈汀合作，還值得一提的就是在牛津大學撰寫《約翰・斯卡利傑》第二卷冊的部分。我在漢弗萊公爵圖書館（Duke Humfrey's Library）待上一年，閱讀和比較淵博飽學之士的書籍和筆記。慢慢地，我開始明白，編年學也涉及到一種閱讀藝術，並意識到斯卡利傑和其他編年學者的閱讀方式，與哈維和其他政治取向讀者一般，都是懷有明確目標導向。例如：他們的閱讀是為了把文本加工為佐證日期的資料，或是轉成編定曆法的證據，抑或是以文本來敘明，儀式如何賦予周年紀念日或節日特殊的意義。

**歷史編年學是您學術生涯早期感興趣的領域之一。請問，歷史編年的研究究竟給予您何種啟示？**

歷史編年學讓我明白，傳統人文學科和其他學科之間，存在著根本性的差異。人文學科帶給你的是，能運用的方法、取徑以及相應解的文本。許多近代早期的學者，確實掌握了一種歷史的距離感及差異感，正如潘諾夫斯基和弗里茨・薩克爾（Fritz Saxl），他們指證歷歷，儘管兩人都稱不上一個純粹的歷史主義者。不過，他們的智識及見解，卻絕大部分是從閱讀古羅馬詩人維吉爾（Virgil）中學到。而維吉爾本人對於歷史的變遷，就極為敏感且又細緻。此外，技術和文法作家也扮演了傳授方法論經驗的角色。近代早期學人從閱讀古代晚期學者，如古羅馬作家馬克羅比烏斯（Macrobius）和演說、法學家塞爾維烏斯（Servius）的文章，學到如何拿維吉爾與其他希臘、拉丁詩人做比較的方法；進而將他定位為一位博學多才的作家，展顯他詩歌的特點，而非缺陷。

辨析、釐清這些要點，早已成為我工作的一部分。斯卡利傑的出現，則使我對此問題看得更加清楚。他堅持認為，自己的編年學工作並不是去做一些新嘗試，而是在復興希臘時代的方法。我發現自己也在思考這個問題，並一次次地穿梭在斯卡利傑和其文本之間，試圖理解斯氏利用這些資料做了什麼。

一九八〇年初期的牛津大學，許多語文學方面的頂尖人才匯聚於此。待在牛津的一年中，當我遇上拉丁語問題時，便可請麥克．里夫（Michael Reeve）或雷諾茲幫忙，如果是希臘語方面，則可詢問威爾遜或休．勞埃德—瓊斯（Hugh Lloyd-Jones）。如果是關於近東語言的疑問，則有塞巴斯蒂安．布洛克（Sebastian Brock）或喬安娜．溫伯格（Joanna Weinberg）得以為我解惑。這種同事間彼此合作的意識，給了我極大的快樂和許多啟發。

關於斯卡利傑，我在他身上發現一個非常重要的特點，就是他其實是非常自覺地在做一些當時人自然且經常在做的工作。這點觀察，成了我那本專書的主主題之一，儘管它沒有引起任何注意與討論！就像文藝復興時期的解剖學家、醫者安德烈亞斯．維薩留斯（Andreas Vesalius）認為自己並不是在開創新式醫學，而是恢復純正的蓋倫式（Galenic）解剖學。哥白尼也不會說，自己開創了嶄新的天文學模式，而是重塑一種更精美的托勒密天文學。在人文學科中，以語文學來說，斯卡利傑等人也認為自己並不是發明了新手法，而是復興了古代的學術傳統。編年學看似深奧，像是其他歷所年久的傳統一般，經過往復研究而益加豐富。看著那些在這塊領域持續耕耘，不斷嘗試挑戰我的年輕學者，像是尼古拉斯．波普（Nicholas Popper）、菲利普．諾塔夫特（Philipp Nothaft）、德米崔．萊維廷（Dmitri Levitin）、尼古拉斯．哈迪（Nicholas Hardy）和克爾斯滕．麥克法蘭（Kirsten Macfarlane），他們經常修正，有時甚至反駁我的論點，為此我特感興奮。因為，他們的作為，恰是以各種不同角度，在在證實了我前述關於斯卡利傑的觀察和見解。

我最愉快的寫作經驗之一，是和天文史啟蒙老師斯威爾洛合作的作品，靈感就是來自我對斯卡利傑的研究。文章主題，環繞著維吉爾創作的史詩《艾尼亞斯紀》（*Aeneid*），其中關於特洛伊城陷落的時序問題。在維吉爾的描述中，希臘人藉著「寧靜謐默之月色」（friendly silence of the moon），偷偷駛回特洛伊。[56] 後來又借月色微芒之便，洗劫了這座城市。「寧靜謐默之月色」是指什麼現象？隨後的光芒又是為何呢？我們發現，有一群希臘學者根據一首佚失之詩歌作為零碎證據指出，特洛伊陷落的那晚正是弦月之夜。這種月相意味了當時天色黑得較早，希臘人得以趁隙接近特洛伊城，或者說，從那座屠城木馬體內竄出而不被發現；而這個天文現象也說明了，月亮會晚點升起，黑暗的時間較長，讓希臘人得以順利攻城。

在許多冰淇淋幫忙下，我們花了一個晚上的時間，徹底搞懂這個在古代天文學術傳統上的小問題，及其對維吉爾式註解的影響。這是我第一次發現，自己是在運用斯卡利傑和其他前現代學者的方法。他們仿若我手中的槓桿，撐起眼前的古典史籍，讓我得以寫作。這樣的機會，此後還發生過幾次。

當我去英國隨莫米格利亞諾讀書時，他一如既往地堅信著，通過整理過往的學術傳統，有利於解決當前的學術議題。而我總是如此回應他，以一個嚴謹的科學史家之姿態：「不，你並不是為著解決現代科學問題來研究科學史。你是將它當作一門具備規範的知識、學科來操作。」現在看來，我一直到老才理解，莫米格利亞諾對此問題其實看得比我更為透徹。

**您的研究有一個鮮明特點，就是向讀者展示了學者群體如何通過古籍本身的工具和方法來閱讀古籍。這對我們分辨人文科學與科學間的差異，有無任何啟發性作用？**

兩者間的差別之一在於，我們在人文學科方面沒有取得真正的進步！對於自己逃離古典文獻，我始終相當後悔。有一個最主要的原因就是，說實在的，我覺得古典文獻是你所能講授的，最重要、偉大的教材。而我感到遺憾的則是，自己只能在通識教育課程中用英譯本教它們。我很羨慕我的朋友，他們能在課程上指定古典原著。那一定是件令人倍感愉悅，每年都要做的事情。

在這方面，我還有些憂慮。例如：哈佛大學最近公告了一系列旨在吸引學生學習人文學科的新課程。其中有些很創新，確實很吸引人。但這使得我一直有種感覺就是，因為世界正在經歷巨變，仿似一切事物都需煥新；此致，人文學科也必須以數位型態或其他方式來重鑄。這就是令我擔憂的部分。因為，對我來說，有些人文學只有在添入一些傳統元素才能加以掌握；沒有其他的途徑，能幫助我們進入這個世界。數位化的文本確實相當美好，柏修斯（Perseus）的數位圖書館網站也非常棒；你可以在一個小機器逐字句解釋的協助下，閱讀一篇經典文獻。這固然是重大變革；我甚至希望自己早年在學習閱讀希臘和拉丁語時，就擁有這樣的協助。

但我就是覺得，人文學的學習傳統不能被取代。在嘗試走入古典文本世界之時，不能放棄文本賦予的智慧和工具。這個道理很多人和學生都懂。我在普林斯頓教過的一個大學生總是這樣說：「喔，我只想讀拉丁語和希臘語。這就是我真正想做的事情。」最終，她寫出一篇精彩的畢業論文，主題是環繞著十六世紀法國關於詩人賀拉斯的教學。這篇作品不僅得益於她對評註細致且富洞見的解讀，也得益於她能直接掌握在拉丁語詩歌行句中，追索意義的方法。這大概是人世間最美妙的事情了！「就去閱讀吧！」，至少在我的學生看來，這似乎是你一生可能做過最好的事情。這就是我真正擔心的地方。那些聲聲呼喊創新的言語、修辭，反倒會令這些堅持傳統者，看起來顯得過時，更使得他們的行為似乎終歸只是徒勞無功。

對此困境，我唯一能做的，我認為確實是有效的比喻，就是食物。我認為，沒有人會想破壞生產食材的傳統作法。當然，其中有一些方法可以通過科學測量來改進。例如：烘焙現在就像是一種科學的追求。但是，我不認為有人會想吃二十一世紀數位方法所製作出來的起司。這樣來看，我確實是認為人文學科在抽象邏輯（deep structure）上的層次，是通過傳統來運作。你得在某個特定階段走入傳統，遂而才能逐步前進。最重要的區別即在於，我們要選擇一個立足於傳統內部的觀點，抑或是置身事外。

也許這就是莫米格利亞諾所說「有些人終究只是局外人」的意思。他們做不了什麼有用的事情，是因為他們不知道自己該立足於何處。我同意。但我也明白現在要提出這樣的理由，其實非常困難；該如何做才不會讓自己顯得如此菁英主義、守舊且不合時宜。所以我至今還不知道該做些什麼，才是合適的回應。

與我年輕時相比，某方面來說，現在更容易為傳統研究來辯護。現在，古典文獻學系已經有「接受史」研究專長的人。系所成員在文學、宗教和科學方面的興趣，都已極大地躍出了古典文獻學的窄門。甚且，系所裡的多數成員，都願意積極去探索，作為歐洲文明核心的古典文獻在被人們閱讀傳唱、分析理解和展演的過程當中，文本的意蘊究竟為何。當我年輕的時候，一個古典文獻學者不需要知道傳統為何物，那是因為人們總是假設，一九〇〇年前的所有作品都不甚重要。現在，我認為是該拋下這種觀念的時候了！

# 哲學史作為一種研究的方式——

## 吉爾・克雷耶（Jill Kraye）

# 吉爾・克雷耶簡介

吉爾・克雷耶教授於一九四七年生於芝加哥，現為倫敦大學瓦堡研究所文藝復興哲學史的榮譽教授和退休圖書館員。克雷耶教授在柏克萊大學取得學士學位、在哥倫比亞大學取得碩、博士學位，研究領域為文藝復興人文主義和哲學、古典哲學（亞里斯多德主義、柏拉圖主義、伊壁鳩魯主義和斯多葛主義）在歐洲的影響，以及西元一三五〇至一六五〇年間的歐洲思想史。二〇二〇年，克雷耶教授因其卓越的學術成就，獲頒英國學術院之塞雷納獎章（Serena Medal）。

與同時期的研究者不同，克雷耶教授完成博士學位後，並未選擇回到美國，而是留在瓦堡研究所擔任圖書館的助理，開啟識讀拉丁語手稿的學術旅程。最重要的是，因為這項學術經驗，有無數的文藝復興研究者得受益於克雷耶教授的引介，得以精準地找尋到研究所需的一手史料。克雷耶教授重要的學術成果，是將義大利文藝復興的方言和拉丁哲學作為古典傳統的組成部分。作為人文主義研究先驅保羅・奧斯卡・克里斯特勒的弟子，克雷耶教授曾為文辯駁後世研究者太過於機械化使用克里斯特勒的定義，而使得人文主義和哲學之間的關係，愈趨狹隘的發展。道德哲學並非人文主義綱領唯一的支柱。這是克雷耶教授向學界展示其博學多聞的初試鶯啼之作，發表在《劍橋文藝復興哲學史》（*The Cambridge History of Renaissance Philosophy*, 1988）之中。在克雷耶教授的研究主題中，她始終堅信哲學在許多面向和文類之中都可覓得蹤跡，無論是在文學、論文和批註當中，這些成果則可見諸於《文藝復興哲學的古典傳統》（*Classical Traditions in Renaissance Philosophy*, 2002）一書。

在一本獻給克雷耶教授，表彰其成就的紀念文集《和朋友們》（*Et Amicorum: Essays on Renaissance humanism and philosophy in honour of Jill Kraye*, 2018）中，安東尼・格拉夫頓如此寫道：「哲學在古代世界是一種生活方式，也是一門思想的學科。對吉爾來說，哲學史亦復如是。吉爾在哲學史中發現了一個吸引人的文本與人的世界，以及一個思想史涵蓋的視野。吉爾從事許多學術研究計畫，快樂地與每個人一起工作，從年輕學生到龍鍾老叟，儼然是人文主義學術和教學的模範。四十多年過去了，她已然成為自一九七〇年代開始工作之機構的核心與靈魂，並從那時起建立了屬於自己的機構。」

## 著作選編（專書、主編論文集）

### 專書

*Classical Traditions in Renaissance Philosophy* (Variorum Collected Studies Series). Aldershot: Ashgate, 2002.

## 主編論文集

Editor with W. F. Ryan and C. B. Schmitt. *Pseudo-Aristotle in the Middle Ages: The 'Theology' and Other Texts*. London: Warburg Institute, 1986.

Editor with A. C. Dionisotti and A. T. Grafton. *The Uses of Greek and Latin: Historical Essays*. London, Warburg Institute, 1988.

Editor with C. B. Schmitt; ed. Q. Skinner and E. Kessler. *The Cambridge History of Renaissance Philosophy*. Cambridge: Cambridge University Press, 1988. 中譯本：徐衛翔譯，《劍橋文藝復興哲學史》。上海：華東師範大學出版社，2020。

Editor. *The Cambridge Companion to Renaissance Humanism*. Cambridge: Cambridge University Press, 1996.

Editor. *Cambridge Translations of Renaissance Philosophical Texts*, vol. I, *Moral Philosophy;* vol. II, *Political Philosophy*. Cambridge: Cambridge University Press, 1997.

Editor with Martin Stone. *Humanism and Early Modern Philosophy, London Studies in the History of Philosophy, 1*. London: Routledge, 2000.

Editor with Risto Saarinen. *Moral Philosophy on the Threshold of Modernity*. Dordrecht: Springer, 2005.

Editor with Nicola Jones and Laura Lepschy. *Caro Vitto: Essays in Memory of Vittore Branca*. London:

Warburg Institute, 2007.

Editor with Maria Pia Donato. *Conflicting Duties: Science, Medicine and Religion in Rome, 1550-1750* (Warburg Institute Colloquia, 15). London: Warburg Institute, 2009.

Editor with G. A. J. Rogers and Tom Sorell. *Insiders and Outsiders in Seventeenth Century Philosophy.* New York and London: Routledge, 2010.

Editor with G. A. J. Rogers and Tom Sorell. *Scientia in Early Modern Philosophy: Seventeenth-Century Thinkers on Demonstrative Knowledge from First Principles*. Dordrecht: Springer, 2010.

Editor with David A. Lines and Marc Laureys. *Forms of Conflict and Rivalries in Renaissance Europe.* Göttingen: V&R unipress for Bonn University Press, 2015.

Editor with Robert Black and Laura Nuvoloni. *Palaeography, Manuscript Illumination and Humanism in Renaissance Italy: Studies in Memory of A.C. de la Mare* (Warburg Institute Colloquia 28). London: Warburg Institute, 2016.

Editor with Luca Bianchi and Simon Gilson. *Vernacular Aristotelianism in Italy from the Fourteenth to the Seventeenth Century* (Warburg Institute Colloquia 29). London: Warburg Institute, 2016.

Editor with G. M. Cao and A. T. Grafton. *The Marriage of Philology and Scepticism: Uncertainty and Conjecture in Early Modern Scholarship and Thought*. London: Warburg Institute, 2019.

Editor. *A Cultural History of Ideas in the Renaissance (1450-1650)*. London: Bloomsbury Academic, forthcoming.

Editor with David A. *Lines and Marc Laureys. Spheres of Conflict and Rivalries in Renaissance Europe*. Göttingen: V&R unipress for Bonn University Press, 2020.

Editor with Paolo Sachet. *The Afterlife of Aldus: Posthumous Fame, Collectors and the Book Trade*. London: Warburg Institute, 2018.

Cristoforo Landino, *Camaldulensian Disputations*, ed. and trans. By Jill Kraye (I Tatti Renaissance Library). Cambridge, MA: Harvard University Press, forthcoming.

## 您是如何開始學術生涯的？您早年的興趣是什麼？

一九六五至一九六九年，我在柏克萊念大學時，有門必修是美國史或加州史二選一。那時有堂非常受歡迎的美國史課程，裡面大概有一千人，但我不想選那門課。所以，我選擇修了一門小型、非常專業，關於十七世紀美國的課程。我在課堂中學到了培里・米勒（Perry Miller）的作品，而我發現那非常精彩。此前我從未讀過《新英格蘭思想：十七世紀》（*The New England Mind: The Seventeenth Century*）、《新英格蘭思想：從殖民地到一省》（*The New England Mind: From Colony to Province*）或〈荒野使命〉（Errand into the Wilderness）。[1] 正是這些作品興起我對十七世紀英國史，特別是神學的興趣。我之前從未意識到它的複雜性和吸引力——這對我來說是個全新的疆域，猶太家庭中長大的我，幾乎就像個在研究偏遠部落崇拜的人類學家。

後來我修了史學史課程，那令人大開眼界。讓我最感興奮的歷史學家是馬克・布洛克（Marc Bloch），他探索的又是一個我從未想過的主題：法國鄉村史。[2] 我在芝加哥和洛杉磯長大，怎麼可能對法國鄉村史感興趣？但我發現它絕對令人著迷，《史家的技藝》（*The Historian's Craft*）亦復如是，布洛克在其中談到了歷史學家的工作及其關注的重點：並非事實和日期，而是社會如何發展。[3] 我從未想過自己要研究這樣的歷史：我當然不認為我會出去探索法國鄉村或其他任何地方的田野，但是我喜歡從完全不同的角度審視歷史這一點。

我的學士論文討論的是清教徒神學，寫的是約翰·朱維爾（John Jewel）的《英格蘭教會辯道》（*Apology for the Church of England*）。[4] 我去哥倫比亞大學讀研究所時，原本打算學習英國史，特別是十七世紀的神學。但主持哥倫比亞大學近代早期專題討論的尤金·萊斯讓我相信，義大利人文主義是個開放的領域，有未經研究的文本、值得完成的新事物。我在他的督促下開始學習義大利語。我就是如此深陷研究義大利文藝復興史的。和我經歷的大多數事情一樣，我最終來到哥倫比亞與萊斯合作，或多或少源於偶然。我本以為我真的想學習清教徒神學，但是我卻很輕易地拋棄了它（笑）。我的承諾可能沒有我想像的那麼堅定。

## 在此過程中，是否有任何關鍵的特定課程或專題研討？

除了史學史課程之外，柏克萊課程中讓我意識到我想成為思想史家的，還有卡爾·休斯克的歐洲思想史。在去普林斯頓以前，休斯克在柏克萊已經因教學出色而聞名於校。這是段深具啟發性的經歷：休斯克在一週講歌德的《浮士德》（*Faust*），下一週是華格納（Wagner），然後是古斯塔夫·克林姆（Gustav Klimt），再下一週是反猶太主義的興起。我認為這是休斯克當時正在研究的材料，最後則成書為《世紀末的維也納》（*Fin-de-siècle Vienna*）。[5] 我對思想史的研究方法曾比較狹窄：我認為只要閱讀學術書籍和論文就夠了。但思想史可以包含文學、音樂、藝術，這令人非常興奮。休斯克的那門課有數百人，而儘管我從未真正與休斯克交談，但我拿回最後一篇論文時，上面附著他寫的便條：「如果妳想去讀研究所，我很樂意為妳寫推薦信。」雖未當面交流過，但像他這樣的人物會這麼做，實在特別讓人振奮。

儘管當時我特別討厭，但研究所有一門課程很重要，就是歷史書目學。萊斯在教我們研究十五、十六世紀的人文主義與思想史時，決定我們需要學習如何描述一冊「搖籃本」（incunable），這是一冊西元一五〇一年以前出版的書。我甚至不知道「搖籃本」是什麼，但我學到了，就在我們遍覽所有標準「搖籃本」書目的時候。萊斯給了我們每人一名作者，我們必須準備詳細的書目，學習所有術語以及學術如何描述書籍。這是我讀研究所的第一年，我記得當時在想：「如果這就是思想史，那不適合我。我想要宏大的觀念。我想要令人興奮的事。」我不想要這堆瑣碎的書目！然而，在我念的所有課程中，這門課對我來說最有用處。它又再次開啟了我未曾了解的歷史領域。我現在教學生如何處理早期印刷書籍時，會說：「我知道你覺得看起來很瑣碎，但這最終確實很有用。」我曾認為思想史就是關於觀念的，但是我發現其遠不止於此。

最後，如果我要研究人文主義，就必須了解拉丁語和希臘語。教授我這二者的塞思・沙因（Seth Schein）是位文學研究者，所以他在教拉丁語時，不僅會講解變格或如何翻譯，也會教我們如何注意語言，以及事物如何被表述的方式。我最初決定學習拉丁語時，認為：「我需要學習拉丁語，才能接觸人文主義者的著作並了解他們所說的話。」但我從沙因那裡學到且牢記的是，不僅要思考話語的內容，還要思考話語被表述的方式。我意識到，即使我在閱讀的是哲學或歷史，也必須要觀察文學的機制，重要的是要以原文來進行，並且和感受內容一樣去感受風格。

## 這些年來，您是否讀過任何影響深遠的書籍？

法蘭西斯．哈斯克（Francis Haskell）的《贊助人與畫家》（*Patrons and Painters*），激發了我作為研究生時的靈感，其中是他對巴洛克時期藝術家（尤其是尼古拉．普桑〔Nicolas Poussin〕），以及藝術家在十七世紀羅馬思想脈絡中的研究。[6] 休斯克讓我學到，藝術史是思想史的一部分。但哈斯克展示了如何進行、如何在思想史脈絡下，詮釋藝術家對古物的興趣，以及藝術家與朋友、同事和贊助人之間的關係。我並不想將我所做的任何事，與那本經典著作相比，不過哈斯克常常是我的榜樣。甚至在我與瓦堡研究所的藝術史學者有日常接觸之前，這部作品就為我提供了在研究中納入該學科的方式，不僅是思想史，更具體而言是納入哲學史。因為普桑和他的社交圈對斯多葛主義很有興趣，而哈斯克所言非常有啟發性。以歷史的方式看待文化整體，並且整合其各種要素一直是我的目標——我不一定能達成，但我努力為之。

## 您是如何決定從事研究哲學史的？

和大多數事情一樣，我實際上並沒有決定從事研究哲學史。事情就這樣發生了。我在柏克萊只修過一門哲學課，也是因為分類選修規定：我選擇了約翰・舍爾（John Searle）一門從「笛卡兒到維根斯坦（Wittgenstein）」的研究課。那時，我正在寫我的學士論文，然後意識到：「如果我要研究歷史，那我就得去圖書館看一堆蒙塵的書。但如果我是要寫篇哲學論文，我只需要坐在草丘上思考。」我想：「哇，這可能還不賴！」（笑）

然而，最後我更像是一個在逡巡於圖書館和蒙塵書本這種人。我真的不記得我是如何沉迷於哲學的。可能是從萊斯教授建議我研究義大利人文主義者弗朗切斯科・費列佛（Francesco Filelfo）開始的。我閱讀了費列佛的作品，尤其是他的書信和專著，其中許多內容都引用了希臘哲學：亞里斯多德主義、伊壁鳩魯主義以及其他學派。藉由費列佛的思想和研究他的思想資源，我對哲學史產生了濃厚的興趣，並接著從事研究哲學史。

我在一九七四年來到英國時，認為也許更有吸引力的人文主義者是羅倫佐・瓦拉。我在英國的最初幾年中研究瓦拉，讓我更了解了伊壁鳩魯主義的歷史，以及伊壁鳩魯主義與基督教之間的關係，而我現今仍在研究這些題目。但是我從未有意識地決定：「我要成為哲學史家。」當大家開始說我是那個（哲學史家）的時候（笑），但如果我要認為自己是什麼，那就該像是研究人文主義的人。後來變成了研究人文主義與哲學，以及兩者間之聯繫的人。然後，我開始探索非人文主義者的哲學家，因為我想了解人文主義與哲學如何交融在一起：我研究的是十五世紀末至十六世紀的義大利哲學家彼得羅．蓬波納齊（Pietro Pomponazzi），他本人絕非人文主義者，因此我可以看到他選擇了哪些人文主義者並受其影響，以及他讀了哪些人文主義者的譯作。

由於我的歷史背景，我不是非常典型的哲學史家。從哲學進入哲學史的學者與從歷史進入哲學史的學者，研究取徑截然不同。我一直非常堅信自己是名歷史學者，而非哲學家——是一位至少是部分時間剛好在研究哲學的歷史學家。

## 是什麼樣的問題引導您走向文藝復興時期和您所提到的作者？

我不確定是否有任何具體的問題。我只是想知道文藝復興時期的人們如何思考、閱讀什麼、關心什麼問題、成為人文主義者是什麼樣的。他們為什麼就某些問題來書寫論文？他們採用什麼樣的資料來源？我並沒有宏大的方針。我只是想——也許是布洛克的影響——讓自己沉浸在十五世紀以及當時人們感興趣的問題當中。為何瓦拉寫了關於快樂的對話？為何費列佛寫了關於道德哲學的論文？有時答案令人失望地很直接：他們寫作是因為想得到一份特定的工作，而他們必須寫作來獲得。但有時答案恰恰直達文藝復興時期哲學原理的核心。

我在哥倫比亞的博士生導師萊斯，可能對我有些太放鬆了。無論我的興趣轉向何方，他總會給出有幫助的建議，絕不會勸阻我或告訴我保持專注。現在，至少在英國是這樣，你在三年內讓學生完成學位論文的巨大壓力下，必須要堅定立場。但萊斯從來沒有做過，這既是好事也是壞事。我就是這樣才四處漫遊的。理智上來說這是好事。實際上有點像是災難（笑）。如今，無論是好是壞，沒有人會奢侈地採取這種態度。

## 您是如何選擇博士論文主題的？

我的論文很特殊。我本來應該寫的是費列佛，但由於個人原因，我搬到了英國，而有些分心。萊斯讓我去瓦堡研究所拜訪他認識的查爾斯・史密特（Charles Schmitt），那是我學術生活中最關鍵的事件之一。事情是這樣發生的，我花光我的錢了。因此，我設法在瓦堡研究所圖書館找到了一份工作。我在那裡工作了十六年，擔任閱覽室圖書館員，這份經驗深具啟發——我學到了很多。不過，這可不適合論文寫作！

我受到史密特和當時是朋友的格拉夫頓的大力鼓勵，於是開始寫作：完成了幾篇關於費列佛的文章，以及另一篇關於學識更淵博的義大利人文主義者安傑羅・波利齊亞諾的文章。[7] 我以為我會成為未能完成博士學位的人之一，這種情況在英國並不像在美國那樣不常見。

然後，史密特在一九八六年突然過世，我受邀代理他的教學工作。幾個月後，廣告上刊登了他的職缺，而我獲得了那個職位，那真是個苦樂參半的時刻，因為他一直是我的朋友和導師。我當時還在替《劍橋文藝復興哲學史》撰寫有關道德哲學的文章，他是該書的總編輯。[8] 史密特過世後，我承擔了將《劍橋文藝復興哲學史》整理付梓的任務。

那時，我想到了：「也許我終究會從事學術職業。」在此之前，我以為我會一直在瓦堡研究所的圖書館工作！所以，我決定我最好拿到我的博士學位（笑）。萊斯組織整理了所謂「外部的」（extra muros）論文，即將一系列發表過的文章整合在一起。換句話說，我的博士論文是我當時所寫文章的混合。我從一九六九年開始在哥倫比亞讀書，到一九九一年才獲得博士學位。我總是告訴學生：「不管在什麼情況下都別效法我。」（笑）

所以我從未正式寫過博士論文。我只是寫了許多文章，要不就是有人邀我寫的，要不就是我自己要寫的。這就是我一直遵循的模式。我會形容自己是一個「文章人」——這似乎是我最適應的類型。如果有人問我「妳是如何訂定研究計畫的？」，老實說，我必須承認我可能從未訂過計畫。我只是依照直覺決定方向。

偶然和意外的影響很大。搬到英國也造成了很大的不同。作為瓦堡研究所的圖書館員，我從未覺得自己在和任何人競爭；我只是做我自己的事。同事對我很好：他們幫助且支持了我。當機會出現時，他們鼓勵我一把抓住。我從未真的有過行動計畫，也從未真正追求過生涯道路。如今，無論在英國還是美國都必須如此，但我不確定如果當初是這樣，那麼我是否還會走到這裡——不管這是哪裡（笑）。

**在您就讀哥倫比亞大學期間，文藝復興哲學史家保羅・奧斯卡・克里斯特勒亦曾在該校。您和他有何關係？**

我初到哥倫比亞而開始對人文主義感興趣時，有人對我說：「我想妳正和克里斯特勒一起工作？」我回答說：「我從未聽說特勒教授。」（笑）那時我就是這麼無知：我以為他名叫克里斯・特勒。當然我很快就知道他是誰了。那時克里斯特勒已經退休，還有他以前在哲學系工作，而我是在歷史系，所以並不真的有和克里斯特勒合作的可能。我是上過他教的某些課。我的碩士學位委員會、口試委員會和論文口試中都有他，所以他一直都在那兒，我的同事約翰・蒙法薩尼（John Monfasani）與詹姆斯・漢金斯和他關係融洽，但我發現他是個相當嚇人、霸道的人物。而萊斯的一切——友好、開放、鼓勵——與克里斯特勒完全相反。

舉例來說：克里斯特勒某次知道了我正研究費列佛。他說：「好吧，妳一定要編輯費列佛的書信集，這個領域迫切需要這個。」我說：「這個需要確實迫切，應該有人去做，但不是我，因為我不是語文學家。您需要一套我沒有的技能，而這並非我想做的事。我對歷史和解釋性工作更感興趣。」但是每次我偶爾見到他，他都會問我費列佛書信集編得如何，而我就客氣地說：「也許您並未注意到我實際上並沒有在進行。」我以為這是某種玩笑話，但我之後收到義大利和德國的來信，說：「我的朋友克里斯特勒告訴我，您正在編輯費列佛書信集」，並且問我問題。而我不得不寫信給他們說：「非常抱歉。這是一個誤會。」這個問題從未解決。[9]

我最近發表的一篇文章，挑戰了克里斯特勒對人文主義的解釋，或者說是其中非常具體的一部分，挑戰了關於他所描述的五種人文主義者感興趣的學科——文法、修辭、詩歌、歷史和道德哲學。[10]我質疑相較於更廣義的哲學，道德哲學是否是人文主義綱領的支柱。這實際上並非反對克里斯特勒的論點，而是在反駁其他人採用他的人文主義定義所做之討論。實際上，在他自己的著作中，克里斯特勒對人文主義者與哲學之間的關係，抱持的看法相當開闊。然而，他的研究方案化的定義遭到不斷覆述，讓人文主義與哲學間的關係，變得看起來比我所想得更為狹窄、侷限許多。

很多人文主義者對道德哲學感興趣，但也有很多對哲學的其他面向感興趣。也許從制度上來說，在十五世紀，道德哲學某種程度來說更受青睞，但在那之後，人文主義者追求與古代世界有關的任何事物——研究、理解、重建它。就哲學而言，人文主義者並未說過「我們的職責是道德哲學」，這也不是當代以前寫過人文主義和哲學相關文章的歷史學家的觀點。

將人文主義者視為僅對五門學科感興趣的學者，而非對古代思想和文化整體感興趣的學者，實際上並沒有幫助，對哲學尤其無濟於事。瓦拉在哲學上的主要工作是關於邏輯的。科學史家——當然格拉夫頓對此至關重要——知曉人文主義者參與了各種不同的科學領域。對於哲學，克里斯特勒對人文主義的定義反而成為心理障礙。克里斯特勒非常偉大：他的《義大利之行》（*Iter Italicum*）改變了文藝復興時期人文主義的研究，他有關費奇諾（Ficino）的著作是當時討論文藝復興時期哲學家方面最嚴謹的作品之一。[11] 但你不必全盤接受他的遺產。你可以選擇。

**您的朋友與導師史密特對文藝復興時期哲學和亞里斯多德主義的看法，是否影響了您的研究或您對哲學的興趣？**

史密特堅信文藝復興時期哲學是個年代概念。無論你從何處開始文藝復興時期哲學，比如佩脫拉克，而在何處結束，比如蒙田或培根，它都涵蓋了這段時間裡哲學發生的一切。它不是一種和別種不同的哲學風格。就他的看法而言，經院學者（Scholastics）是文藝復興時期哲學的一部分，一如李奧納多・布魯尼（Leonardo Bruni）這類人文主義者或馬基維利這類政治思想家，而且對史密特來說，也許還更重要。

我最初為一般讀者所寫的文章之一是羅德里奇出版社的《哲學史》（*The Routledge History of Philosophy*）中，有關義大利文藝復興時期哲學的一章，內容涵蓋了十五至十七世紀。[12]

主編是研究萊布尼茲的學者。當我提交論文時，他說：「非常有趣，但妳涵蓋了所有的中世紀哲學家。」他單獨挑出了威尼斯的保羅（Paul of Venice）和切薩雷·克雷莫尼尼（Cesare Cremonini）。我說：「威尼斯的保羅和萊昂·巴蒂斯塔·阿伯提（Leon Battista Alberti）、科西莫·麥迪奇（Cosimo de' Medici）、布魯尼是同一代人。克雷莫尼尼是伽利略的同事。他們不是中世紀哲學家。他們在文藝復興時期走動，與文藝復興時期的人交談。他們屬於同個世界。」他說：「是的，但他們是經院學者。」最終，儘管我感覺他不太情願，但他同意了我，而我得以在文中保留這些人。

我與史密特有相同的觀點，即文藝復興時期哲學就是在文藝復興時期發生之事。這是個非常廣泛的派別，其中包括蓬波納齊和克雷莫尼尼等經院學者，以及費列佛與瓦拉等人文主義者。認為文藝復興時期在哲學上，並沒有統一的意識型態方法，而是涵蓋了廣泛的各種方法，這會更有意思。作為歷史學家，我對另一件事感受更深：這些人物彼此相識。他們在同一所大學任教。也許他們有爭執，並不總是在所有事情上都達成共識，但他們屬於同一個歷史背景。將特定的一部分單獨分離出來——人文主義者的柏拉圖主義是文藝復興的新哲學，而經院學者的亞里斯多德主義是中世紀的舊哲學——這是刻意為之的。

在這方面，史密特在思想上對我造成了巨大的影響。但也許最重要的是，他比我自己更信任我，而且不斷鼓勵我。他一直熱衷於支持年輕人的研究。他曾告訴我，像他這樣的資深學者在會議上經常能講一個小時，而年輕學者只能講二十分鐘，這是不公平的。他認為情況應當恰恰相反，將更多時間分配給更年輕的學者，他們新進、熱血，在第一線從事研究工作。

最後，我從他那裡學到，有種情況是可以開始進行下一個計畫，而不用執著嘗試讓目前計畫中的一切完全精準正確。當時，我是一名圖書館員，所以我學會了非常仔細、有條不紊、嚴格地檢查、二次檢查甚至第三次檢查一切。我仍然相信，努力做到正確是學術成就的根本。但史密特曾說：「妳不需要檢查得太過分，把妳寫的內容放出來讓人看看不是更好嗎？為什麼不給審稿人一些東西來抱怨，然後開始一個新計畫呢？」這讓我頗為震驚。一位我景仰的學者對準確性的態度如此寬鬆，實在令我驚異。但是，當然，他是絕對正確的！他本人開拓了多個領域，其中包括文藝復興時期的懷疑論、亞里斯多德主義、大學史。他做了那麼多如此具影響力的事，如果他要校對他應該校對的一切，這可沒辦法做到！

## 瓦堡研究所圖書館在您的學術生活中扮演了何種角色？

因為我擔任了十六年的閱覽室圖書館員，在過渡時期之後，又是十二年的圖書館員（學術職位），所以我與瓦堡研究所圖書館的關係非常親近而密切。圖書館讓我比以前更像是通才。作為歷史學家，你可以專注於最感興趣的時期和課題。但作為圖書館員則不能。瓦堡研究所圖書館專門研究古典傳統的歷史；然而，在這傳統之下，其範圍非常廣泛。我不再認為我只需要在自己的舒適圈內閱讀。沿襲阿比．瓦堡的足跡，我的領域變成了圖書館各樓層的古典傳統歷史。我會去參加關於藝術史、文學史、哲學史、科學史的專題研討和學術會議。而我開始知道如何將這些學科一起納入自己的研究當中。

我在向讀者介紹圖書館時，會告訴他們：您可以去圖書館，那裡是開放式書架，依主題排列，您可以將所有時間都花在某層樓的某個區域中。但這不是最充分利用圖書館的方式。您應該去各個不同的樓層，從這一層到另一層。我認為在我將藉由圖書館開始了解的各主題領域整合在一起時，我的研究會處於最佳狀態。

我採納了利用整棟圖書館的想法，告訴自己：你不僅是二樓的人（我們有關人文主義和文學的材料放在這裡）；二樓應當是圖書館其他地方的跳板。我逐漸開始認為我或許能處理圖書館涵蓋的一切，至少是作為起點。因此，如果有位我研究的思想家研究過教父的歷史，我也可以這麼做，因為圖書館有個關於教父學的分區，我可以在那閱讀相關內容，然後到大英圖書館進一步研究。因此，目錄學、印刷史、藝術史、宗教史皆是如此——無論我遇到的是什麼。

圖書館的主要編制主題是古典傳統，對我而言一直是人文主義與哲學之間的紐帶。我研究與古典傳統相關的哲學，這種方法是由圖書館所塑造的。如果有將古典傳統納入我研究的角度——無論是藝術史還是錢幣學——那就是我要追求的。

實際舉例來說，我正在尋找馬可・奧理略（Marcus Aurelius）的圖像來說明我在寫的東西。在「瓦堡研究所攝影集萃」（Warburg Photographic Collection）中，我遇到了一幅彼得・保羅・魯本斯的精美畫作，畫中一位身著十七世紀法蘭德斯服裝的學者，坐在放著奧理略半身像的書桌旁，手執羽毛筆寫著手稿。這就是魯本斯。有個有趣的故事：這位學者是他的朋友卡斯珀・蓋瓦提烏斯（Caspar Gevartius），後來他去西班牙從事外交和藝術生意時，請畫家幫助他尋找《沉思錄》的手稿。蓋瓦提烏斯為魯本斯就一座著名的凱旋門提供了設計建議，並與當時一些主流古典學者保持聯繫。我幾乎完全是在瓦堡研究所圖書館中進行所有研究的，只要跟隨著構成這個故事的線索即可。這是篇非常瓦堡式的文章，因為它完全由可以在瓦堡研究所尋得的主題所引導。[13]

你在瓦堡研究所有很多無法做到的事情。舉例來說，你無法進行第一手的手稿研究。但我在其他地方所做的很多事情，是從我在圖書館所獲得的經驗而來，通常是在書架上翻閱一本從未寓目的書，然後跟著書走，而不是去想：「我是一位研究人文主義和哲學的歷史學者。這是藝術史，這不適合我。」一切都是目標。所有的一切都適合我。我最初是從休斯克身上學到這種態度，但我在瓦堡研究所，尤其是作為圖書館員的工作，進一步發展了這種態度，引導我思考：「這些全都能融合在一起，就如同在圖書館裡擺放在一起一樣。這一樣能加強另一樣，並使之更加豐富。」

## 阿比．瓦堡的編制類別如何保持？其是否仍有助進行研究？

告訴其他人這是一九二〇年代設計的分類系統時，他們常會說：「顯然，它在二十一世紀行不通。」但對必須要購買書籍，並決定其放在圖書館最佳地點的圖書館員，以及對想找到所需書籍的讀者而言，它的效果都非常好，即使——實際上——尤其是如果他們不知道那是什麼書。

如果你來到圖書館，提出了正確的問題，有關古典傳統，以及不同課題如何與之相關的問題，便能找到所需的一切。如果你問錯了問題，則將一無所獲。這就像英國人對啤酒酵母品牌馬麥醬（Marmite）的反應：要不愛它，要不就討厭它。但我已向數百人介紹過圖書館，而分類系統表現非常出色。

例如：二樓有一區名為「文化轉移」（Cultural Transfer），也就是關於一種文化對另一種文化的影響。你可以利用它研究土耳其對匈牙利，或英國對法國的影響，反之亦然。我初入圖書館時，這是個很小的主題，只是阿比．瓦堡感興趣的眾多事物之一，顯然在一九二〇年代更是如此。但現在，這個主題變得非常熱門，並且關於文化轉移的書籍源源不絕，尤其是有關東西方之間的文化轉移。一位長期的讀者對我說：「我從二十年前開始利用這座圖書館，在這區有十五本書，現在你們有好幾座書架了。」

因為圖書館現在屬於一個較大的聯盟，所以部分區域已經消失，但大多數仍持續營運，生機盎然且蓬勃發展。例如：我們有一區講述古典作者的死後世界，這是我在其他圖書館中從未見過的。其中涵蓋了古典文類的存留，如對話、詩歌等，還有各國的古典傳統，以及個別希臘羅馬作家對後來的影響。對接受研究這個近來十分流行的題目有興趣的讀者，將可在書架上找到有關盧克萊修或維吉爾死後世界的書籍。這些是已經形成的主題，圖書館也非常適合容納這些主題。

如果你想了解幽默和天才理論，以及其他文藝復興時期概念之外的心理學歷史，你會一無所獲。但如果想知道文藝復興時期的人認為何謂心理學，則能發現很多資料，因為這是圖書館一直在努力跟上當前研究的領域。除了從一開始就設計得很好之外，我無法解釋為何分類系統能一直發揮作用。這有點像魔法，但確實有用。

不久前，我在帶某人參觀圖書館時，我說：「您正在研究正確類型的瓦堡式主題。您在這裡發現的東西會比預期更多，這意味著您完成工作的速度無法像想像的一樣快，但完成的方式會更好。」一位碰巧聽見的讀者轉身說：「聽她的。這就是發生在我身上的事。我來這裡只是為了一件事，而我在這裡已經待了一年了。」這很有用。是魔法。

## 您的歷史研究與當代哲學有何關係？

我在二〇〇〇至二〇〇三年與兩位英國其他大學的學者，一起參與了名為「新十七世紀哲學史學史」的計畫。他們都研究十七世紀，但學術背景是哲學而非歷史。他們發現我的歷史方法太不哲學，而我發現他們的哲學方法太不歷史。與其中一位笛卡兒專家兼分析哲學家交談時，我說：「您不能單單只看笛卡兒。您必須看到他與誰對應、他的同事是誰、對他的限制、他所處的工作氛圍。」他回答說：「這些完全不相關。我只想知道，這是好的哲學論證還是壞的哲學論證？」在他眼中，其他一切都是學究的蒙昧主義。

然而，對我而言，哲學史理應視為思想史的一部分。正如休斯克所教我的，思想史包括音樂、藝術與哲學。思想史包括人類心靈的所有產物。觀察其中的互動，你可以開始欣賞像波利齊亞諾這樣的人，他既是一位語文學家，又教哲學並寫詩，或者既是詩人，又是哲學家的亨利．摩爾（Henry More）。哲學與其他領域的交流如此之多，將其從範圍更廣的歷史中抽離出來，似乎十分瘋狂。你在文藝復興時期上大學時，要修習三年或四年的亞里斯多德哲學課。這是每個上大學的人都共有的背景，無論他們是成為醫生、律師還是神學家。研究醫生、律師或神學家時沒有考慮到這一背景，就意味著錯過了故事中非常重要的部分。

我的方法甚至也與更具歷史意識的哲學史家的方法不同。我受邀為《劍橋十七世紀哲學史》（*Cambridge History of Seventeenth-Century Philosophy*）撰寫關於道德哲學的文章時，我決定不僅著眼於重要人物，還要閱讀這段時期內任何可能被認為是道德哲學的內容，從類神學著作到決疑論，從人文主義評註與對話到經院派論文。[14]我的目的是表明道德哲學是個廣闊的領域，有眾多作者同聲唱和。而這本書其中一位編輯丹尼爾・嘉博（Daniel Garber）的反應是：「這是目錄學，而非哲學」，這非常令人傷心。我試圖向他解釋，為何在對十七世紀哲學進行歷史概述的書中，有必要包括思想家，即使自那時以來無人讀過他們的著作，而其著作也未曾引向任何境地。我不確定他是否完全相信，但他讓我就這麼做了。

許多學者認為，哲學史只是在尋找從過去的思想，到我們現在的思想的道路。這是個目的論的故事，他們堅信任何哲學史都必須講述這個故事。好吧，這是哲學史的一個故事和一種方式。但是，死胡同——沒有去處，也沒有任何影響的想法——也值得研究。我感興趣的是文藝復興時期哲學告訴我們的事，關於文藝復興時期、關於十四世紀至十七世紀，而當時思想發展的所有方向，都是研究的內容。並非所有方向都引向二十一世紀。如果你只想知道這些，那顯然許多文藝復興時期的觀念都無關緊要。但若你將哲學視為廣大文化中的一項要素，那麼所有哲學思想家和作家，即使是後來被人遺忘的那些，皆與後來繼續具有影響力的人，同樣屬於故事的一部分。作為哲學思想史家，我研究特定時期中以任何外貌出現的哲學，無論其是否有後續影響。這可能無法揭示下一世紀或現在發生的事情，但在我看來，在處理「過去」這個面向上，這似乎是種更豐富的方式。我還試圖進行廣泛的閱讀，不是為了詮釋主流哲學家，而是要掌握他們和其他思想家身處的思想世界。換句話說，就是每個人發展自己思想的歷史環境。所有作家都為當時發生之事的全貌有所貢獻。

舉個例子，我先前提到的魯本斯畫作中的那本書，是奧理略作品的某一版兼評論，可能從未寫出來過；如果有寫出來，現在也遺失了。我通常不寫不存在的書籍，但我覺得那裡有個有趣的故事，可以告訴我們為何十七世紀的人對奧理略感興趣，以及十七世紀的人對他的思想採取何種方法。一本未完成且可能未付諸成文的書籍，顯然不具影響力。然而，這幅畫記錄了安特衛普（Antwerp）的某一時刻，當時藝術、古物學、人文主義、愛國主義和希臘文學間出現了特定的聯繫，而這些集中在奧理略一人之身。

## 您如何訂定主題並決定其範圍？

正如我說過的，基本上是跟隨我的直覺。例如：我剛開始研究奧理略時，就是那種「狗在那晚沒有吠叫」的情況，因為我意識到即使現在將其視為最著名的斯多葛派哲學家之一，但他在文藝復興時期似乎沒有發揮太大作用。他為何不在那裡？當然他是在的，但並不明顯。我開始翻找，意識到重新發現奧理略是十七世紀的事件：這時出現了許多版本、評註和翻譯。我看到了一個叫湯瑪斯．蓋特克（Thomas Gataker）的人，雖然我先前並不知道他，但他在空閒時間——他的工作是清教徒牧師——為奧理略的《沉思錄》撰寫了或許是最為博學的評註。我受到蓋特克吸引，發表了一些關於他的文章。[15]

發現了像蓋特克這樣的人後，你就可以問：「他還寫了什麼？他還做了什麼？他認識誰？他通信的人是誰？在何種脈絡下產生了這號人物？」然後採用橫向的研究取徑，而非按時間順序從A點移至B點的縱向取徑，從而逐漸擴大視野。正是這幅更廣闊的畫面、可以利用哲學朝不同方向發展的方式吸引了我。

蓋特克驚人博學的評註，以蠅頭小字雙欄印刷在數百頁上，我在閱讀時發現其中對聖經的引用，多於對哲學著作的引用。這裡有個故事。這是蓋特克身處文化的一部分。他受奧理略吸引是有原因的。你可能會說：「他扭曲了奧理略，因為在讀異教徒的羅馬皇帝時，不應帶入詩篇或聖保羅。」但是，對作為思想史家的我而言，我想了解人們如何運用哲學，解釋他們自己的世界和所關注的事物，而我的意見是，這並不是一種扭曲。這是一種創造性的改編。

## 您如何看待文藝復興時期基督教對異教徒思想的改編？

人文主義哲學家尤斯圖斯・利普修斯（Justus Lipsius）受到研究古代斯多葛主義的歷史學家諸多批評，他們說：「他將斯多葛派哲學基督教化。他帶入了無關緊要的神學考慮，而且扭曲了真相。」我感興趣的並非斯多葛主義的真相。對我而言，利普修斯的重要意義在於，他利用斯多葛主義做了什麼、他如何改編它、如何使其與自己時代關注之事進行對話，包括宗教在內。扭曲不是正確的詞。過去的思想家利用哲學來理解自己的世界。對我而言，還原這一點會比僅看其所處時代來理解古代斯多葛派的純粹主義研究取徑，收穫更多。利普修斯想讓斯多葛主義與他同時代的人有所關聯。為此，他不就其本身來理解，而是以十六世紀能理解和應用的方式。就我個人而言，我不認為這是人文主義研究取徑對過去的背叛。這可能是你如何看待哲學史的一個觸發點。你認為利普修斯所為是背叛嗎？你認為它是扭曲嗎？或者，你是將其視為意圖讓古代思想與自身時代產生關聯的改編？若其與思想家的時代無關，那麼就是最狹義和最糟糕意義上的古物學。

文藝復興時期的學者認為，古代哲學可以為他們與當代人提供某些東西，但要做到這點，它必須有延展性和適應性。他們不認為這是對古代傳統的背叛或扭曲，而是一種讓當代人能運用它的發展，特別是在宗教方面。在文藝復興或近代早期時期，沒有一種哲學能夠蓬勃發展，除非是與基督教如此或那般，達成某種妥協。作為思想史家，我研究人們如何運用過去的思想，而且有時還得忽略原本的脈絡來運用。我不認為這是負面的。對我來說，這是他們所做到最正面的事情之一。

**您的工作方法是什麼？您如何做筆記，在閱讀和書寫時採用什麼技巧？**

我曾在某處讀到，印象派畫家聚在一起時，與期待相反，他們並未討論關於光、顏色和自然的理論，而是談論了哪裡可以得到最好的松脂、最好的畫刷，以及如何繃緊畫布。我想：「是的，這是根本要點！」

我在圖書館時傾向使用鉛筆和紙，並且在紙上做筆記。現在大多數人都直接輸入電腦，但我不這樣做；我會出太多錯。我三年前研究偽亞里斯多德（Pseudo-Aristotle）時，從許多不同書籍中記下筆記。我有很多資料夾，每個感興趣的作品各有一個。每當我遇到對特定作品的引用時，我都會在紙條上寫下它，然後扔進適當的資料夾中。通常同一段落還會包含對其他作品的引用，因此我會影印這些筆記，然後將影本放入所有相關資料夾中。隨著時間的流逝，部分資料夾變得非常大。我在意識到關於偽亞里斯多德《論宇宙》（*De mundo* [On the Cosmos]）的厚資料夾有五本時，就知道了這對我來說會是個大題目！我所做的就是透過資料夾工作，試圖將所有參考文獻編織成一系列的故事。

當然，現在情況稍微複雜一些，因為我蒐集的大部分材料並非紙本。而是下載到我電腦中的PDF檔案，這大大改變了我的工作方式。就我目前研究的課題而言，約半數材料為紙本，另一半則是下載的PDF檔案。因此，我必須在電腦和筆記本之間來回移動。

能夠下載書籍是關鍵性的改變。不久前，我決定瀏覽辛尼卡（Seneca）的文藝復興時期版本時，經歷了一次有趣的體驗。[16] 我想：「我知道大英圖書館裡有什麼，也有在其他地方看過，但還有很多是我沒見過的。我想知道是否其中有線上版。」十六世紀中出版了約莫十二篇辛尼卡的評註本，我在網上找到並下載了其中十篇。而我著手寫這篇論文時，另外兩篇也可以在線上取得了。結果，我有了所有需要的第一手印刷資料的數位副本。這真的是非同凡響，因為過去我會盡可能多找這些資料，還會做筆記，但卻不完全知道我最終開始寫作時，會著重於什麼。

在關於辛尼卡的論文中，我研究的是懷疑論的語文學用途。我觀察各種編者在修訂文本時，如何處理疑問。但是接著我會發現另一位編者做了不同的事，而我則得回來檢查其他編者做了什麼。我將所有東西都放到電腦上後，就不必仰賴六個月或一年前的筆記了，那時我還不知道現在需要什麼。我可以立即查閱這些版本的數位副本。以前，如果這本書在大英圖書館，只需步行十分鐘，那不成問題，但若我必須去巴黎查閱，就確實很麻煩。

我常會發現我做筆記時，停在了最有趣的地方。開始撰寫研究報告後，我意識到：「天哪，他在那之後說了些什麼？我真是白癡。連筆記也沒記。」這發生了有數百次。現在，我可以在電腦上查看原件並說：「是的，那是最有趣的一點，我錯過了。」我仍然覺得自己是白癡，但是修復損失花費的時間要少得多。數位副本讓你能對資料有全新層次的掌控，一如所需一切書籍皆可像在瓦堡研究所圖書館中那樣，簡單地從書架上取下。我最近寫過一篇關於偽亞里斯多德的《論美德與惡德》（*De virtutibus et vitiis* [On the Virtues and Vices]）的論文，所有文藝復興時期和近代早期的譯本在我電腦上都有副本。[17] 因此，當我自問：「我想知道維特・阿默巴赫（Veit Amerbach）怎麼翻譯那個希臘詞？」我只要去用電腦檢查他的版本就行了。幾分鐘後，我便得到了答案。事情有了巨大的變化——我現在利用電子副本所做的一切，都能用實體書完成，但這更快、更方便。在過去，如果你認為必須去巴黎才能弄清楚，可能會決定忘了它。不過，現在可沒有藉口了！

就寫文章而言，我在寫作的同時，想清楚了我想說得是什麼。我結束文章時，內容通常與我剛開始的時候有些不同。我認為寫作是研究過程的一部分。我寫作時經常發現我不了解的東西，然後我就得回頭尋找。現在，我不再像以前那樣篩選裝滿筆記的活頁夾，而是在網路上搜尋第一手史料的數位副本來重新閱讀。這通常要花更多工夫，但機遇十分驚人。

**您在論文〈哲學家和語文學家〉（Philosophers and Philologists）結尾中寫道：現代哲學的誕生是場革命，也將語文學變成了過時的哲學研究工具。[18] 您能描述這個過程，並評論一下語文學仍能為哲學提供資訊，而反之亦然的方法嗎？**

哲學與語文學之間的關係一直是我研究的重點，我所說的語文學是指人文主義者所實踐的古典語文學（classical philology），亦即對希臘羅馬語言、歷史、文化和思想的研究。我一直關注這個議題，而我仍或多或少同意我當時所寫的觀點：在文藝復興時期，哲學與語文學之間互動密切。語文學家和人文主義者為哲學發展做出了寶貴的貢獻。若無語文學家研究希臘文本，對其進行編輯、翻譯和詮釋，並將像是古代斯多葛主義尚存的殘本蒐集起來，斯多葛主義、伊壁鳩魯主義，以及懷疑論，便無法出現在文藝復興時期哲學的地圖上。這點對哲學實踐至關重要。甚至對擁有自中世紀以來之悠久傳統的亞里斯多德主義來說也有影響，讓希臘原文在新的人文主義譯本中重新出現。此外，主要也是人文主義者翻譯了古希臘評註家對亞里斯多德的評註，使哲學家能接觸到他們。因此，在十六世紀，語文學與哲學間的關係十分密切。

隨著十七世紀的西方哲學開始脫離古代哲學——此一過程比通常假設的來得更久——語文學的角色愈來愈邊緣化。人文主義語文學對哲學的貢獻較少，因為像笛卡兒和湯瑪斯．霍布斯這種有影響力的思想家，有意識地將自己與古典哲學區分開來。霍布斯當然有人文主義的興趣，但復興古代哲學不在其中。

近代早期時期則是鴻溝開始擴大之時。古代哲學仍是人們很感興趣的題目，但愈來愈被視為哲學史的一部分，而不屬於進行中的哲學事業。因此，它落入哲學史家的手中，如十七世紀的湯瑪斯．史坦利（Thomas Stanley）和十八世紀的雅各．布魯克（Jacob Brucker）。由於語文學與古代哲學關係緊密，因此也成為了更屬於歷史，而非哲學實踐的工具。

而現今語文學的作用幾乎僅限於哲學史。對研究古代哲學的人來說，它仍是必要的工具。他們必須了解古代語言，因為許多辯論取決於術語的含義，而且他們必須了解一種古代哲學傳統，與另一種傳統之間的關係。語文學在文藝復興時期與近代早期哲學研究中，也能發揮作用，因為這些時期中仍持續產生新版文本，其中許多以拉丁語寫就。因此，我們仍在進行文本考證校勘（textual criticism）的工作，而這需要古文字學、目錄學與語文學的技藝。

現代分析哲學中沒有古典語文學的位置。有句名言「對哲學史說不」也意味著「對語文學說不」：如果你拋棄了哲學史，你也就拋棄了語文學。[19]然而，我希望語文學能在哲學史上保持其功能，希望它不會因所依託的語言與考證技藝過時而消失。但沒有人能保證這點。大多數亞里斯多德的中世紀拉丁語譯本在西元一三〇〇年前完成。整個十四世紀中，無人戮力翻譯亞里斯多德，像是已經以某種方式決定了：我們有了亞里斯多德；我們有了可用的文本；現在我們可以繼續研究哲學。語文學或多或少地退出了十四世紀的哲學視野，直到十五世紀才重新出現。當時人文主義者認識到，需要對亞里斯多德與其他古代哲學家進行新的、在語文學層次上，更加合理的翻譯。語文學一直有再次消失的危險。像人文主義者一樣，我們必須爭取語文學的角色。

**您認為您在職業生涯中捨棄以及學到了什麼？隨著時間過去，對您來說，原本看來真實或重要的事情是否有所改變？**

我不確定我有捨棄過所學的內容。我反而是逐漸意識到，我所學到的許多個別、分散的事實，比起需要將之拋棄——因為如果正確完成了工作，它們就仍是真實的——將其置於更廣闊的脈絡之下，反而更有益處。從更廣闊的角度看待小的、孤立的事實和發現（我在這一個或另一個方向上找到的小故事）時，它們有時看起來會大相徑庭。慢慢地，隨著時間過去，我學會了退後一步，嘗試觀看更大的圖景。我剛開始研究和寫作時，非常不願意提出任何類似於概括或推測的東西。我不想冒險嘗試我所能肯定回答、狹窄且嚴格定義以外的問題。那給了我安全感。

通常，我審閱期刊文章或評估補助申請時，看到有人開始推測，我會想：「啊哈，推測。這真糟糕。」但現在儘管我仍對鉅型理論，和無所不包的解釋抱持懷疑，但我對中階框架比以前要適應得多。

因此，我對真實之事的看法基本保持不變，但我對重要之事的看法則改變了。你的區分是這樣，對吧？我仍然認為可驗證的事實是真實的，但就其自身而言，現在看來沒有比我過去認為的重要。我現在已準備好承認，在更廣闊的背景下檢視並用以回答更大的問題時，事實能產生重要的意義，而我比以前更願意問出這些問題。

這是我最近明白的。我在一九八〇年代末和一九九〇年代初，就偽亞里斯多德《論宇宙》的真實性（authenticity）爭議寫了兩篇文章。[20] 接著我換了新的主題；但大約在十年前，我受邀就後世對《論宇宙》的吸納寫篇文章。所以我回頭看了和你提過的那些資料夾，我將蒐集到的提及偽亞里斯多德著作之內容，持續放入其中，而我發現竟已累積了約三十五到四十篇關於《論宇宙》的參考文獻。我想：「好吧，我會答應。」然而，我寫這篇文章時，不僅是在補充以前的工作，還試著建構出更廣泛的框架。[21]我追溯了真實性的問題，在各個世紀中是如何發展的。我現在有了不同的角度，鼓勵我提出與以前認為重要的問題不同之疑問。我已學到了提出更大問題的價值。

過去幾年中有個困擾我的問題，即中世紀晚期到十七世紀的古代哲學復興，是否能看作一個連續的故事。這是我以前絕不會碰的問題（笑）。但我現在已準備好嘗試描繪出，許多世紀以來古代哲學傳統的軌跡，這對我而言十分重要。如果你從不往後站一步，提出更大的問題——可能不是太大，但至少是中等範圍，而其回答能有某種程度的可信度——那你的工作往往會得到「那又怎樣？」的回應。因此，我想我所學到的是，對推測和概括不要過於恐懼——有點害怕，但不是過分害怕。

## 您對哲學史有何希望？

我主要希望哲學史能作為一門學科繼續存在，因為我認為哲學史遭認定為無關緊要，而這表示有必要為之奮鬥。若你研究的是小眾領域中的小眾分支，文藝復興時期哲學史正是如此，那你會一直意識到它處於滅絕的危險之中。瓦堡研究所絕非理所當然會繼續教授文藝復興時期哲學史，更別說其他地方了。因此，無論是整個領域還是特定種類的哲學史，都有可能滅亡。我非常希望它擁有足以生存下去的智識韌性，但我對此難以肯定。

## 恢復文藝復興時期在哲學史上的地位後，我們可以獲得什麼見解？

我牽掛了很久的是，人們常認為文藝復興時期哲學，被書寫成一個百無聊賴的時期，在哲學史中也只值得寫上幾頁。儘管這種態度仍然存在，但幸運的是它開始消失了。有望的跡象之一是名為「無縫接軌哲學史」（History of Philosophy without Any Gaps）的播客系列。主持人彼得・亞當森（Peter Adamson）做了一系列訪談，自前蘇格拉底時期起，直至二十一世紀的分析哲學。中世紀哲學史家約翰・馬倫邦（John Marenbon）和我在其中一場，質疑了中世紀、文藝復興時期與近代早期間的傳統分界。[22]

理解中世紀哲學的方法之一，是探索其對後來時期的影響。我寫了一篇文章，研究哪些中世紀哲學家在印刷時代初期便已獲得出版。我念研究所時討厭的「搖籃本」書目學訓練，對此非常有用。[23]我發現，十五世紀晚期認為值得出版的哲學家，不一定與現代中世紀哲學史上的哲學家相同。例如：沒有彼得・阿伯拉德（Peter Abelard）或羅傑・培根（Roger Bacon）的版本，而羅馬的吉爾斯（Giles of Rome）是暢銷書作家。考察中世紀對文藝復興時期及其以後的持續影響，或許能有所得。

正如晚近的研究表明，晚期的經院哲學繼續影響了十七世紀的哲學家，即使是霍布斯和笛卡兒這種拒絕接受的哲學家亦然。[24] 即使部分年輕學者開了好頭，但對晚期的人文主義來說，也同樣還研究得不夠多。[25] 從近代早期哲學到現代哲學的過渡時期，古代思想對許多哲學家仍很重要，意味著人文主義者仍發揮了重要作用。例如：蓋特克對奧理略的評註，既是人文主義學術研究的傑出著作，又是對晚期斯多葛派哲學的嚴謹研究。皮耶・伽桑狄（Pierre Gassendi）就伊壁鳩魯現存作品，寫就出色的人文主義版本，以及關於伊壁鳩魯主義的主要哲學論著。我樂於看見這種正在轉變我們對經院哲學與十七世紀哲學間關係之看法的研究取徑，未來也能應用在人文主義上。

哲學史從來沒有任何間隙。中世紀到十七世紀間的三個世紀，並非無事可考。如果你不知道從何看起，可能似乎什麼也沒發生。對文藝復興時期哲學的態度之所以消極，原因之一是其大多出現在對古代文本的評註之中。要讓文藝復興時期的評註有意義，不僅得了解其書寫的語言，尤其是拉丁語，還必須了解作者所用的專業術語。你沒辦法拿起文藝復興時期的評註就開始閱讀。你需要了解傳統與評註者問題背後的哲學和語文學。在評註中，何者新穎、而何者傳統，並不十分明顯。這比閱讀一篇直接了當的論文更難以發掘，因為論文作者在自己的創新上往往更加明確。在文藝復興時期這種時代中，大量的哲學著作以評註形式出現，現代學者常必須重新建構新穎和有趣之處。史密特於此表現出色，展現出文藝復興時期的亞里斯多德評註中，承載了各式各

## 重新發現地中海世界——

## 彼得・米勒（Peter N. Miller）

# 彼得·米勒簡介

彼得·米勒，為紐約市巴德研究院（Bard College's Graduate Center）的院長兼教授。他的研究著作的主要領域大多為近代早期歐洲的文化史與思想史。他的博士論文處理的是十八世紀英格蘭的政治思想史，後來於一九九四年於劍橋大學出版社出版，書名為《定義共善：十八世紀英國的帝國、宗教與哲學》（*Defining the Common Good: Empire, Religion and Philosophy in Eighteenth-Century Britain*）。該書討論十八世紀早期英國所面對的危機，並且將其置於西歐的脈絡之中。美國革命以及國內爭取更高程度宗教寬容之呼聲，挑戰了支撐英國這個國家的主權以及義務原則。例如：美國人以及他們在英國的支持者認為，國家的「共善」（common good）應該是各人透過投票以及獨立思考所決定，而非由國王或是官方教會所決定。

米勒教授在此書之後便將學術重心轉向尼古拉斯·法布里·德·佩雷斯克，並且以他為中心寫作了四本專書，他自己稱其為佩雷斯克計畫。佩雷斯克是十七世紀的法國天文學家、古物學家以及思想家，在他的有生之年是歐洲最著名的人物之一，他也與當時歐洲許多科學家以及文人們（例如：伽利略、魯本斯）保持通信，其人際聯絡網絡相當寬廣，他同時是組織許多人一同探究科學問題的成功組織者。不過，佩雷斯克近乎無窮無盡的興趣，使得他無法專注於任何一門學科，也無法完成作品。他的學習全靠書信和散亂的筆記。雖然在他死後幾乎被完全遺忘，但是有些學者還記得他，並繼續在文章中對他充滿敬意。其中一個是皮耶・貝勒（Pierre Bayle）便對佩雷斯克致上崇高敬意，因為他給予整個文人圈無法估計的幫助。米勒教授便透過還原佩雷斯克浩瀚手稿與信件背後的學術網絡，來探討十七世紀歐洲的文人共和國，以及佩雷斯克為代表的古物學研究。佩雷斯克留下了近七萬多張紙的檔案，因此對於理解十七世紀的博物學、乃至於東方學等等都是極為豐富之來源。

米勒教授揭示這位古物學者的思惟習慣和學術實踐。古物學家不能僅僅基於文本來重建過去的文化；相反，他不斷地運用各種材料來與他手上的殘存文本進行對話，無論是比較古代諾斯底寶石上的圖像，還是阿拉伯硬幣上的圖像。例如：在《佩雷斯克的東方》（*Peiresc's Orient*, 2012）一書中，米勒教授介紹了佩雷斯克對亞洲和非洲的探索，而且從其手稿中可以看到佩雷斯克的創造力，例如：他通過對錢幣學的研究，不僅研究了時裝和服裝的歷史，還研究了頭飾、髮型、王冠和各種裝飾的歷史；而他的語言學研究促使他研究方言中的各種口音。佩雷斯克的這些研究，在這今日的學術分科看來，都是極具創意的視角。米勒教授也在這幾本專書中將當時學術中自然哲學、古物學與現實政治之互動關係合而觀之，闡明在這個時代不同知識領域之間的重疊，以及各自之獨特之處，並且復原了古物學在各種現代學科系譜中所發揮的影響力。米勒教授修正過去部分學者認為古物學是膚淺迂腐的觀點；他透過佩雷斯克指出，古物學的目光與探究不僅被大量吸收到歷史學之中，而且還滲透到現代的大眾歷史之中。這種研究也使米勒教授將古物

*Peiresc's Orient: Antiquarianism as Cultural History in the Seventeenth Century*. Farnham: Ashgate. 2012.

*Peiresc's Mediterranean World*. Cambridge, MA: Harvard University Press. 2015.

*History and Its Objects: Antiquarianism and Material Culture since 1500*. Ithaca, NY: Cornell University Press. 2017.

### 主編論文集

Editor with Graham Burchell and Colin Gordon. *The Foucault Effect: Studies in Govemmentality*. Chicago: University of Chicago Press, 1991.

Editor. *Momigliano and Antiquarianism: Foundations of the Modern Cultural Sciences*. Toronto: University of Toronto Press, 2007.

Editor with François Louis. *Antiquarianism and Intellectual Life in Europe and China, 1500-1800*. Ann Arbor: University of Michigan Press, 2012.

Editor. *The Sea: Thalassography and Historiography*. Ann Arbor: University of Michigan Press, 2013.

## 您早期感興趣的知識領域為何？

我在哈佛大學的第一個學期，修讀了理查・皮普斯（Richard Pipes）的一門俄羅斯史課程。閱讀書單上有以撒・柏林（Isaiah Berln）的《俄國思想家》（*Russian Thinkers*）。[1] 我記得讀過那本書中的一些文章，尤其是〈刺蝟和狐狸〉（The Hedgehog and the Fox）。那真的是我首次感受到某種追求學問的精神：我欽佩柏林的博覽群書，以及他對浩瀚的知識和文化生活的理解能力。隨後我在大學中閱讀了很多柏林的書。然後，當我開始在劍橋讀研究所的時候，我讀了很多喬治・史坦納（George Steiner）的書，後來我有幸在幾個場合見到他並與他交談。我貪婪地閱讀了《語言與沈默》（*Language and Silence*）、《悲劇之死》（*The Death of Tragedy*）、《托爾斯泰還是杜思妥也夫斯基》（*Tolstoy or Dostoevksy*）、《通往聖克里斯托瓦爾的肖像》（*The Portage of A.H. to San Cristobal*）、《巴別塔之後》（*After Babel*）。[2] 柏林和史坦納代表了我在求知上所欽佩那種理想人物。他們兩人都可以舒適地穿梭於看似無邊無境的博學、文學、藝術和音樂領域。這非常吸引我，至於我當時是否有意識到，有學識的人與教授兩者不必然能劃上等號？我不曉得。

柏林，在某種程度上，激發我對思想史的興趣，從而讓我進入了劍橋（麻州）。在哈佛大學的第一年結束時，我把自己的關注力集中在歷史和哲學上，以此作為一種鑽研思想史的方式。我的老師華萊士・麥考菲利（Wallace T. MacCaffrey）是研究都鐸與斯圖亞特王朝的歷史學家，他建議我閱讀約翰·波考克的《古代憲法與封建法》。[3] 碰巧的是，因為我母親是研究英國歷史的學者，並且曾教過歐洲近代早期史的概論課程，所以在我們的書架上有一本她的《古代憲法與封建法》。我整個夏天都在閱讀此書，我深深為其所著迷，並且認為該書極具說服力。麥考菲利的建議是正確的，而且那本書讓我將興趣轉向政治思想史。接著，我閱讀了昆丁·史金納的著作，首先是他在一九六〇年代末發表的方法論論文，如〈觀念史中的意涵與理解〉（Meaning and Understanding in the History of Ideas），然後是《現代政治思想的基礎》（*The Foundations of Modern Political Thought*）。[4] 在史金納之後，我接著閱讀了理查·塔克（Richard Tuck）的《自然權利理論》（*Natural Rights Theories*）。[5] 我決定申請攻讀劍橋大學博士學位，並且由史金納和塔克指導。

## 您是如何找到論文題目的？

通過失敗。我來劍橋是為了研究十七世紀英國政治理論家詹姆斯·哈靈頓（James Harrington）在他的《大洋國》（*Commonwealth of Oceana*）中對「希伯來共和國」概念的使用。我以為我會研究文藝復興時期晚期關於希伯來共和政體（Respublica Hebraeorum）的文獻。但最終該計畫沒有成功；後來關於十五、十六世紀和十七世紀義大利猶太人政治思想史的研究計畫也沒有完成。[6]

那時是我在劍橋大學第一年的三月。我腦海中有種沙鐘正在一點一滴地流逝的感覺，我的博士獎學金為期三年，而現在已經過去了六個月。要想在短時間內解決問題的唯一辦法，就是回到更熟悉的主題——英格蘭歷史。我沒有讀過任何關於十八世紀的資料，所以我決定這便是自己要研究的對象——這是個偽裝成可行的瘋狂決定。史金納一直耐心地跟我討論最初的兩個論文主題，現在他也給予我這個新題目的書目，提出了幾條具體建議。這是一篇相對容易撰寫的論文——所有的材料都是出版品。對於要閱讀這些書籍而言，劍橋是一個非常好的所在，而劍橋沒有的書，大英圖書館一定會有。[7]

但是，那些失敗的研究主題，也許更多的是，那個陶冶學問的理想，仍然留在我的腦海裡。第二年，也就是我在劍橋大學的第二年，我利用業餘時間從公共圖書館借閱音樂唱片來自我教育。最終，我在週末的借閱習慣把我帶到了克勞迪奧．蒙特威爾第（Claudio Monteverdi）的歌劇《波佩亞的加冕》（*L'incoronazione di Poppea*, 1643）中。我在一個週五辦理了借閱手續，週六晚上坐在我那搖搖晃晃的公寓客廳里，俯瞰著仲夏公地（Midsummer Common），然後一邊聽歌劇，一邊讀劇本。我從中注意到近代早期威尼斯政治作品的許多主題。同樣的好奇心也驅使我在那學期旁聽了關於蒙特威爾第的一門課。在某個時候，我把一些想法寫在紙上，然後給講授這門課的教授伊恩．芬倫（Iain Fenlon）寫了封信。我們所合寫的那本關於蒙特威爾第與其在地知識背景的小書，便是起源於此。我的研究就是透過這途徑回到了歐洲大陸，儘管當時我並不知道。[8]

在進行蒙特威爾第計畫的同時，我開始對斯多葛主義感到興趣，特別是對近代早期語文學家和新斯多葛主義的尤斯圖斯・利普修斯。通過利普修斯，我開始接觸到彼得・保羅・魯本斯，因為魯本斯為利普修斯著作繪製插圖。我在幾年後造訪了安特衛普，參觀了普朗坦—莫雷圖斯博物館（Plantin-Moretus Museum）和魯本斯故居，並且被魯本斯這個人物深深吸引。我在那裡買了一本魯本斯書信的平裝譯本。[9] 在這些信件中，有許多是寫給一位名叫尼古拉斯・法布里・德・佩雷斯克的信。從魯本斯寫給他的信中清楚呈現出，這位收信者對許多不同的嚴肅話題都有深刻了解。我很好奇這個人是誰。

**對於一個先前研究十八世紀英國政治思想的人來說，佩雷斯克是一個不同尋常的選擇。**

確實如此。我經常把佩雷斯克計畫描述為我的教授資格論文（*Habilitationsschrift*）——在一門截然不同領域的第二部作品。我當時所處的人生階段——我在劍橋的六年時光即將結束——並不需要負擔太多義務。我正在申請工作。我剛將自己第一本書的書稿寄出。那一年（一九九二年）十二月，在巴黎索邦廣場（Place de la Sorbonne）的富杭（Vrin）出版社的二手書部門裡，我讀到了十七世紀法國哲學家皮耶・伽桑狄所寫的佩雷斯克生平，和佩雷斯克寫給義大利學者卡西亞諾・達爾・波佐（Cassiano dal Pozzo）的信。[10]讀完這些書後，我接著前往在劍橋大學圖書館豐富的館藏中挖掘。我在書架之間徘徊，抽出關於佩雷斯克的各種書籍，這完全不是出於實用考量；我那時完全不曉得自己會投入接下來的二十五年研究他。我很好奇：這個人是誰？關於他有什麼可以進一步了解的呢？

一九九三年六月，我在威尼斯進行一些研究，本來打算針對蒙特威爾第寫出我的第二本書（不過最終的成果是一篇文章）。在威尼斯時，我讀了佩雷斯克寫給義大利人文學者洛倫佐・皮格諾里亞（Lorenzo Pignoria）和保羅・瓜爾多（Paolo Gualdo）的信。我每天穿越聖馬可廣場前往聖馬可國家圖書館（Biblioteca Nazionale Marciana），那在天氣晴朗的一個月，透過閱覽室敞開的窗戶，聽到潟湖的聲音——這真是如夢似幻。佩雷斯克的字跡很清晰，即使沒有經過任何訓練的我也能看懂，他帶著我回到了艾克斯（Aix）。這麼說或許有些荒謬，但是我們研究者也是人，而人的經歷會影響我們的研究思惟。我不是特別記得那些信的內容，但我記得很清楚，閱讀這些信的經歷就像是我想要的生活。

那個夏天另一個改變我人生的經歷是唐納德・凱利和康斯坦斯・布萊克維爾（Constance Blackwell）在華盛頓特區的福爾傑莎士比亞圖書館（Folger Shakespeare Library）所舉辦關於歐洲近代早期思想史，為期三週的研討會。[11]我在那研討會上探討佩雷斯克的埃及學研究，並且在福爾傑圖書館和美國國會圖書館中進行研究。關於佩雷斯克和埃及的最新專著後頭的腳註，指出了現存的手稿材料非常豐富，以及仍有許多研究尚待進行。[12]我在福爾傑圖書館研討會的演講，是我第一次在公共場合討論佩雷斯克。

## 您是從什麼時候開始將自己視為一個研究古物學的史學家？

福爾傑圖書館是劍橋和芝加哥大學之間的中途驛站。一九九三年秋天，我作為博士後研究員來到芝大。我對古物學的看法是孕育自我對佩雷斯克的研究中，不過過程是逐步緩慢的。我在芝大的第一年，閱讀了有關近代早期歐洲東方研究的書籍，並為第一次前往卡龐特拉（Carpentras）進行研究做準備，佩雷斯克的手稿就存放在那裡的市政圖書館裡。我列出了一份相關清單，特別是那些密集地記錄下了他對東方興趣的手稿。東方研究是我早期對埃及學之興趣的擴展，因此一開始指引我尋找到線索的不是古物學，而是埃及學這個早期興趣。

我二十年後的書《佩雷斯克的地中海世界》（*Peiresc's Mediterranean World*）的核心材料，便是卡龐特拉的這兩卷書，我記得在一九九四年六月的那次研究旅行中，我將這兩卷書標記出來要加以仔細檢閱。[13]我翻了幾頁，但是卻無法從中讀出任何東西。佩雷斯克的字跡清晰，但當我看著那些他寫給黎凡特的信件副本時，我認出他的秘書們的各種筆跡——他在許多年的時光中共有十到十二個秘書——我心想：「該怎麼解讀這些材料呢？」

令我著迷的是，在他那些按收信人字母順序排列、對外往來信件的卷宗中，他有時會把隨同寄給指定收信人的額外信件一併歸檔。檔案系統記錄了他的通信路線，就像某種放射性同位素一樣，讓我們得以追蹤一些無名的人物，這些人標誌出了往來黎凡特信件的眾多路線：在馬賽，有葡萄牙的調停者、船主、船長；然後在埃及、敘利亞和黎巴嫩，有商人、外交人員和四處移動的行商。如果說主要的信件往往是寫給知識程度更高的一類人，比如貴族旅行者或傳教士——亦即我的朋友瓊—保羅．魯比斯（Joan-Pau Rubiés）所研究的一類人，我從他的著作中獲益匪淺——那麼其他的信件則是寫給不會被學者留意的那一類人，亦即那些我們根本不會留意的那些人名，這些人有點像羅伯特．波以耳（Robert Boyle）身邊的「隱形助手」（invisible assistants）。[14] 我對這種交流的豐富性很感興趣。但是，我又該如何著手研究呢？我當時毫無頭緒。這不是我本科時感興趣的思想史，也不是我自己作為研究生和助理教授所寫的那種思想史。我告訴自己，我是把劍橋學派所使用的那種概念分析，帶入安東尼．格拉夫頓所寫的那種學術史，並把這種結合應用於針對非學者的研究。但是具體上該怎麼進行呢？

在第一次造訪佩雷斯克檔案館後，我同時感受到無窮可能性和極高的難度——我當時無法從自己意識到非常豐富的材料中，得出任何有意義的發現。我看不懂這些筆跡，即使能看懂，我也知道，我還不清楚什麼問題能讓我在這些書頁中找到有趣的答案。

相反，為了給自己爭取時間，我設法從這些材料中尋找出，佩雷斯克如何研究東方語言和歷史，這類能大致上能自成體系的故事。我把這個檔案想像成一塊巨大的大理石板，打算從上鑿下這些自成體系的石塊。這些石塊便是佩雷斯克手中的材料，其由來源自他的一些零星研究計畫。我花了大約十年的時間來出版這些作品，並且最終將他們收錄在《佩雷斯克的東方》（*Peiresc's Orient*）這本書裡面。[15]

在進行這個工作的時候，我幾乎是同時地開始蒐集有關後世作者，如何引用佩雷斯克的資料。這起初是一種沒有設定目標的被動性工作。後來，我意識到這條小徑也勾畫出了有關古物學的一段簡史。關注重點較為狹窄的這部分研究，最終成為《佩雷斯克的地中海世界》一書最後頭，關於佩雷斯克如何被接受過程的附錄。目光較為寬廣的那部分研究，變成了我最近問世的著作《歷史及其對象》（*History and Its Objects*）。[16] 直到我完成了關於佩雷斯克的第一本書《佩雷斯克的歐洲》（*Peiresc's Europe*）之後，我才開始把古物學作為理解他的框架。[17] 後來，我在自己主編的《歐洲和中國的古物學與知識生活》（*Antiquarianism and Intellectual Life in Europe and China*）和《莫米格利亞諾與古物學》（*Momigliano and Antiquarianism*）兩卷中，以更廣闊的共時性和歷時性，來探究古物學這門學問。[18]

## 是什麼讓佩雷斯克對近代早期史的思考有如此豐碩的成果？

其一，他留下了一個檔案庫。事實上，他是一個將自己著作極為完整編纂起來的人，他的材料被保存了很長一段時間而未曾被研究——因此幾乎保持了他離世時的原樣——這也使他成為了一個有待被研究的學者寶庫。佩雷斯克成為一座瞭望台之所以可能，其背後的物質條件是七萬多張紙的檔案。

另外一個原因便是佩雷斯克這個人體現了許多重要課題。一九九〇年代中期，正當我發現佩雷斯克對撒瑪利亞人的研究，並探索近代早期多語言對照本的聖經中，所收錄的撒瑪利亞人材料時，我也在試圖完成一本關於十七世紀文化中斯多葛主義的專著。但後來我意識到，我可以寫一本關於十七世紀斯多葛主義的書，同時也可以作為對佩雷斯克的介紹之作。他的個人舉止、宗教信仰、社會生活、政治激進主義，以及，是的，他對過去的體悟，似乎應證了我在關於十七世紀英格蘭、義大利、西班牙和法國的書籍中所讀到的東西。此外，我還意識到，我不能衷心地去期待會有多少人知道佩雷斯克是誰。如果我最終決定要來解讀卡龐特拉的所有手稿，亦即它們當中令人驚嘆的細節——我很清楚，這些手稿的趣味之處，若沒有到神聖性那麼誇張的話，就在這些細節裡面——那麼，我首先要寫一篇更一般性的介紹，說明為什麼他值得被人了解。這就是《佩雷斯克的歐洲》一書的概念起源。[19]

近代早期始終令我感到興致盎然的一點，便是這時期處於不斷變動之中。新世界、新大陸、新體裁、新學科、新技術、新食物、新資源、新社會階層、新政治期望——所有這些碰撞，既使人感到許多不穩定和痛苦，但也讓人在知識上產生了巨大創造力。我們甚至可以說，佩雷斯克的那種好奇心是近代早期的產物嗎？或者，在當時法國南部那樣的碰撞地帶，這是一個心智正常的人生活在那裡，會出現的正常模樣？

最後，傳記是掌握巴洛克時期這種百科全書式野心的理想手段。我們驚嘆於佩雷斯克或耶穌會學者阿塔納奇歐斯．基爾學（Athanasius Kircher）等人，他們所涉獵擅長的領域如此廣泛。珍奇屋（Wunderkammer）對我們而言之所以是個難以理解的對象，是因為我們認為其中所能達到的各種目的，彼此是分離的，並且認為由一個人來打造一間珍奇屋是狂熱的。對我而言，顯而易見的是，如果一個人做的各種事情在我們看來彼此截然不同，或者被我們歸類為不同的活動或學科的話，那麼這些事情對那個人而言，必然沒有那麼大的差異。從傳記中得到了這個直截了當的事實，讓我有理由去假設研究自然、古物、活人這三者之間有所聯繫。如果這三種追求可以在一個人的頭腦中共存，那麼在我看來，它們之間必然有某種聯繫。至少從方法論的角度來看，這本書是部傳記，它既能回答較微觀的問題，如巴洛克時代的這種獨特百科主義為何；它也能回應較宏觀的問題，如這時代所存在不同知識領域之間的關係。當我闡述這種想法時，我還沒有讀威廉．狄爾泰（Wilhelm Dilthey）的傳記，不然我會使用他的「聯繫」（nexus）一詞。[20]

**《佩雷斯克的歐洲》一書的副標題是：十七世紀的學問與美德（Learning and Virtue in the Seventeenth Century）。該書的研究如何影響了您去理解近代早期文人共和國，以及學者社群的道德層面？**

我用「學問和美德」這一個短語來指出，歐洲學術史上有一個重要因素被忽視了。中國藝術史學家柯律格（Craig Clunas）說佩雷斯克「簡直是位晚明士人啊！」他的意思是，中國古物學傳統本身及其研究方法，皆正視學者與學術之間可能存在的情感關係。[21] 並非所有的歐洲學者都能夠察知到這種感覺，或是加以表達出來，但是歐洲古物學的現代學術研究，幾乎將近代早期學問實踐的這個面向完全壓抑下去。[22]

學問（learning）是一個非博學傳統的術語。我之所以提到學問，是要暗示那些聽得懂的人，這本書不會只是一部關於博學傳統的歷史。在猶太古典學問的世界裡，人們用這個詞來代指一種存在方式。不僅要問「你學到了什麼？」還要問「你學得怎麼樣了？」學問指的不僅僅是內容，還包括實踐和一整套經驗條件，甚至可以說它接近於奉獻。相比之下，博學一詞似乎顯得單薄蒼白。

如果學問是指一種整體生活方式，那麼它實際上可能更適合搭配的詞是修養（Bildung）；修養這個詞在十八世紀日耳曼地區被廣泛使用，但卻有太過濃重的歌德和畢德麥雅（Biedermeier）格調，所以不能夠隨意地使用。對於那些確實知道其含義的人來說，將其用於十七世紀初期的法國・義大利世界便是種時代錯置。所以我選擇了德行（virtue）一詞，它的作用差不多，儘管這個詞沒有具體的社會元素，而且在英語中的道德意味較為強烈。

從美德和學問的結合來思考佩雷斯克，並不會讓人有時代錯置的感覺，因為這就是他的生活方式，即使他沒有自覺地去如此（或用其他方式）描述自己。這顯然是鬆散的傳記式寫作的一個優勢：它切斷了後世的我們可能想強加給過去的類別框架。阿納爾多・莫米格利亞諾在一九七〇年於哈佛大學關於古希臘傳記的演講中指出，BIOS（βιοσ）這個單詞既指世界，也指生命。[23]他認為，這種雙重意義為古物學家和傳記作家所實踐的學術重建上，提供了理論基礎。古物學家和傳記作家只需把事實放在已有的鷹架上，而不需要去組裝鷹架（論證）後，再加上事實。莫米格利亞諾之所以在探討這種平行關係，是因為他對於如傳記和文物古蹟等「類歷史」（para-historical）文類（這是思想史家馬克・菲利普斯〔Mark Phillips〕創造的術語）感到興趣，認為這種文類可以讓我們更深入理解原先較為熟悉的歷史著作類型。我對進入專業化的學問及其與人的關係感到興趣。

## 您是如何摸索出最終將《佩雷斯克的地中海世界》完成的方法？

這要追溯到一九九四年我第一次去卡龐特拉旅行時，我嘗試閱讀佩雷斯克寫給商人、船長和葡萄牙人的那兩本裝訂成冊的大書，儘管當時並無法看出個究竟。我不僅讀不懂，而且不曉得如何運用它們。它們屬於培根在《學術的進步》（*The Advancement of Learning*, 1605）中描述為「全書中與故事無關的段落」的那種史料類別。[24]我到那時為止所涉獵過的一切，都無法幫助我理解這批材料。我必須自己設法弄清楚。

當然，最後我讀懂了，而主要就是透過悶著頭不斷地去撞牆的方式。但後來我意識到要讀懂它們，其實並不是最大的問題。我能讀懂這些文字，但是那些散布在信件上的瑣碎事實，比如關於運輸包裹的說明、馬賽檢疫制度的形式、糧食價格，或者碼頭上無名居民的姓名——該如何利用這些資訊呢？

我向考古學取師，從中世紀歷史學家麥克．麥考密克（Michael McCormick）的《歐洲經濟的起源》（*Origins of the European Economy*）一書開始。我很欣賞麥考密克如何從極少的史料中榨取資訊。我的考古學教育讓我接觸到了伊恩．霍德（Ian Hodder）和麥克．尚克斯（Michael Shanks），最後又回到了柯靈烏（R. G. Collingwood）。[25]考古學家接受的訓練，便是要去找出資訊，從他們的史料來源中榨取一切，無論他們擁有的資料是多是少。我曾與佩雷斯克一起思考這個問題，佩雷斯克對於證據有著傑出的想像力，我稱其為能夠將某一事物，想像成為許多不同問題之答案的能力。我認為這是考古學家非常擅長的工作。歷史學家，尤其是我們這些比較晚近的歷史學家，不需要去鍛鍊這種特殊能力，因為我們已有大量資料可資利用。但是，史料愈多，我們反而愈需要這種能力來最大化擷取資訊的效率。我用考古學家的方法來研究佩雷斯克的檔案，想看看怎樣才能盡可能地從中提取出更多的資訊。這讓我開始思考佩雷斯克與商人的關係，以及如何理解他們為何，以及如何存在於他的檔案中。在卡龐特拉有那兩本登記簿。我不斷地問自己同一系列的問題。首先，商人的存在意味著什麼？然後，那我要怎麼能用它來闡明佩雷斯克呢？我怎樣才能用佩雷斯克來說明他所處的環境，無論是那些無名的幫手，或是馬賽的實際環境？我該如何以公共檔案館為背景來研究佩雷斯克，以及反過來說，我如何用佩雷斯克的思考方式來利用公共檔案館？所有這些問題只是不同的策略，讓我能夠嘗試像考古學家一樣，對待自己的珍貴檔案，並確保在我完成研究時，我已經盡最大努力從史料中榨取資訊。

麥考密克讓我認真思考了地中海。然而，我很早以前就寫過文章探討費爾南・布勞岱爾的《地中海史》，那就在我要申請由波考克指導的研究生申請文件當中。[26]在閱讀麥考密克著作的同一個夏天，我還讀了佩雷金・霍登（Peregrine Horden）和尼古拉斯・珀塞爾（Nicholas Purcell）的《腐化的海》（*The Corrupting Sea*）。[27]不久之後，我講授了一門關於地中海的專題研究，這讓我第一次有機會花大量時間閱讀戈伊坦（S. D. Goitein）的六卷本《地中海社會》（*A*

*Mediterranean Society*）。[28]在那裡，我發現了與佩雷斯克的檔案中同樣令人目眩神迷，關於人類社會裡鉅細彌遺之細節，於是我開始閱讀戈伊坦的著作，認為它不僅可以作為了解中世紀開羅，還可以是理解近代早期馬賽的指南。他在碎片中尋找故事的能力成為我日後學習的模範。麥考密克和戈伊坦的方法都引起了我的共鳴，因為他們的研究方法似乎也與佩雷斯克本人所見略同。

關於考古學家還有一件事。當他們將一個物件以不同的方向轉動時，其實他們就正是在提出各種問題。物件可以給出許多答案，但是其實答案本身的重要性並沒有那麼高，因為它們總是可以被從任何角度加以挑戰。被提出的問題反而可能會帶來更豐富的成果。柯靈烏的著作對我來說非常重要，因為他提供的解釋學理論，不僅是建立在提出問題，而且特別是基於考古學家角度的提問。他是牛津大學哲學和考古學的教授，這也是有幫助的。在我的想像中，應該沒有太多人曾經同時擔任這兩個講席教授！我很早就知道柯靈烏的種種事蹟了。史金納曾給我講過這樣一個故事：第一次世界大戰期間，他每天上班路上都要經過阿爾伯特紀念亭（Albert Memorial），這讓柯林烏提出了以下概念：對歷史的理解必須要將「觀念放在脈絡中。」但直到我讀了柯靈烏的自傳，我才意識到他對阿爾伯特紀念亭的研究方法，也就是「脈絡中的觀念」（ideas in context，史金納主編的系列叢書即以此為名，我的博論也出版在這），是如何衍生自他作為一名田野考古學家的實踐中。[29]

我從史料開始著手。但是，隨著佩雷斯克的研究計畫在這許多年之間逐漸開展，我同時也以另一套方法並行進行研究，此方法不以考古學和方法為中心，而是聚焦在地點和方法上。我有一次曾與法國歷史學家馬克・富馬羅利（Marc Fumaroli）促膝長談，當我在閱讀十七世紀的法國和義大利文學時，深受了富馬羅利的啟發，讓我意識到要重建法國地中海歷史的重要性。[30] 我意識到這段歷史便是佩雷斯克的故事，若是要重新思考十七世紀早期的法國地中海，沒有比佩雷斯克更適合的人物了。所有對這個主題感興趣的人，都將注意力放在法國征服阿爾及利亞及其後續發展，或者是柯爾貝（Colbert）和路易十四時期的法國地中海。[31] 和富馬羅利的談話使我又重新閱讀布勞岱爾的作品，以及首次去閱讀戈伊坦的著作。

戈伊坦對地中海的藏經庫視角幫助我意識到，我過去所糾結如何運用培根所謂的「全書中與故事無關的段落」這個問題，其實這些段落本身便是另一連串值得探討的問題。當時我正在完成關於佩雷斯克東方研究的數篇論文，並且思考接下來要寫一本關於歐洲東方研究的通論書，還是要從地中海的視角來研究佩雷斯克。我剎那間靈光閃現，意識到地中海的框架可以讓佩雷斯克的檔案講述出一段不同的歷史，這樣的決定非常適合我。

**我們還沒有談到您對阿爾納多・莫米格利亞諾的興趣。您從他的學術研究中學習到了什麼？**

莫米格利亞諾對於現代文化史起源於近代早期古物學的觀點，對我極為重要。[32] 這是他在薩瑟講座（Sather Lectures）中輕輕帶過的一個論點（於一九六一至六二年在加州大學柏克萊分校發表，不過最終沒有修改成書，是在莫米格利亞諾死後，方於一九九〇年出版）。[33]這個論點讓我深思那段歷史所能夠連結到的更遙遠之處。我一直在關注近代早期的學術，尤其是佩雷斯克的學術，並且帶著一種對於今日所謂的民族誌、習俗和儀式的強烈興趣。這些主題嚴格來說並不是古物學，因為古物學研究在現代的復興，是由對藝術中的古典傳統感興趣的藝術史家所推動的。然而，莫米格利亞諾以相當宏觀的視野來思索古物學，其中一個最著名的論點，是他將佩雷斯克與伽利略聯繫起來，因為他注意到兩人都服膺基於經驗的觀察。莫米格利亞諾將古物學視為文化史的始祖，他也因此提供了我們一個在思考、理解古物學如何在十七世紀發揮作用的框架。

**您復原了古物學在各種現代學科系譜中所發揮的影響力。以這種系譜意義而言，重新審視近代早期古物學之影響力的重要意義何在？**

沒有單獨一條線索可以牽動和闡明各個學科的歷史。十六、十七世紀的古物學家們花了很多時間鑽研不同的學問傳統，並對過去的事物和制度提出了一些從未被問過，或者說相當久未被提出的問題。他們的答案來自不同地方的資料，就今天的我們看來，可能會視為是不同的學科。但是他們在鑽研的時候，大多數的這些學科都尚未存在。如果說，今天我們把跨學科性

（interdisciplinarity）想像成與學科性（disciplinarity）有著必然的辯證關係，那麼古物學家這種早於學科存在之特質，則為我們提供了一個思索如何發現問題的廣闊領域。

然後是古物學對歷史本身的影響。我想說的是，現代歷史學科的基因中既有古物學的遺產，又有對這個傳承的排斥。首先，古物學家的研究方法是他們對現代歷史研究的主要貢獻。正如莫米格利亞諾指出，在古物學家出現以前，歷史學家的工作，是改寫他們古代前輩學者的著作。而將發現和獲取新史料視為成功標誌的人，正是古物學家。

但同樣令我興奮的是，古物學可能意味著現代文化學科的萌芽——莫米格利亞諾在薩瑟講座中輕輕帶過的一句話。換句話說，一想到文藝復興時期古物學衰落後，留下的產物是考古學、藝術史、人類學和社會學等現代學科，就令人感到振奮。理解這個系譜似乎是解決現代學科中，一些原本難以解釋的特點的一種方法。而且，古物學本身在歷史學中的持久性，也就是其在文化史研究中的歷久不衰，便是需要被回答的問題。

**在最近的一篇關於佩雷斯克的中世紀學術研究的文章中，您提出了一種歷史學理論。在這種理論中，一般被視為正統的十九世紀歷史學研究其實是種突然出現的異類，而二十世紀的歷史學研究則與近代早期的實踐有許多相似之處。[34] 我們真的能看到現代史學與幾百年前的歷**

## 史撰寫之間的深刻聯繫嗎？

我的感覺是，我們所認為的歷史規範形式，實際上可能是個例外。在過去標準的敘事中，愛德華．吉朋把將古物學家的工具箱引入了歷史寫作中，從而將古物學家淘汰入故紙堆的同時，創造出了現代史學。我們認為吉朋、蘭克（Ranke）、麥考萊（Macaulay）和其他幾位十九世紀的歷史學家是典範。學院式歷史寫作由蘭克開創，然後從德國向外傳播，跨越了幾個世紀，一直延伸到我們目前所處的時代。這至少是被普遍接受的觀點。那麼古物學家的情況呢？當吉朋於一七七六年出版了他的《羅馬帝國衰亡史》（*The Decline and Fall of the Roman Empire*）第一卷時，古物學家們並沒有停止工作，而且在二十世紀的學術專著中，仍有不少古物學家的貢獻。

當在我住的老公寓電梯中向鄰居，文學學者莫里斯．迪克斯坦（Morris Dickstein）描述這種看法時，他告訴我羅伯特．艾特（Robert Alter）寫了一本關於小說歷史的書，該書的論點也是如此。[35]無論是歷史還是小說寫作，在十八世紀末有一個時刻，許多人們紛紛都陷入了對某種幻覺論（illusionism）敘事的渴望。作家或歷史學家這種龐畢度藝術中心（Pompidou Center）似的寫作方式（例如：小說《項狄傳》〔Tristram Shandy〕*1，或是小說《約瑟夫．安德魯斯》〔Joseph Andrews〕*2中的那種歷史），後來讓位給了寫實主義。你可以將菲爾丁或狄德羅（更不用說塞萬提斯〔Cervantes〕和拉伯雷〔Rabelais〕），與史考特（Scott）、狄更斯或特羅洛普

（Trollope）進行比較，而他們之間的關係極為類似於古物學家與吉朋、蘭克之間的關係。艾特認為，正是在二十世紀，隨著喬伊斯（Joyce）和現代主義者的出現，鐘擺又擺回了關於實踐、聲音、史料和時間點的反思。而學術專著也都是關於這些層面。

我便是在此時開始思考，關於歷史學的正典觀點，就像對於小說的正典觀點一樣，可能是與實際狀況相反的。例如：海頓・懷特（Hayden White）的《史元》（*Metahistory*）以一組十九世紀的歷史學家（蘭克、麥考萊，基佐〔Guizot〕，布克哈特〔Burckhardt〕）作為歷史寫作的代表人物。[36]我的觀點是，從長期的發展來看，這種歷史著作實際上是例外。在十六、十七世紀，和十八世紀的大部分時光中，實際狀況並非如此，在學術專著占據統治地位的二十和二十一世紀，也同樣不是如此。

我在《歷史及其對象》一書中指出了另外的觀點，這本書我認為是《佩雷斯克的地中海世界》的姐妹作。正如我在這裡所談到，十九世紀充滿了古物學，充滿了以實物為基礎的歷史研

---

*1 譯註：勞倫斯・斯特恩（Laurence Sterne）的代表小說，出版於一七五九年。

*2 譯註：亨利・菲爾丁（Henry Fielding）的第一本長篇小說，也是英語小說的早期代表作之一，出版於一七四二年。

究。十九世紀遠遠不是僅有德國歷史學派的學術史。它的範圍很廣，包括許多其他愛好往昔的人：當地的博學家、在大學以外工作的歷史學家、策展人、鑑賞家、歷史重現表演者、小說家，視覺藝術家。[37]

在研究中運用物質文化的價值在於，當文物在你面前時，這會迫使你更清楚地意識到，你真正在做的工作便是根據史料來寫作。這意味著你必須承認自己所寫的是過去的特定事物，而這些事物一直存在到今天，而且你對它們很著迷。文本也是如此，可以是一首詩，也可以是一份手稿，不一定非要是一塊石頭或一塊木頭。但我們很容易被愚弄，陷入一種以為文本或書只是由文字構成的錯覺，因此我們對其相當熟悉；也不會認為書本是一種人工製品，不存在著從我們的世界消失的危險。而且，我們對於文字會很容易養成，一種用受過大學知識傳統訓練的眼睛來閱讀的習慣。但是當時的世界並沒有以不同學科來劃分。它以原樣出現在我們眼前，我們就必須以它們的實際模樣來理解。

要全面性詮釋歷史性物件，往往都超出了我們的能力範圍。它們當中總是有我們無法復原的東西。因此，以物件為中心的描述，從一開始就被定位為歷史光譜中不完善的部分。培根認為對於古物，這種過去的漂浮物和拋棄物（他的原話是「就像沈船上的木板」）的研究——便是這種「不完美」的歷史。[38] 最後，物件因而可以幫助我們理解各種書寫形式，而這些形式每每都反映出我們無可避免地對過去的有限理解。

企圖將各種東西組合起來賦予一個完整意義，這樣的嘗試則完全是另一回事。這是一項不同的活動，動機來自於不同的事物。你可能會被過去所吸引，並且成為出色學者來還原其模樣，但卻沒有興趣把它變成從一七六〇年到一八六〇年在歷史學家和小說家中，非常流行的那種敘述。實際上，我們可能比起以往任何時代，都比這種在古物學上的「斷裂感」有更大的容忍度。華特・班雅明（Walter Benjamin）想要摧毀歷史敘事的願望，可能已經在學術史的研究中成為「常態」，就如同近代早期古物學家的的非線性、展覽式的研究，已經被融入學術史敘事的脈絡之中，然後就被摒棄。

**在您最近的著作中，特別是《佩雷斯克的地中海世界》，一直在嘗試以新形式、實驗手法來講述歷史。您如何看待關於敘述和呈現檔案的新方法？**

在完成《佩雷斯克的地中海世界》後的某一時刻，我意識到，長久以來始終困擾著那些嘗試書寫古物學的人的問題依然存在：我們所有人都是受過大學訓練的歷史學家，我們該如何書寫被學院史學從專業訓練中驅逐出去的那種學問？這似乎不是什麼大問題。畢竟，人類學家一直都在面對這個問題。但是，人類學家事實上是用西方的分類，來書寫他們的非西方研究對象。他們的同理心是為了保持與被研究對象的聯繫，而不會表現在詮釋與呈現的方式上。一個書寫過去信仰

（比如巫術）的歷史學家，可以透過想像將自己放入到當時行動者所屬的群體中。但是後來寫成的文章或書，則是以科學家的角度，而不是薩滿的角度出發的。

相反地，我想把古物學家的歷史寫成古物學家自己可能寫成的模樣。莫米格利亞諾認為古物學已經不再具有生命了，我們現在研究它的方式，就像我們研究所有死去的文物一樣，是從背景和科學的角度來研究。但如果你不認為這種現象已經死亡，那麼像是解剖屍體，或者用一個外來工具從遠處戳一個物體，或許不是了解這個物體如何運動和呼吸的最好方法。一件事情是如何運作的？回答這問題的唯一方法是去嘗試並且運用它，或許可稱其為學術史學者的實驗考古學。不知何故，現代歷史學家必須先拋棄兩百多年來傳承下來的史家思惟方式。然後，他們才能夠去掌握那種被現代史學徹底取代的既有思惟方式，而且這種思惟方式在現代的學院課程中，已不存在一丁點的蛛絲馬跡。歷史學家撰寫古物學歷史所要面對的難題，恰恰是米歇爾·傅柯在書寫瘋狂史的時候，德希達（Derrida）向他提出的問題。[39] 當史家面對看起來與歷史寫作截然相反的立場與活動，是否有辦法寫出它們的歷史？

考慮到所有這些因素，我在寫《佩雷斯克的地中海世界》的時候，便在設法找到一種方式，可以盡可能呈現給讀者一種未被過濾的近代早期體驗。我想把這本書寫成是這些歷史人物本身，可能會寫成的模樣，或者至少要符合他們的想法和工作方式。我愈深入思考，愈覺得有道理。例如：為什麼每本學術著作都必須看起來一樣？每章一萬字，每本書八章？雖然我能想到一些不好的理由，但這並不具說服力，例如：這是大多數期刊文章的長度，而期刊文章又是許多專著的基礎。

這背後也有一個嚴肅的歷史觀點。古物學家們樂於將運用各種媒介來曝光（above the line）他們的研究，換句話說，便是展示大量的文字或圖片，而不帶有太多的評論。但到了十八世紀，歷史學家們不僅僅是把引文流放到書頁底部或書末，他們還在默默地把各種敘述拼接起來，以消除空白地帶。如果說古物學家的前瞻性研究方法，向讀者展現出了知識、斷層，以及其他種種的具體狀態；那麼敘事方法所發揮的效果，則是將寫作者本人所理解的知識狀態呈現出來。我對於拆解敘事方法背後的戲法饒富興趣。最好能像勞倫斯・斯特恩在《項狄傳》中的手法那樣，以空白的行、段落和書頁來明確說明我們知道什麼，不知道什麼。

這種古物學式、前衛的研究方法，也讓我有機會解決歷史學家的另一個難題：究竟要採取歷時性，還是共時性的方法。有些故事似乎只是簡單地以其中一種，或另一種模式寫出來。但歷史學家通常會做出選擇，而且是會造成徹底不同結果的選擇。當我將各種史料都放到檯面上展示曝光後，我反而能夠根據能夠讓它們恢復生機的最好作法，以差異性手法來處理它們。

我之所以提問：「為什麼每本書都要用相同的方式書寫？」也和我的個人經歷有關。我耗費了八年的時間申請工作，但是都失敗了，這讓我對學術界作為一個企業的層面，產生了一種矛盾的情感。我質疑是否有必要找到一個學術圈的位置，因為這個職位的關鍵特徵（例如：任期或是工作地點）是停滯乃至於過時的，但是得到這個職位的資格，卻取決於各地不斷變化的環境，例如：在專業和制度上的因素。離開十八世紀英國政治思想，而轉向研究佩雷斯克，意味著自己離開了一個非常擁擠和容易辨認的領域，轉到了一個寬廣開放，但也幾乎沒有人關注的研究空間。我記得我和父母坐在客廳裡，母親說：「你這樣等於放棄了那本關於十八世紀的書。沒有人會再去讀它了，因為你已經不在那個圈子為它辯護了」——當然，這就是學術界的運作方式。「而且，」她繼續說，「你將投入一個稱不上專業領域的方向。這是個明智的決定嗎？」她說得沒錯，其中確實有風險！但你得把握住機會。這就是從事創意行業——學術界的另一面貌——的意義，也是我比較熱衷的一個方向，即使現在我的身分是院長。我朝著自己的方向前進，我喜歡為自己打造出屬於自己的學術社群，分散在不同的機構和不同的大陸。

碰巧我進入了一個反映這種觀點的地方，一個以批評形式存在的機構。巴德研究院的成立宗旨，是要去正視藝術史作為一門學科的侷限性，並試圖接納被排除在藝術史之外的東西，比如裝飾藝術的研究。但是，巴德研究院隨著時間推移，整個機構在重點上也發生了變化，這一方面是因為藝術史這門學科變得更加關注材料，另一方面則是因為我們內部的對話文化。整個研究院現在更注重人類科學，來幫助我們通過事物理解世界的不同方式。換另外一種說法是，巴德研究院的目標，是利用古物學後繼學科的工具來重建古物學的綜合性。雖然我在二〇〇一年來到這裡時，對裝飾藝術一無所知，但我已經模糊地意識到，該機構的宗旨和目標與古物學的歷史若合符節。當然，現代的器物藝術史研究起源於古物學，不過將器物視為歷史證據的研究史也是如此。在十八世紀後期和十九世紀上半葉，研究器物的歷史動機和美學動機是分開的。在另一位偉大的十八世紀古代史家約翰・約阿希姆・溫克爾曼（Johann Joachim Winckelmann）的傳記中，人們普遍認為可以清楚看到這種分離性。他是古物學家、歷史學家和敏銳的美學專家。他透過緊張張力所維繫起來的一切，並無法持久保持。與他同時代的、詆毀他的克里斯蒂安・戈特洛布・海恩（Christian Gottlob Heyne）發起的學術論述也同樣如此。溫克爾曼談的是「古代藝術史」（Geschichte der Kunst des Alterthums），海恩談的則是「藝術考古學」（Archaologie der Kunst）。如果說海恩的這個術語，保留了對古物學傳統更明確的信仰，那麼他創造的這個分類，最終會分裂成歷史和美學兩個分支。總的來說，這大體上便是當今歷史和藝術史之間的緊張關係，也就是兩類藝術史學家之間的緊張關係，一種更傾向於把物件作為證據，而另一種主要關心的則是對物件本身的驚嘆。這些過去的傳承還保留在大學系所的名稱上：藝術暨考古學系，以及考古學暨人類學系。

從某種意義上而言，我在自己服務機構的歷史中發現了範圍更寬廣的歷史。在這個觀測所中工作，讓我更加注意機構制度層面上的問題，同時也讓我有了更多的自由，去驗證我對古物學的思考，讓我擺脫了阿比・瓦堡於一九一二年在費拉拉（Ferrara）提到的那種學科邊界限制。[40]

## 那麼今日的古物學為何？現在還有古物學嗎？它仍然存在嗎？

莫米格利亞諾在他那篇著名的文章的最後說，古物學已經死了，但如果要復興它，那必將在法國發生。[41]我認為某些當代詩人、藝術家和作家的作品，就是古物學的現代形式，我深深為他們所著迷，儘管他們可能對近代早期學者一無所知，但仍創作出帶著同樣激情的作品。正如我在前面提到的那樣，當代學術專著，若是用諷刺的角度來看，也是一種古物學研究。這種形式讓人能夠以主題性、結構性、共時性的方式，來掌握史料並且加以闡述。當然，這具有相當諷刺意味，因為專著這個形式本身，便是那次企圖徹底取代古物學運動中的一部分。針對學院學術和寫作視野的狹隘，長期以來的抱怨也與兩個多世紀前對古物學家的批評，幾乎沒有不同。你可以將今日被不屑一顧的學院學者，毫不違和地替換為過去被輕視的古物學家，這是一種確確實實的延續性。

不過，實際上古物學留下的傳承，其實為現代寫作和思考提供了更多可能性，而且它更接近過去的現實，因為它是從過去一路生存到現在。作為歷史學家的工作之一，就是要在過去所留下的雪泥鴻爪和讀者之間，插入一段精心構思的敘述。但是我們沒有答案，儘管我們歷史學家已經習慣於描繪自己擁有答案。我們最多就是能夠嘗試提出一些更有意味的問題。高達美在《真理與方法》（*Truth and Method*）中將十九世紀初菲德利希．施萊爾馬赫（Friedrich Schleiermacher）所倡導的詮釋學等同於歷史主義之主張，也就是要純粹地以過去的標準來理解過去。[42] 他將這種方法與黑格爾的方法進行了對比。黑格爾認為，我們對於必須要去經驗、感覺和思考的那種過去是一無所知的。我們根本沒有方法可以接觸過去。從這個角度來看，歷史主義基本上是非歷史的，因為它提出了過去和現在之間，能夠以一種神話般的方式相遇。但是物件是不同的。它們雖然源自過去，但是一直存在至今。被黑格爾劃下頓號分開的兩側，因為這些物件而被橋接起來。通過它們，現在和過去之間現在有了聯繫。不僅如此，這些物件不僅提供了歷史的可能史料來源，而且我認為甚至可以指出，即它們對於歷史研究至關重要。

這種古物學式、基於史料的方法還有讓追索過去的人，與藝術家進行更密切對話的作用。大衛・麥考利（David Macaulay）的建築插圖，埃里克・德瑪濟雷斯（Erik Desmazières）的古代和現代藝術與珍奇櫃（Kunst- und Wunderkammem）、馬克・狄翁（Mark Dion）對近代早期研究空間的重建，以及格里沙・布魯斯金（Grisha Bruskin）具爭議性的考古裝置，都反映出近代早期歷史物件研究背後的深入思索。我第一次接觸到尚克斯，是因為他研究了十九世紀早期蘇格蘭邊區（Scottish Borders）富有想像力的古物學家，例如：華特・史考特爵士（Sir Watler Scott），他對事物的思考跨越了歷史和表演兩個層面。他與麥克・皮爾森（Mike Pearson）一起從事劇院／考古工作已有二十多年，並用它來探索過去的事物如何延續到我們所處的當代，並且塑造我們的未來。[43] 這些都是莫米格利亞諾未納入設想，仍然活躍於世的古物學。

## 展望未來，您對什麼問題感興趣，有沒有其他人所提出的問題讓您感到有意思？

我們有一種內在的傾向，就是低估別人對我們自己提出什麼的影響力，我有意識到這一點。戰後，每當有人問他有沒有一本真正深思熟慮的書，布勞岱爾總是回問道，你指的著作是要在牢房內寫的，還是在牢房外寫的？真正原創性的關鍵在於，總是要與溝通、交際、社會保持著緊張關係。我可能受過歷史學家的訓練，但在我獲得博士學位後的二十八年當中，我只在歷史系待了兩年。

這意味著我與歷史學家這類人的對話並不多，而其他人的對話則不少。隨著時間的流逝，你會對事物有截然不同的看法。例如：一九九三年在福爾傑圖書館開始的對話，讓我參與了許多關於文人共和國、哲學史、學術史和一些科學史的討論。在巴德研究院，由於我的同事和他們邀請來的人的學術興趣，使我一直沈浸在藝術史家和人類學家的問題中。

所以，回到你的問題。我之前提到過，我後來開始認為研究的前瞻性特質，便是古物學家向讀者展示自己學問的方式。將其歷史學家敘述結構的對比，是我將這種想法化成具體形式的方式。另一個是研究本身究竟為何的問題。我首先關注佩雷斯克如何用研究這個詞，來描述自己在從事什麼，以及他如何解析研究行為。但是實際上究竟何謂研究？為什麼我們要從事研究？這些是巨大的問題。它們指向人類心理和我們集體生活中的深層主題，而且已經跨越了數千年的時間。

**如果要讓您給一些建議，不管是給以前的自己，還是給現在剛踏上軌道，並且還努力地要闡明一項知識計畫的人，您會說什麼？**

一八六九年，年僅二十四歲的尼采，被任命為巴塞爾大學古典語文學教授。他於一八七九年辭職，踏上了前往瑞士錫爾斯瑪利亞（Sils Maria）的曲折之路。他在那十年之間發表許多關於古典語文學的導論性綜覽、希臘神聖儀式、荷馬的演講，還寫了幾本發揮深遠影響的著作：《悲劇的誕生》（*The Birth of Tragedy*）、《人性的，太人性的》（*Human, All Too Human*）和五篇文章組成的《不合時宜的沉思》（*Untimely Meditations*）。在過去的三十年裡，我一次又一次地閱讀關於歷史的第二沉思。但是直到幾年前，我才讀了尼采一直沒有完稿的第五沈思，篇名為〈我們語文學家〉（We Philologists）。[44]我驚訝於他的批評仍然如此切中弊病。當他說我們培養的是語文學，而不是語文學家時，他真正的意思是：「我們培養的是專業學者，而不是知識分子。」我們可以解讀尼采是在抗議「學問與美德」時代的逝去，並且在警告其會帶來的後果。

跟尼采處於相同時代的人物是狄爾泰——只不過兩人在巴塞爾錯過了彼此，後者是在前者離開時抵達此地。幾乎沒有著作將兩人各自的計畫放在一塊討論。狄爾泰的詮釋學思想，將理解的侷限等同於對自我理解的侷限，可能是在回答尼采於〈我們語文學家〉中提出的挑戰。狄爾泰主張，學者作為一個人的自我意識愈強、愈發達，他獲得學術成就的機會就愈大。[45]我認為這是一個有力的觀點。這部分同時也不屬於人文學科的專業訓練內容。[46]所以，對於那些試圖找到自己問題的人，我的建議是：除了「學習某種語言」或者「學習某門技術」，抑或是「掌握這套數據」，我還想說：「更用心地關注自己。對你提出的問題，和你所屬的領域更加自覺，你將因此可以更深入地了解你所要研究的人物。」

**如果我們只以歷史主義和脈絡模式來思考過去，我們會錯失掉什麼？有沒有其他形式的解釋，可能會被認為是前現代的或過時的，但其實提供了我們不同的管道，讓我們與過去有更親密，更富有情感的關係？**

我們需要用更多時間在遊藝（play）上。每當我讀到佩雷斯克要求通信者放縱他的「猜想」時，我總是會加倍專注。我知道這是我能夠捕捉到他將想法大聲說出來的機會。讓我們以佩雷斯克關於一六三一年衣索比亞和西西里島兩地火山噴發之間聯繫的推測為例。他推測可能有地下管道，將火從一個地方引到另一個地方。當然，我們知道板塊構造論，而他並不知道。但是他願意推測。那時，即使人們認真對待這個猜想，也沒有人有工具去探索。但是，我們知道，遊藝是發現新事物的重要因素。我們可以從過去中學到許多更糟糕的事情。

有些諷刺的是，人文學者——或讓我們更狹義地說是歷史學家，他們不再相信有絕對的真理——在形式上而言，比起自然科學家更強烈地認為學術是唯一的標準；相對地，自然科學家仍致力於研究、證實關於這個世界的各種事物。部分原因可以從寫作，以及歷史和小說之間的關係歸結出來。長篇小說和長篇歷史著作兩者在十九世紀的結合，產生了單一且普遍適用的寫作方法。無論是在吉朋之前，或是在布克哈特以後，不同的古物學家與小說家們都是以不同的形式寫作——但以大學為堡壘的歷史寫作並不想改變。

當我在寫《佩雷斯克的地中海世界》時，我思考了很多關於寫作「作為一種認知工具」的問題，這是卡羅・金茲堡曾經向我描述的論點。選擇不同的風格、情緒或語調，將開啟了學術的各種可能性。我們可以思考阿萊特・法格（Arlette Farge）在她那本關於十八世紀巴黎街道的歷史著作是如何發揮的，或是去想想雷納・班漢（Reyner Banham）是如何寫作二十世紀洛杉磯高速公路的歷史。[47] 始終保持一種風格、情緒或語調，實際上是限制了自己的思惟。歷史學家可以從作家身上學到很多東西。我並不是在呼籲歷史學家從分析家，變成像麥考萊那樣面向大眾的說書人。我想說的是，如果我們意識到寫作是我們特定的技術，而不是什麼透明的容器，那麼在為其他專業人士寫作時，我們就可以成為更好的分析人士。最好的文字並不是最清晰的，而是最能說明我們想要表達的特定論點的文字。

這裡有一個真正的機會，它與我們剛才談論的內容有關：游藝。我們需要在對歷史學家的訓練中加入更多遊藝成分。忘記把大數據作為解決一切問題的方法吧。不管我們的史料和工具是什麼，我們若要做出有趣的研究都需要有想像力。沒有了它，我們就宛如尼采在一八七四至一八七五年做練習時所攻擊的活靶。

**最後一個問題。我們在訪問最初，您是從閱讀柏林《俄國思想家》的影響談起。將您所寫的題材、地點和時期的範圍納入考量，再加上那本文集中最著名的一篇文章，您會把自己描述成刺蝟還是狐狸？**

我一直認為自己是狐狸。但最近我找到了自己在一九八六年寫的一篇文章——實際上是我在學生期刊上發表的第一篇學術文章——這讓我稍微反思了一下。這篇文章是討論克勞德·蘭茲曼（Claude Lanzmann）一九八五年的紀錄片《浩劫》（*Shoah*），以何種方式來作為歷史敘事。我研究的中心文本是尼采的《論歷史對於人生之利弊》（*On the Advantages and Disadvantages of History for Life*）和保羅·維恩（Paul Veyne）的《書寫歷史》（*Writing History*）。正如我之前所說，我在這之後多次重新閱讀尼采的第二沉思。

我直到去年才再讀了一次維恩。然而，在我三十年前認真閱讀的一篇文章居然有關於古物學的討論（他稱其為博學，且從未提及莫米格利安諾），維恩認為古物學是被忽視的歷史學夥伴，而且甚至可能是歷史學中的核心實踐方式。他推測以博學而非敘事方式所寫成的書，可能會是什麼模樣，並且堅持歷史學家一定可以從小說家和劇作家那裡，學習到什麼。他甚至從這個角度提出，歷史寫作的偉大時代不是由敘事派主導的十九世紀，而是由博學派主導的十八世紀。換句話說，我在《佩雷斯克的地中海世界》所做的實驗，是在我三十年前讀過的著作所提出的，但我完全忘記了這本書的存在，或者說至少忘記了它的內容！[48]

那麼，我是否不自覺地當了一隻刺蝟呢？閱讀史的學者可能會注意到，這些段落在一九八六年並沒有被劃線或做下其他標記，所以也許我沒有領會它們的意思。當然，如果我不曾讀過那些書，沒有體會過先前經歷過的人生，或許自己也不可能理解它們的意義。即便不是回到了同一個地方，這種回歸仍然令人震撼。它也提醒我們，我們與書邂逅時的魔力：你永遠不知道你讀到的東西會如何影響你，會如何塑造你的未來，會如何留在你的記憶中。這就是為什麼送書作為禮物是一件美妙的事情。有些書是我小時候收到的禮物，我成年後才讀的——作為送給孩子的禮物，這是相當糟糕的選擇——卻有很大的收益。它們在這數十年中間靜靜躺在架上，等待粉墨登場的時刻到來。

# 教父學與古物學的交會——

## 讓—路易・貢當（Jean-Louis Quantin）

# 讓—路易．貢當簡介

讓—路易．貢當為巴黎高等研究實踐學院（École Pratique des Hautes Études, EPHE）博士，現任巴黎高等研究實踐學院的研究中心主任，其研究領域為近代早期歐洲的宗教史與思想史。其博士論文探討的是十七世紀法國天主教會內部批判者（楊森主義者〔Jansenists〕），例如：布萊茲．巴斯卡（Blaise Pascal）、皮耶．尼可（Pierre Nicole）的著作。貢當教授指出十七世紀法國神職人員，乃至於世俗大學對於早期教父抱持著濃厚興趣，並且指出其所帶來的正面與負面影響。貢當教授博士畢業後前往牛津大學從事研究，在此他的題目則是關於教父學與英格蘭國教會之間關係的研究，其成果便是一系列關於英格蘭國教與教父學關係的論文，以及二〇〇九年的專書《英格蘭國教會與基督教古代：其教派身分在十七世紀的確立》（*The Church of England and Christian Antiquity: The Construction of a Confessional Identity in the 17th Century*）。

此書的主題是基督教會教父的著作在英格蘭如何被接受，儘管本書副標題寫的是宗教改革到十八世紀初這段時期。所謂的教父在各國定義各異，不過在英格蘭的情況，大約是西元四世紀至五世紀的基督教作家，屏除了時代較晚被羅馬教會視為教父的作家，例如：格列哥里一世（Gregory the Great）、比德（Bede）都不算於其中。而被英格蘭國教會官方定義為教父的神職人員當中較為著名有依納爵（Ignatius）、居普良（Cyprian）與奧古斯丁等人。《英格蘭國教會與基督教古代》運用了大量手稿以及著作，不僅深化了對於此領域的研究，也對於此時代學術方法發展以及英格蘭大學課程提供深入的觀察。不過貢當教授最為關注的主題，則是英格蘭神職人員如何在神學爭論中賦予教父們權威，並且將其運用在英格蘭國教會自我身分的構建之中。

此外，貢當教授透過本書對教父學的研究，修正十九世紀以降牛津運動推動者所積極宣傳，英格蘭自亨利・薩維爾（Henry Savile）以降，對於教父以及基督教古代的長久崇敬。某些學者認為國教會作家在提到教父時，似乎他們的權威僅次於聖經本身。然而，貢當教授表明，並非所有英格蘭作家都這樣認為。相反地，在國教會中，對教父的尊重並不連續，而對教父的尊重往往是由具體的多次辯論所決定的，而且教父們並不被視為教義的來源，而是被視為有用的引文來源；古代教父的著作，其實在十七世紀被用來證明看似來自聖經，實際上是來自新教神學家作品之教義。

《英格蘭國教會與基督教古代》將教父學歷史悠久的傳統，與英格蘭十六世紀至十八世紀初幾場重要的論戰背景結合起來，尤其是將英格蘭國教神學，與歐陸神學傳統相互參照的作法，是既有英語研究中既為罕見的。貢當指出英格蘭國教會基本上在神學辯論中，將教父的權威置於聖經權威之下，這其實跟歐陸的新教教會差異不大，而少數牧師若是曾經在辯論中，將教父抬高至與聖經同等的地位，那是因為當時激烈的辯論背景，而不是出於對於神學的認識。早期教父雖然是對於聖經真理的見證，有時也有助於聖經解釋，但是國教會與天主教會的論戰背景也意味著，國教會作家勢必要抵制教父的見證可以作為權威來源，或者是給予其任何形式的自主地位。要言之，貢當教授闡明並強調教父學這一看似深奧學問的社會意涵，並且指出英格蘭國教會透過教父學來維持其制度權威，並且正當化其神職人員壟斷這方面的專業知識。

在貢當教授的開創性研究帶領下，二〇一〇年代以降之今已有不少著作重新審視教父學乃至於古物學對於英格蘭教會的歷史，乃至於神學的影響力。最新的集體研究成果請見二〇一九年的論文集《近代早期歐洲的教派化運動與博學》（*Confessionalisation and Erudition in Early Modern Europe: An Episode in the History of the Humanities, ed. by Nicholas Hardy and Dmitri Levitin.* Oxford: Oxford University Press, 2019）。在二〇〇九年後至今，貢當教授所發表的大多為法語論文，其所關心的領域依然是法國天主教會、楊森主義者以及英格蘭國教會與教父學傳統。例如：二〇一四年探討楊森主義者與嚴格主義者的論文[*1]；二〇一五年的近一百頁的長論文〈法國的宗教審查機構（16-17世紀）〉[*2]；以及二〇二一年探討在現代人解讀古代所產生的辯論中，平信徒在其中扮演角色的論文。[*3]

## 著作選編（專書、主編論文集）

**專書**

*Le catholicisme classique et les Pères de l'Eglise: Un retour aux sources (1669-1713)*. Paris: Institut d'études augustiniennes, 1999.

*Le Rigorisme chrétien*. Paris: CERF, 2001.

Co-author with Gérard Ferreyrolles and Béatrice Guion, with the collaboration of Emmanuel Bury. *Bossuet*. Paris: Presses de l'Université de Paris-Sorbonne, 2008.

*The Church of England and Christian Antiquity: The Construction of a Confessional Identity in the 17th Century*. Oxford: Oxford University Press, 2009.

---

*1 Jean-Louis Quantin, "Jansénistes et rigoristes," in *Histoire du christianisme en France*, ed. by Alain Tallon and Catherine Vincent, U (Paris: Armand Colin, 2014): 245-62.

*2 Jean-Louis Quantin, "Les Institutions de Censure Religieuse En France (XVIe- XVIIe Siècles)," in *Hétérodoxies Croisées. Catholicismes Pluriels Entre France et Italie, XVIe-XVIIe Siècles*, ed. by Gigliola Fragnito and Alain Tallon (Rome: Publications de l'École française de Rome, 2015): 97-194.

*3 Jean-Louis Quantin, "La place des laïcs dans les lectures modernes des controverses antiques : libres réflexions inspirées par Civitas confusionis à un historien moderniste," *Revue de l'histoire des religions*, 238.1 (2021): 47-70.

## 主編論文集

Editor with C.R. Ligota. *History of Scholarship: A Selection of Papers from the Seminar on the History of Scholarship Held Annually at the Warburg Institute*. Oxford: Oxford University Press, 2006.

Editor with J.-Cl. Waquet. *Papes, princes et savants dans l'Europe modern: mélanges à la mémoire de Bruno Neveu*. Genève: Droz, 2007.

**您最早是對於哪一塊知識領域感興趣？您是什麼時候決定投身歷史研究，特別是思想史和天主教會歷史？**

在法國，人們最為標準的說法是說自己對思想的興趣，是受某位春風化雨的小學老師啟發的，但實際上，我完全是出於自己興趣摸索而來的。雖然我遇到幾位非常好的法語和希臘語老師，但在小學和中學的時候，我從來沒有遇到過激發我興趣的歷史老師。但我在八歲的時候發現了十九世紀早期歷史學家普羅斯普·德·巴蘭特（Prosper de Barante）所著的《勃艮第公爵史》（*History of the Dukes of Burgundy*），這是十九世紀浪漫主義歷史的著名鉅著，他堪稱是史學界的華特·史考特爵士。[1] 我記得這套書是在我家鄉下別墅找到的，我在後來的許多長假中閱讀完了全部十二卷。當中的內容跟我在學校學到的內容完全無關！所以我自小始終對歷史感興趣，但是僅止於個人的愛好。歷史課在法國是和地理課一起教授的，而我對地理完全不感興趣。另外，學校主要教授的是現代史，而我對這主題始終興趣缺缺。

我是在十七歲時第一次接觸到歷史教學，我當時是在兩年課程的第一年，這是為所謂的高等學校（Grandes Écoles，我要報考的學校是巴黎高等師範學院〔École normale supérieure, ENS〕）的入學考試做準備的課程。第二年，我專攻現代文學，並花了很多時間閱讀在美國被稱呼為法國理論的作品：羅蘭·巴特（Roland Barthes）等。我非常享受——那是相當有趣的——但是我也同時被訓練成了一位幾乎凡事都是不懂裝懂的人。在菲利普・羅斯（Philip Roth）的小說《人性污點》（*The Human Stain*）中，法國學者戴爾芬・露克斯（Delphine Roux）被殘酷地描繪成一個徹頭徹尾的騙子——她唯一精通的就是文學批評中慣用的陳腔濫調。當然，這是種諷刺手法，但也有其道理。這特別是當在英國文學上頭。我當時還不熟稔英語，但我記得我們有幾節課被要求仿照，其實應該說是拙劣地模仿，羅曼・雅各布森（Roman Jakobson）對威廉・布萊克（William Blake）〈嬰兒的悲哀〉（Infant Sorrow）的評論，但是對雅各布森和布萊克都知之甚少。[2] 不過，另一方面，這訓練也不完全是浪費時間。它使我比許多歷史學家（至少是法國的歷史學家）更加警覺到，文本究竟如何實際地發揮作用。法國社會歷史學家在使用文學文本方面，往往非常天真，多米尼克・拉卡普拉（Dominick LaCapra）針對他們將十九世紀的小說視為直接的史料來批評是有其道理的。[3] 當我十七歲時，皮耶・布赫迪厄（Pierre Bourdieu）的《「談論」意謂說》（*Ce que parler veut dire*）給我留下了深刻的印象，它讓我警覺到了多重意義層次的存在。[4] 例如：當我後來針對十七世紀的天主教改革家楊森主義者，對於新教徒所展開的論辯進行研究時，我的文學訓練使我更容易察覺到，楊森主義者不僅在寫作上反對新教徒，而且是在見證自己的正統觀念，讓自己在同儕天主教徒眼中正當化自己。他們的著作也瞄準了羅馬天主教會內部的一群秘密讀者們。[5]

那是我的年少輕狂的歲月！當我進入巴黎高等師範學院時，就必須要面對嚴肅的事情：我決定克服對地理的厭惡，開始研究歷史。然後在第二年時，我必須選擇一個專攻時代。第一年我修讀學習了很多古代史：我曾修讀希臘墓誌課程，並且熱愛希臘語。所以我很想成為一名希臘史學者。我個人對近代早期歷史也很感興趣，主要是因為法國文學。我從來沒有修過法國文學的課程，但由於十七、十八世紀文學在法國傳統文化中有重要地位，因此我閱讀過許多作品。小時候，我曾經讀過十七世紀的詩人尼古拉・布瓦洛（Nicolas Boileau，可比擬為法國的亞歷山大・波普〔Alexander Pope〕），而且能夠背誦他的諷刺詩。

我試圖兩全其美：我的想法是研究學術史，同時研究十七、十八世紀的人們對古代歷史的研究法。對於所謂的舊制碩士（maîtrise，現已廢除，這是一個碩士學位，你根據自己選擇的題目撰寫一篇短論文），我的題目是十八世紀的斯巴達神話，特別是針對法蘭西銘文與美文學術院（Académie Royale des Inscriptions et Belles-Lettres）的研究如何理解斯巴達。當我決定博士論文的題目時候，我最初的想法是繼續研究古典時代，尤其是古希臘時期的接受和研究。就在那時，我遇到了尚塔爾・格雷爾（Chantal Grell），她即將完成討論十八世紀法國的古希臘和羅馬的長篇論文。[6] 她指出，我的研究可能會與她的著作重疊，因此會顯得多餘。她說：「你為什麼不研究基督教古代呢？這方面的研究相對較少。」所以，這就是我最終轉向研究早期教父的原因！我不能假裝這題目是自己在智識上的深刻使命，因為最初我只是無法在近代早期史和古代史之間做出抉擇，而且後來的選擇還是因為這個領域相對看來，沒有古典古代研究那麼飽和。而且我認為，通過研究早期教父的接受史，我可以維持自己的希臘語程度，恐怕後來的發展已證明是一種誤解，因為十七世紀的神職人員主要讀的是用拉丁語寫成的教父作品（而且當他們閱讀希臘語時代的作品時，也多傾向於使用拉丁語翻譯）。

**當您開始對基督教古代的接受史感興趣時，您從哪些書籍和學者中尋找方向？**

在攻讀關於斯巴達的碩士學位期間，我意識到，如果你想理解近代早期學者們實際上在做什麼，你必須了解他們所用的材料來源，還有他們所面對到的挑戰。後來的發展則證明，具備一定希臘碑銘的知識非常有用，諸如理解米歇爾·福爾蒙（Michel Fourmont），這位法蘭西銘文與美文學術院的成員，他如何在一七三〇年左右，捏造了一系列虛假的斯巴達銘文。[7]

在巴黎高等師範學院的四年級時，我有幸參加了皮耶·帕蒂門金（Pierre Petitmengin）的專題研究，他是高等師範學院的圖書館員，並且深刻地影響了我。他在語文學史和十六世紀羅馬教父研究方面，完成了一些開創性的著作，並主持了一個關於拉丁古地理的小型專題研究組織。[8] 這給了我學習拉丁語語文學機會，並且因為他本身的興趣，重點主要都放在教父學的文本。我參加這個研討會有一年的時間，我必須說自己關於拉丁語手稿和語文學的所有認識，都要歸功於帕蒂門金。他帶領我們小組進行了一項關於十六世紀初，即伊拉斯謨著作第一版出現前的那段時期，對愛任紐（Irenaeus）接受情況的集體研究，這次經驗深深地形塑了我後來的發展。[9]

至於近代早期的歷史，我仰賴布魯諾・奈芙（Bruno Neveu）的指導，我在高等研究實踐學院便是接替他的職位，這學院和高等師範學院一樣，宗旨都是要補充大學不足之處的奇特機構之一。它是在法蘭西第二帝國（Second Empire）時期創建的，其目標是去完成法國大學當時完全沒有在進行的基礎研究；而它們現在在某種程度上，仍在繼續這種工作。由於制度上的規定，奈芙不能擔任我的正式導師，但是，他關於近代早期法國博學的研究，則是我試圖闡明學術史和神學史的主要靈感來源。[10]

奈芙和讓・奧西巴爾（Jean Orcibal）一起在高等研究實踐學院工作，我本人則從未見過他。但是奈芙想象著一種從奧西巴爾、他自己，再到我的使徒繼承：一種基於研究興趣的延續性。在奧西巴爾時代，法國宗教史以量化史為主導，認為你應該研究所謂的大眾宗教，主要研究可以量化的東西：群眾出席率、復活節聖餐、遺囑中的條款、私生子，你能想到的都有。這是一種相當粗糙的嘗試，將法國第二代年鑑學派的方法論引入宗教史，產生了某位義大利歷史學家精確描述的那種反體制的文化史：不重視神學，因為這是菁英階層的話語，並且與農民的實際實踐沒有任何互動。相反地，應該去衡量這些實際實踐。[11] 奧西巴爾幾乎是當時法國唯一徹底地將語文學方法應用於宗教史的人。他最初致力於楊森主義的研究，並撰寫專著探討運動創始人康內留斯・楊森（Cornelius Jansen）以及楊森的弟子兼贊助人聖西蘭修道院長（Abbé de Saint-Cyran）。後來奧西巴爾則寫了關於法國大主教法蘭索瓦・德・費內隆（François de Fénelon）和神祕主義的著作。[12]

奈芙的原創性貢獻，是將近代早期學術所累積的大量作品引入了宗教史。他曾研究法國學者路易—塞巴斯蒂安・勒奈恩・德・蒂勒蒙（Louis- Sébastien Le Nain de Tillemont, 1637-98），這位學者曾在皇港修道院（Port-Royal）接受培訓，並在十七世紀末創作了一部關於基督教古代史，共二十二卷的鉅作。愛德華・吉朋深受蒂勒蒙作品的影響，而且他的影響力一直持續到二十世紀後期。[13] 奈芙的研究展現出針對近代早期學術的研究，如何能讓我們對一些重要主題有更深刻的理解，例如：宗教感受、對時間的態度，以及教會的觀念。近代早期的學者們建構了一個原始教會的模型，他們稱之為教會的黃金時代，這與現在制度化的天主教會截然不同。奈芙的研究有力地指出，楊森主義者帶來的危機——即法國天主教會內的楊森主義運動，以及這個運動對當代天主教會作為之批判——在很大的程度上，應該被理解為以下四者之間的對抗：古物學、奧古斯丁主義、語文學方法，以及後來所謂的「活著的教會」（living church，或被稱為教會「活著的權威」〔living authority〕）。從這個角度來看，我深深受到其研究的影響。

**您是如何從研究法國歷史轉到研究英國宗教史的？**

我的論文研究了十七世紀法國教會如何運用早期教父，主要是在十七世紀最後三分之一的這段時間。[14]這主要是對楊森主義的詮釋：我試圖說明，回歸原始材料、回歸天主教早期教父，如何激發了法國天主教的一系列發展趨勢；它影響了從靈修和文學、禮儀改革，到挑選教牧的一切事務。結果是建立了法國天主教的自我意識，儘管仍在天主教的範圍之中，但是呈現了法國天主教會特別純潔和博學的形象。這場回歸原典的運動似乎在十七世紀末取得了勝利，但也逐步導致十八世紀法國教會的危機。它否定了脫利騰（Tridentine）會議後，天主教的許多實踐和制度，因為這一切種種都被發現缺乏適當的歷史根據。實際上，在教會中發生的種種事情，其過程就跟人們一般所熟悉在國家中發生的事情相同。布萊茲・巴斯卡在他的《思想錄》（*Pensées*）中解釋說，要推翻一個國家，最有可能成功的方法就是宣稱要恢復其最原始的憲法，因為如此一來一切都會被發現是錯誤的。[15]此外，宗教原始主義激發了神父對於牧區民眾，非常嚴厲的、「嚴格主義」（rigorism）的要求（拒絕或推遲赦免、計畫重新引入各種形式的公開懺悔、打擊跳舞等消遣活動），以及反對民眾表達虔誠的幾種流行作法、反對聖母敬禮（Marian devotion）等等。這些嚴厲要求在各地方教區引起了許多不滿，並且造成教會內部嚴重分裂。[16]

不幸的是，在離開巴黎高等師範學院之後，我不得不踏入外面廣闊的世界！我曾在里昂的一所大學（里昂第二大學〔Lumière-Lyon II〕）擔任初級助理，在那裡過得不太愉快。由於我在索邦大學（Sorbonne）的指導教授讓—皮耶・普蘇（Jean-Pierre Poussou）的幫助，我有機會從一九九三至一九九五年獲得法國外交部提供的兩年獎學金，前往牛津大學學習，我在那裡享有完

的：當然，高盧語不是法語，但聽起來像法語的古老版本，當時人們還力爭是法語發音，讓拉丁語保持了活力。奈芙在牛津大學時，會定期參加英格蘭國教會的禮拜活動，他曾經半開玩笑地說：「這是舊政權時代的教會。」當然，就許多實際面向而言，這說法並不精確，例如：兩者在神學教義上有所不同，但是宗教風格方面，確實有可比擬之處。

情況在過去的幾十年裡，發生了很大的變化，但是在之前相當長一段時間當中，英國的歷史，尤其是英格蘭國教的歷史，都是從一種極狹隘的英國例外論的視角，也就是英國具備獨特性的方式來書寫的。我自身來自歐洲大陸的背景，並且有著歐洲史，尤其是法國史的學術背景，讓我對這個教會有著不同於英國人的看法。例如：認為對天主教早期教父的興趣是英格蘭宗教改革所特有的，是站不住腳的說法。我知道當時所有人都會被教父們所吸引，但是他們背後各自帶有不同教會的現實考量。

＊譯註：「高盧主義」，強調法國君主制的世俗權威與高盧教會的精神，支持法國教會脫離教宗而獨立自治。

## 您在英國的對話者是否接受您的觀點？

我真誠地認為，自己在英國遇到的每個人都很慷慨。我從未遇到過自己在法國天主教環境中，經歷過的那種出於教會的敵意。在梵蒂岡第二次大公會議（Second Vatican Council）之後，在天主教會的一些部門中，回歸天主教早期教父的想法再次流行起來。在法國的教父學研究中，即使是在正式的世俗大學裡，仍然有大量學者帶著隱而不宣，擁護天主教的立場。我針對十七世紀的研究指出，當時的教父學非常出色，但也造成一些不受歡迎的影響力，從它的實踐者和推動者的角度來看，甚至是邪惡的後果。有些人之所以憤怒，是因為他們認為我在某種程度上損害了他們教會的現有地位，以及他們對教父們的興趣。而且，由於這些人根本無法想像，一個人可以不受認信（confessional）動機的驅使，而從事這類主題的研究。一位天主教評論家便指責我是在懷念十九世紀的教宗至上論（Ultramontanism）及其新穎的虔敬方式！

在英國，雖然長期以來對這些課題的研究，都是以一種非常認信的方式進行的，但目前人們對認信似乎沒有那麼敏感了。也可能是世界各地的人都對外國人更慷慨，不管怎樣，你總是希望從一個外來者那裡得到不同的看法。有趣的是，當我關於英格蘭國教的專書出版時，唯一一篇用純認信措辭來評價該書的評論，是在一本德國期刊上：評論者總結說我偏袒美國改革宗聖公會（American Reformed Episcopal Church）；令我感到羞恥的是，我在此之前甚至都沒聽說過這個教會——我對美國的宗教整體圖像知之甚少！[17] 一些英格蘭國教會神學家，特別是保羅・阿維斯（Paul Avis），他是位法政牧師（canon），曾擔任女王的私人牧師，因此經常在該機構內部撰寫大量文章。阿維斯對我的解釋表達了不同意見，但都是以一種非常禮貌和和諧的方式。[18]

**您能告訴我們更多關於您怎麼接觸到英國學者、神學家亨利・多德威爾（Henry Dodwell, 1641-1711），以及您是如何開始研究他的？**[19]

我不太記得我第一次接觸到多德威爾的經歷。那是我在牛津大學期間的事情，可能是我在牛津大學的博德利圖書館，隨興翻閱館藏時得知的。當時，在一九九〇年代初，博德利圖書館可說是學者的天堂，特別是漢弗萊公爵圖書館，是全部圖書館中最古老的閱覽室。你可以盡情調閱任何書，而且全部都會送到你的面前，毫無閱覽限制。不幸的是，一些肆無忌憚的人從中加以濫用，迫使圖書館不得不開始嚴格管理。

這恐怕不是計畫好的（笑）。我並沒有事先決定好要去研究多德維爾。我注意到他的知識生涯徹底顛覆了標準的輝格敘事（whiggish narrative）。根據輝格敘事，政治和宗教激進分子往往也是知識上的激進分子，反之亦然。多德維爾打破了進步是種單元性觀念的想法，因為他在政治和宗教立場上極端保守——在斯圖亞特王朝復辟時期，他是教會和國家層面的托利（Tory）黨人，而在一六八九年後，他是所謂拒絕向政府宣誓效忠者（Nonjurors，在光榮革命後拒絕承認威廉和瑪麗即位的正當性）——但是，他同時在神學和教會歷史上，有一些非常大膽的觀點。多德維爾力主《新約聖經》的正典是相當晚才被清楚定義，直到西元二世紀初才有明確的正典和偽書之間的區別。他認為，在羅馬的迫害之下，基督教殉道者極少（而正統的護教作品卻聲稱有大量的殉道者，而且這些人願意為信仰而死，恰恰證明了基督教的真理）。還有，他認為靈魂會自然死亡等等。更重要的是，多德維爾激進的學術觀點，並不是因為他在政治和宗教上持保守立場，而是因為他認為已經不可能用傳統的論點，來捍衛教會和主教既有的神聖權利。事實上，英格蘭國教會作家曾不遺餘力地要從《聖經》中，證明主教的神聖權利，而多德維爾卻接受了長老教會的說法，認為這是無法證明的；當前的主教制或長老會制的教會政府模式，都不存在於《聖經》之中，因為《聖經》所描繪的是一種特殊、臨時性的架構。多維德爾畢生的努力——通過一種令人費解的學術蒙太奇手法（他一生都在不斷修改這種手法）——就是要證明，主教制度仍然是一種神聖制度，儘管這並未記載在《聖經》中。

多德威爾認為，在《新約聖經》最後幾篇文章之後，教會中的權威已經在眾人普遍同意的基礎上，永久地移交給新設立的教區及君主式主教機構，而且這個步驟是上天的安排。他認為，沒有比主教制的神聖權利更有力的證據，來證明《新約聖經》的正典地位了。如果你否定了主教的神聖權利，那麼《新約聖經》的正典地位也就崩潰了，因為兩者都是建立在西元二世紀早期教父的見證之上。換句話說，他試圖以一種非常博學，同時又極不穩定的結構，來鼓吹某種激進的正統觀！

**您提到有一種誤解，認為知識上的大膽主張和政治或神學上的異端是劃上等號。當然，這仍然是人們普遍的想法。您是如何來思考這種關係？**

在我看來，十七世紀的英格蘭是反駁這個等式的有力例子。在羅馬天主教的背景下，這可能就不那麼明確了，儘管像是雅克・西蒙德（Jacques Sirmond）和丹尼斯・皮托（Denis Petau）這些十七世紀上半葉的法國耶穌會士，也不遺餘力地捍衛一種天主教式的願景；這是一種保守的天主教論點，也可以說十足的教宗主義、權威主義、反楊森主義、運用大量的最新學術知識，並對教義的制定過程，有了更加歷史性的理解。

但是，這種結合當然不僅出現在近代早期。在十九世紀後期人們會開玩笑說，巴黎天主教大學（Institut Catholique in Paris）的首任校長德赫斯特先生（Monseigneur d'Hulst）永遠都是錯的！大約在一八九〇年，教宗利奧十三世（Pope Leo XIII）呼籲法國天主教徒與共和國政府和解。此後不久，他發表了一篇通諭（encyclical），其中關於聖經靈感（biblical inspiration）的理解十分嚴格，並且主張直譯主義（literalist）。德赫斯特出身於一個古老的保皇黨家庭，在政治上是個反動分子，因此他與教宗的政治立場格格不入。但他在聖經註釋方面是一個自由派，並且願意對現代科學做出妥協。德赫斯特再次錯了！根據教宗的說法，在那個領域，你必須是嚴格的反動派！[20]這種矛盾、這種困難讓我感興趣——顯然，處於這種位置的人總會受到來自兩方的批評。最終，多德威爾讓所有人都不滿意。即使當他成為拒絕向政府宣誓效忠者，他也不能讓他那宗教小團體的領袖們滿意，這群人希望自己的境況能被用更普遍之論點來詮釋。

## 研究近代早期對基督教古代的接受，與研究對古典古代的接受有何不同？

在十六世紀的某個時候，學術變成與宗教教派有了密切關係。很明顯，在一五五〇年左右的羅馬，古典古代不再是最重要的議題。[21]當然，對古典歷史的研究並沒有消失。但是，教宗現在喜歡和提倡的主題是基督教古代。在這一點上，我們可以說是將學術教會化，甚至是工具化；學術被認為是宗教正統的工具。例如：大約在一五七〇年，一個名叫約翰．雷休斯（Johann Rethius）的德國耶穌會士——一個有趣的人物，現代沒有學者研究他——全神貫注於尋找新教徒將希臘教父著作翻譯成拉丁語時，所可能犯下的偽造。他寫信給幾乎所有歐洲天主教的希臘學者，不斷地糾纏著他們進行新的翻譯。雷休斯於一五七三年前往義大利，並且在那裡大肆宣揚相同的論點。[22]在去羅馬的路上，他在波隆那停留，遇到了當地一位研究波利比烏斯的人文主義者：他的直接反應是勸說那位人文主義者，轉去研究金口若望（John Chrysostom）。你可能會說雷休斯是狂熱分子，這是個極端例子，但其實他是屬於主流趨勢的。如果你注意樞機主教古格里莫・瑟萊托（Guglielmo Sirleto）的大量信件，他是梵蒂岡圖書館的總監，而在一五八五年去世之前，也是羅馬天主教會的首席學者，你會看到一個專注於聖經研究、教父學和教會史的國際網絡，其精神是強烈的，甚至是積極的反宗教改革。

因此，在我看來，教父學與古典學相比之下，具有其自身的特殊性。與此同時，你也不可避免地應該意識到，把教父學獨立視為現代學術專業，會是種時代錯置的作法，尼古拉斯・哈迪在他牛津大學的博士論文中，便精彩地闡述了這一點。[23] 即使把十七世紀的人物稱為教父學學者也是有問題的，因為當時沒有人使用這個名稱，這些學者都稱呼自己為神學家或批評家。另一方面，為了現實可行性的考量，你必須在某些時候選擇一個研究對象，並專心鑽研它！因此，我相信，我們應該要特別留意人為的刻意修改或者是時代錯置，並不必然是完全不正當的；因為在那些時刻，神學中的具體論點或利益面臨到極迫切的影響。教會教父們享有特殊地位的說法，並非歷史學構造出的臆造！

**您的著作《英格蘭國教與基督教古代》也認為，吸引教會教父不僅僅是（或不主要是）一種教條：「這是一種操縱權威的藝術，是或許能被稱為真理的技術（technology of truth）中**

**的一部分」（重點為本書所加）。您是如何在您的著作中復原這個面向的？**

「真理的技術」一詞來自米歇爾・傅柯；這是我對年輕時閱讀的法國理論的一種回顧。[24]神學家專業知識中的一個重要部分，是在爭議中堅持自己立場的能力，特別是在一場公開、儀式化、甚至戲劇化的口頭爭論。這是一門包括了許多方法的技藝，絕大部分繼承自基督教古代，是教父們用來解決聖經中明顯的矛盾或困難的諸多方法。我認為，當時存在一個從聖經詮釋學，到近代早期懺悔辯論的轉移：你必須操縱權威，並且當你的對手提出文本來證明自身觀點，並且用來反對你時，你要能夠根據那些文本來做出令人滿意的解釋。這樣的技藝有一部分在學校裡用口述的方式傳授，這使得我們很難重建它。我想到的是十七世紀末法國的一場爭論，當時一位重要人物夏特爾（Chartres）的主教保羅・戈代・德馬萊（Paul Godet des Marais，因為他是路易十四的妻子曼特儂夫人〔Madame de Maintenon〕的精神導師）受到了楊森主義者的批評：他們用教父和教會會議的一些文字對他提出質疑。他憤憤不平地抗議，彷彿他作為索邦大學神學博士的專業資格受到了質疑：「這些都是很普通的文章，索邦大學的每個學士都知道如何加以駁斥！」在神職人員接受培訓的共同神學文化中，如何解釋有問題的教父文本，這個技巧是其中的重要部分。除了爭論的實際演練外，還有不少手冊專門為學生提供技巧：你可以回答教父的說法是形象化手法、作者只是在演講中順道提及了幾句等等。

艾琳娜・巴克斯（Irena Backus）幾年前警告說，宗教改革時期對早期教會教父的接受，不應該被簡化為宗教爭議。[25] 這是完全正確的，因為人們閱讀早期教會教父的著作，不僅僅是為了尋找在爭議中能引用的證據，其影響更加深遠。但是我反對巴克斯過於概略的二元對立說法：她將基於教派對抗之目的來運用早期教父著作，與對於過去的真正興趣這兩者切割開來。這是否意味著，如果某種閱讀方式是基於信仰，它實際上就不是真的嗎？這其實是二十一世紀專家一種以今觀古的論點。人們被訓練要在基於教派立場和敵對的文化中，閱讀早期教會教父之著作。

**很多學術史都是以思想傳記的形式寫成，其重點會擺在某個特定人物。英格蘭國教會和基督教古代的一個顯著特點是其龐大的規模。您是如何決定在這麼長的時間跨度中，討論這麼多不同的個別學者？那在研究和闡述方面需要什麼呢？**

我一開始對不同年代之間的界限只有模糊的想法，無論是我的法語博士論文，還是《英格蘭國教會與基督教古代》，最初都是在法國取得特許任教資格（Habilitationsschrift）的第一部分。就我的法語論文而言，我最初的企圖是要涵蓋一段相當長的時代背景，其中包括大部分的十八世紀。後來的發展證明，這個目標太過龐大而不切實際。所以我最終把時間限定在一六六九年到一七一三年。之所以時間劃定上如此精確，因為楊森主義危機中的兩個重要事件分別在這兩年發生。一六六九年是所謂的教會和解（Peace of the Church），教宗和法國的楊森主義者達成了暫時且模稜兩可的協定；一七一三年則是教宗頒布了《天主的獨生子》（*Unigenitus*），最終譴責了楊森主義（或者說是重新定義的楊森主義）。在我看來，由於我聚焦在楊森主義上，因此這麼精確的年份界定是有意義的。我試著盡量涵蓋更多的內容，不僅探討神學爭議和學術著作，還要將布道辭、民間關於宗教崇拜的著作，和各種儀式書籍都納入考量。

在英格蘭的例子中，由於我沒有先入為主的想法，結果是我反而可以嘗試一些新鮮的主題，我將焦點放在關於教父權威的辯論，並且將一個相當完整的時代納入討論中。令我感到驚訝的是，我在法國的例子中沒有注意到有這麼顯著的現象——這可能是某種英國的特殊性——就是英格蘭國教中的人們對自己教會的歷史如此癡迷。神學辯論在很大程度上，是關於英格蘭國教會的性質及其隨時間所產生的演變之辯論。十七世紀初對於所謂進步服從派（advanced conformists）、一六三〇年代對勞德派（Laudians），以及復辟時期（Restoration）對高教會派（High Church）神學家的批評，這些不同時代批評的說詞始終都是：「你們已經偏離了自己教會原有、伊麗莎白時代的正統。」——我想很多現代學者都會同意這一點。所以這場辯論是種強烈的自我指涉；一五六〇年代和一五七〇年代的文本，在一六八〇年代經常被引用。除了非常特殊的主題之外，我並不認為自己是研究十六世紀的學者，但是我認為必須要將探討範圍拉回到十六世紀，不然這些辯論和參考文獻就會變得難以理解。這個主題需要將很漫長的時代跨度納入考量，因此我不得不忽略掉其他很多方面，例如：在布道和通俗作品中對早期教父的運用。即使我設法修改並且發表自己特許任教資格審查的第二部分，關於早期教父著作的英語版本，它仍然是一個自上而下的研究，是種針對精英論述的研究——這是個明顯的侷限之處。由於我針對法國的研究在時間跨度上比針對英格蘭的要短，因此我能夠論證出那些博學、且看似深奧的辯論，如何影響了聖禮的管理方式，以及教區牧師實際參與所謂民間宗教的方式為何。在英格蘭的情況下，我不得不徹底略過這方面不談。但我想我自己也不希望博士論文和特許任教資格的論文，遵循完全相同的模式。

## 您工作時採用哪些方法？

我是在前數位時代開始學術研究的，所以我收集的論文資料，完全是按字母順序排列的索引卡。我在之後的幾年當中都是這樣做的，例如：我關於多德威爾的大部分筆記，至今仍寫在索引卡上。我認為這是種方便獲取資訊的方式！問題是，當我在夏天要從法國移居英國時，攜帶文件對我而言，變得愈來愈困難。二〇〇二年，我在牛津大學萬靈學院（All Souls College）擔任訪問學者，我把所有的英語檔案小盒子，都裝在一個沈重的背包中。當時，歐洲之星列車的安檢相對寬鬆，所以我還是有辦法，帶著我那些看似可疑的盒子穿越邊境。我非常擔心安檢人員會搜查我的卡片，然後把它們弄得一團糟！但是現實的條件證明我不可能繼續這樣做了；所以儘管不是那麼喜歡，我還是開始在電腦上做筆記。

另一件突發事件發生在羅馬，當時我正在信理部（Congregation for the Doctrine of the Faith，也就是過去的宗教裁判所）的檔案館工作。某天早上，當我從納沃納廣場（Piazza Navona）的法國學校研究室走到聖烏菲茲宮（Palazzo del Sant'Uffizio）時，突然來了一場可怕的風暴。我渾身濕透了，隨身攜帶用來核對自己抄寫的索引卡也全部濕透了。之後，我還得把這兩百張幾乎要被這場羅馬風暴毀掉的索引卡弄乾。因此，我確實看到了電子筆記在實際層面的優勢！

即便如此，如果情況允許的話，我還是更喜歡讀實體書。例如：當國家圖書館拒絕提供原版圖書時，我會使用Google圖書，我非常感恩能夠有辦法接觸到文本，不過這始終不是最好的方法。

**您用外語寫了一本重要著作。做出這個決定的原因是什麼？這種用英語寫作的具體經驗為何？**

再一次，我學術生涯中的重大決定都是來自外界的建議。在這種情況下，建議來自史考特．曼德博（Scott Mandelbrote），我在牛津時的一個老朋友，他指出一本關於英格蘭歷史的書在法國不會有讀者——在法國沒有人會對英格蘭國教感興趣！——而用英語寫作則會有意義得多。問題是，從學術規範而言，這本書是我法國特許任教資格論文的主要部分，這個資格是種國家學位，不過並未明確地規定提交人是否能被允許提交一份外語著作。後來的審查證實這是可以被接受的——又一次擔任我指導教授的普蘇教授在行政流程上給了我極大的協助。然而，如果我想以這一資格申請大學教授職位，全國大學委員會——我們仍然有一個中央集權的國家系統——要求我交出一份完整的法語譯本，而且是在相當短的時間內。幸運的是，我在一年前就已經被任命到目前在高等研究實踐學院的職位上了，也沒有換工作的打算，所以我也無需費心翻譯。

用法語寫這本書，然後將其翻譯成英語將是令人發狂的工作。對我來說，從一開始用英語寫作會容易許多，即使會有好些錯誤。我向索邦大學提交了未經修改版本的論文來取得特許任教資格——只有一位主考官的母語是英語，他很友善地沒有糾纏我的語言錯誤——接著我就著手將其改寫為專書。曼德博非常慷慨地重讀並修正了整份草稿。但這是一本專門討論英格蘭歷史的英語書。我不知道這是否是精神分裂症，但是用英語討論英格蘭，以及用法語討論法國對我來說相當自然。有幾次我被要求用英語寫法國歷史時，我不知道為什麼總是感到彆扭！當我不得不用英語來寫一些我會用法語思考的題目時，成果往往看起來很做作。這並不完全是一件壞事——它讓人產生距離感，粉碎了自己對於文筆流暢自然的幻想——但我不喜歡這樣。

我不知道像法國這樣的國家未來會如何發展。以丹麥為例，從我的經驗來看，他們已經走向了全英語的學術體系，他們的學位論文也以英語撰寫。在法國，我們仍然不太願意以外語來寫自己國家的歷史。我們認為這是一種剝奪。這裡顯然存在著文化層次上的因素。

**研究近代早期的學術是否讓您對自己的學術實踐有了一些反思？您認為這兩者之間有連續性，還是將它們視為不同的活動？**

這是一個關鍵的問題。對於這個問題，我立刻會想到的是去強調近代早期學者——借用一個經常被引用，某位古代史專家對修昔底德的看法觀點——不是我們的同事，我們不該將他們視為同事。[26] 許多人在接受古典文學或教父學研究訓練後涉足學術史。他們完全不了解歷史背景，往往對十七世紀的學者們做出天真的判斷，要不是稱讚他們是偉大的先驅者，就是因為他們的「錯誤」而詆毀他們。前幾年舉行了一場關於本篤會學者貝爾納·德·蒙福孔（Bernard de Montfaucon）的會議，一位古代考古學的傑出專家就蒙福孔的考古實錄大集《古代解說和圖解》（*L'Antiquite expliquee*, 1719-24）發表了一篇諷刺性的論文，他抱怨說，這本著作無法被用為現在學生的教科書，因為其中包含了太多「錯誤」！

另一方面，還有一種樸素的目的論，這在法國語境中仍然很強大，並且常帶有實證主義的意味，例如：他們會說聖莫爾（Saint-Maur）會眾的本篤會修士——他們的成員包括古代政權時代的博學僧侶，如蒙福孔或讓・馬比隆（Jean Mabillon）——是法國國立文獻學院的前身，這間學校是法國專門訓練檔案管理員的大學校（grande ecole）。在法國國立文獻學院的舊講堂裡，有一幅十九世紀末的壁畫，描繪的是十七世紀聖日耳曼德普雷（Saint Germain-des-Prés）修道院：死去的本篤會成員凝視著活著的檔案管理員。

我當時立即的反應就是強調兩者的差異，尤其是為了反擊那種不經過思考的非歷史主義（ahistoricism）。另一方面，我確實認為近代早期學者所做的事情，與當今歷史學家的研究也並非完全相異，借用流行的話來說，特別是將這種差異放在後現代討論，或是後真相世界（post-truth world）等主張的時代脈絡之中。十七世紀末的學者們試圖捍衛歷史實踐，反對激進懷疑主義形式，即所謂的皮浪主義（Pyrrhonism）。皮浪主義認為歷史和小說之間沒有區別。這兩種形式演化出了一種主張有道德絕對性存在的認識論。我發現自己的作品與他們的觀點有相一致之處，即歷史從根本上而言是一門技藝。像馬比隆這樣的人非常強烈地說，通過練習，你就可以獲得「品味」，這就像是種習慣。如果懷疑論者問：「如何證明一份文件是真的，而不是精心製作的贗品？」他回答說，這種能力需要根據經驗所培養出來的後天品味。[27] 最終，判斷真偽的標準是該領域的學者群體，也就是他們所謂的專家群體（法語是les personnes habiles，拉丁語是*periti*）。一些關鍵問題在某種意義上得到了解答，這是學術上的進步。例如：蒂勒蒙主張，專家群體現在已經達成共識，偽狄奧尼修斯作品集（Pseudo-Dionysian corpus）並不是真作。你不能再繼續試著為其真實性辯護；討論目前已經塵埃落定。[28]

以這種方式回應懷疑論，並不等於純粹的經驗主義，因為像馬比隆或蒂勒蒙這樣的學者，很清楚笛卡兒主義之後的當代哲學辯論，並且仔細研究了楊森派神學家安東尼·阿諾（Antoine Arnaud）和皮耶·尼可的所謂皇港修道院邏輯學（Logique de Port-Royal）。當然，我們始終要對時代錯置保持警惕。皇港修道院邏輯學中對道德確定性的分析，其實是與當代針對新教徒的爭論有關，特別是有關於聖餐禮。宗教爭論仍然是高盧教會知識文化的核心，這與我們當代對知識的劃分方式相當不同。

## 您會如何將十七世紀學者的現在主義與我們的現在主義相比擬？

我所研究的過往學者都是現在主義者，因為他們都不是為了過去本身，而去研究過去。他們認為，過去之所以應被研究，是因為它將會是一個永恆不變之宗教真理體系的見證。他們早已知道這個真理體系，因為它由教會權威先驗性地定義的。然而，在十七世紀末出現了轉變。例如：蒂勒蒙意識到，歷史詢問的結果與教義確定性之間，可能存在著一個暫時存在的鴻溝。他拒絕去檢驗自己確立的事實所可能造成的後果。他解釋說，他只是在尋找「事實的真相」，他並不擔心這個詞會被誤用，「因為真理不可能與真理相反。」有些評論家認為，他是在擁護雙重真理的學說，他隱微地暗示有兩種真理存在：歷史的真理和神學的真理。相反地，在我看來，他是完全真誠的：他確信在原始資料和天主教教義之間，不可能有著任何長久存在、真正的矛盾，因為，真理最終只有一個——真理就是上帝。但蒂爾蒙自己並沒有試圖化解矛盾，因為那是神學家的工作。正如他所說，他所關心的是「呈現出最初幾個世紀所發生事情的原始模樣。」也就是說，他的研究並不是要用於即刻的護道學或是教條；神學家和歷史學家之間至少存在職能上的分工。因此，像蒂勒蒙這樣的學者克服了現在主義，或者至少避開了現在主義對他們研究的扭曲。這是在基礎神學上的一個進展。

我自己的作品當中有多少以今論古（presentist）的成分？這很難說，我可能不是最好的裁判人選。無論是世俗的還是宗教上的以今論古觀，我一般都強烈譴責其輝格史觀偏見。另一方面，研究近代早期學術不可能將後來時代的發展納入考量。十七世紀末的法國天主教學者，或是復辟時期牛津的英格蘭吸引我的部分原因是，他們所活躍的世代是西方歷史上最後一個這樣的時期：在這個時代你仍有可能成為博學、嚴謹、誠實和真正的正統派：在你所屬教會之權威所定義的基督教正統和你的著作之間，不存在任何矛盾。甚至像多德威爾這樣已經翻過圍牆一半，介於新舊之間的人，也沒有意識到這一矛盾。所以，我從後見之明看到這些十七世紀的學者表現出了一種一致性、一種自信、一種團結，而幾種特質無疑已經喪失了。在這代人後，那些具領導地位在基督教教會內部工作的學者，再也不能忽視（也無法似是而非地假裝忽視）歷史證據與他們的教會

——其實是任何教會——的一些關鍵主張相互矛盾。他們必須做出選擇。他們可以用現代的、具有正當性的貶抑方式來從事天主教會史——故意扭曲證據。或者他們也可以離開教會，就像十九世紀許多人所做的那樣。或者，他們必須認同，至少是含蓄地認同有兩個真理的信條，承認歷史中的真理與教會教條中的真理是不同的。他們不得不接受在精神上的二元性。路易斯·杜切斯涅（Louis Duchesne）寫過一封動人的信，他是一位著名古代基督教的天主教歷史學家——相當於十九世紀末的蒂勒蒙——同時也是法國高等研究實踐學院的研究主任，以及羅馬法國學校的主任，他在一八八八年的那封信中，向朋友回憶了自己的家鄉布列塔尼根深柢固的天主教信仰，他那年夏天就在那裡渡過。正如杜切斯涅所總結的那樣：「我不會為了要讓一切都是自己心理認同的模樣，而去放棄這個天堂。」[29]

關鍵的問題是，歷史學和語文學的研究是否具有批判性。如果它只是純粹不斷積累，那麼它與正統思想的調和並不會造成問題。它甚至可以成為護教的工具：展示大量的學習成果顯然是種混淆問題的方式。而且只要你用一種片面的態度來進行批判，仍舊完全可以與宗教（或者說政治或社會）的正統觀念兼容不悖。但是，當學術和博學變得真正具有批判性時，情況就會發生變化（這一點又與我們自己的時代相一致）。十七世紀有一個決定性的時刻——就法國而言，你可以很準確地把它追溯到一六六〇年代末——當時學者們決定，他們不應該只把批判作為對付教派對手的臨時性工具，而是有責任不斷地進行批判，因為對原始材料的批判是接近真理的唯一途徑。

**您在書中將古代比作潘朵拉的盒子。您能不能談談學術所產生的意外後果，以及人們如何處理這些後果？**

正如我所說，在十六和十七世紀，學術研究和教派正統之間有著密切聯繫。但是，教派中的學術研究卻反過來衝擊了其獎掖者。我所鑽研的是從學術史的角度，研究好幾個人業已觀察到的一種現象：即阿蘭・柯斯（Alan Kors）所稱的基於正統文獻的不信。[30] 奈芙曾經把異教徒比作在正統本篤會學者巢穴中下蛋的杜鵑。用這種方式來解讀十八世紀的演變是極為吸引人的！[31] 多德威爾再次是個顯而易見的例子，因為他的著作被自由思想者（freethinkers）和自然神論者（deists）採掘出來。在一七六〇年代，伏爾泰在他的「摧毀不名譽者」（écrasez l'infame）行動——針對基督教的大規模小冊子戰爭——明確地引用了多德威爾。[32]

更有趣也更難徹底釐清的是，不是個別作家的結論，而是十七世紀正統派批判學問的這個發展是如何引向自我毀滅的。我想起了尼采在《歡悅的智慧》（*Die fröhliche Wissenschaft*）著名的格言，路德的教會改革帶來了意想不到的後果：《聖經》最終落入了在語文學家——也就是「摧毀以書籍為根本之信仰的那群人」的掌握之中。[33] 我同時在思考他的另一觀點，當一個宗教變成歷史知識的時候，當基督教被解析成「關於基督教的純粹知識」時，它在此過程的最後將被致命地摧毀。根據尼采的說法，歷史化的神學無意間「將自己為伏爾泰的摧毀行動中效力」——這句話令我很著迷，因為多德維爾的例子確實應證了這一點，而且尼采當然不認識他。[34]當時的宗教團體如何應對基督教之中引入了大量歷史性批判？基督教為了生存下去究竟自我改造了多少程度？就羅馬天主教而言，這一過程非常清楚。

一旦對歷史之博學失去其文化權威，而當它可以被斥為迂腐的吹毛求疵時，它就不再是對宗教正統的威脅。沒有人再關心它了。看看十九世紀發生了什麼：一八七〇年第一次梵蒂岡大公會議（First Vatican Council）確定了教宗無誤論的教條。十七世紀的學者們對教宗無誤論的教條，提出了許多基於歷史的反對意見，以至於該教條似乎被徹底駁倒，或者說法國的天主教徒相信這已被駁倒。教宗發表了錯誤的教義聲明、自相矛盾，並且被大公會議和自己的繼任者譴責為異端，這些無可爭議的例子在歷史中多不勝數。

但這並沒有阻止教宗無誤論被加以定義出來，也就是說，用樞機主教曼寧（Manning）的名言來說，就是「教條戰勝了歷史」。基於歷史的反對意見通通被屏除在外。論述所要根據的基礎開始轉變。無誤論是從主權的政治概念中推導出來的：直接一點地說，一個主權當局需要是絕對正確的，因為它必須要有最終的仲裁權。第一次梵蒂岡大公會議宣布，教皇的至上地位便「包括」了無誤論。正如曼寧在一段向「科學的歷史學家」發出的反抗性呼喚中，所解釋的那樣：「教會定義自己的教義時毋需理會你們，因為它比你們更了解自己的歷史……教會的歷史就是教會本身。」[35]最終，那位在世的教宗便是天主教會整體歷史的化身。教皇庇護九世（Pius IX）在第一次梵蒂岡大公會議上被認可為無謬誤，他宣稱：「我就是傳統！」在某種程度上，就像喀爾文派正統教義中的經文，被稱為是自身便具可信性（autopistos），教皇開始賦予自身權威。這就解釋了為什麼會議不僅宣布教宗是無誤的，而且還要宣布教宗始終認為自己是無誤的。從庇護九世和曼寧的觀點來看，這兩個陳述是同義的。只要你願意全心奉獻於這一立場，並接受其全部含義，它就不可動搖。

## 您認為近代早期的特殊獨特性何在？

至少就法國而言，近代早期歷史的特殊性，目前受到了某種程度的威脅。它被夾在兩群人中間，一群是擴展論的中世紀學者，他們認為存在一個「漫長的中世紀」，其一直持續到十九世紀早期，另一群是現代歷史學家，他們會將十八世紀中至少相當一部分歸入現代。從學術史，特別是宗教學術史的角度來看，我認為近代早期的批評，若是將其視為一種基礎神學行動之興起，頗具原創性。研究中世紀的學者說，中世紀神學家並非不具批判性，因為他們並不是憑著信任就去接受一切，這點是有道理的。早在九世紀，里昂的佛洛盧斯（Florus of Lyon），就用外在和內在的論證，指出一篇聲稱是由奧古斯丁所寫論文，其實作者另有他人。在十五世紀時，追隨聖奧古斯丁的教士和隱士們，就各自修會的古老性進行爭辯的過程中，有許多被冠在奧古斯丁名下的偽作布道辭（所謂《致荒漠中弟兄的布道辭》〔*Sermones ad fratres in eremo*〕）被徹底地批判與檢驗。[36]但是，即使在諸如此類的複雜辯論中，批評也不是基本指導原則，而是一場特定討論中因時制宜的工具，目的是要拋棄這些令人困窘的布道辭。這種批評觀念一直要到十七世紀才出現，而且最終成為一種道德觀念：你有責任追求真理，而批評是追求真理的適當工具。十五世紀時並沒有這種觀念。你現在有道德義務去運用批評，也有道德義務要去接受——正如馬比隆以當代道德神學的分類方式所說的——歷史的解釋不僅是可能的，而且是「更為可能的」。

我以還相當初步的方式劃定出這個過程的三個階段：宗教批判在十六世紀興起；宗教批判的範圍於十七世紀擴大，它成為要讓基督教回歸到所謂原始純正的基本工具；宗教批判於十八世紀受到了質疑，人們開始認識到批判會造成對宗教自身的傷害，這個雄心壯志就此破滅。在我看來，十六、十七和十八這三個世紀之間仍深具某種統一性。十九世紀是學術的鼎盛時期。儘管如此，在我看來，批判的動力在那個時期被邊緣化或被拒絕了，也許在所有的主要教會內，當然在羅馬天主教會內，這種批判它主要是由外部推動的。十七世紀末法國宗教文化中所達成的那種搖搖欲墜的平衡，已經徹底崩潰，而十九世紀的教會並沒有試圖恢復這種平衡。古代基督教研究在十九世紀時的建樹為數不多。不過，若是你將目光轉向聖經研究或是古典研究，情況便大不相同。不過，關於早期教父的研究，基本上只有關於米涅修士（Abbé Migne）的《教父學》

（*Patrologies*，確切地說是他的兩本分別以希臘語和拉丁語寫的《教父學》），德國學者稱之為馬克西姆下水道（cloaca maxima）。米涅修士在這本書中重印了近代早期的版本，並且幾乎沒有改動。我針對巴斯卡《省區書簡》（*Provincial Letters*）在十九世紀的接受情況做了一些研究。[37] 在法國，當時的教會文化非常重視修辭、護教（apologetical）並高度政治化，同時在神學上相當貧乏。在羅馬，如果你看一下禁書審定院和信理部的成員——都是神職人員，大多數是宗教教團的成員，這些人被雇用為「顧問」，並且針對這群人現在已經有相關的群體傳記學研究；[38] 你會發現一些才能之士仍然沈浸在十七和十八世紀的神學爭論中，他們似乎與自己時代的學術趨勢隔絕開來，而且他們幾乎沒有為這個領域做出任何新的貢獻。從純粹的思想觀點來看，近代早期基督教在知識上的巨大努力，在十九世紀就已枯竭。近代早期這段時期，並不僅僅是一種出於武斷的歷史學建構物，在我看來這段時間確實具有一致性。

**您在學術生涯中學會了什麼，以及捨棄了哪些想法？**

這問題對我來說，或許有些言之過早。當我剛到牛津的時候，我屈服於所謂中世紀最後的魔力，而寫了一篇不成熟的小文章，我現在對這篇文章感到蠻慚愧的。[39] 當你人身處於牛津大學的晚禱會時，你會覺得英格蘭國教會具備獨特性這種觀念似乎是可信的。但隨著年齡的增長，你對此的懷疑態度會愈趨強烈。奈芙過去強烈反對英格蘭國教會具獨特性，我與他一樣都吸收了傳統上在法國學術界普遍存在的文化高盧主義（cultural Gallicanism），也就是巴黎皇港在文學中的神話。我已經愈來愈不願意在未經過批判前，接受法國天主教會的主張。廣義而言，我現在對所有自誇的例外主義（exceptionalisms），甚至對任何固定不變宗教身分的概念都保持相當警惕。

**在您看來，當前針對學術史的哪些研究趨勢最有發展潛力？您對這個領域的未來發展有什麼期望？**

二〇一六年十月，在劍橋大學三一學院舉辦了一個非常有趣，關於教會教父如何被接受的會議，演講者中包括非常聰明和有前途，剛剛完成論文的年輕學者。[40] 二〇一三年，三一學院已舉辦了一次有關近代早期宗教學術史的會議，該會議的論文集即將出版，並將包括德米崔．萊維廷一篇關於「近代早期歐洲的懺悔化和博學」，極有見地的史學史綜覽。[41] 該領域目前在英語世界中非常有活力。也許這是我自己的責任，此領域在法國並沒有那麼興盛，至少學術史在法國還在努力爭取被承認為一個正當領域。這是我自己的經驗，就像奈芙的經驗一樣：學術史家基本上就是學者的學者，就像人們所謂作家的作家一樣。那些對歷史有敏銳意識的語文學同事們對我的研究很感興趣，比如法蘭索瓦．多爾博（Francois Dolbeau），他是我在法國高等研究實踐學院研究拉丁語文學的同事。年輕一代的古代或中世紀史學家中，有些人相當有意識地警覺到近代早期爭論留下的某些效力深遠的解釋範疇；如果你不了解這些範疇是在什麼背景下、出於什麼目的而產生的，你就幾乎難以從這些範疇中解放出來。但這些學者的專業領域，主要仍是古代史或中世紀史。在法國，新一代學者很少有人真正專門研究學術的歷史，這主要是就業市場的緣故。我在英吉利海峽對岸的時候，比在法國這裡要樂觀得多。

# 歷史與修辭——
# 昆丁·史金納（Quentin Skinner）

## 昆丁．史金納簡介

昆丁．史金納，現任倫敦大學講座教授，曾任劍橋大學副校長與皇家歷史學講座教授，曾獲波薩獎、沃夫森歷史獎（Wolfson History Prize）與俾勒非德科學獎（Bielefelder Wissenschaftspreis）等殊榮。史金納教授於一九四〇年出生於曼徹斯特，他的父親是一位派駐於西非的殖民地行政官，母親則是一位學校教師。史金納教授以研究歐洲政治思想蜚聲於世，特別是關於歷史研究的方法論、共和主義與馬基維利和霍布斯的政治理論等成果。史金納教授自謂其開展思想史研究之初，受到三位人物的影響：彼得．拉斯萊特（Peter Laslett）、基斯．湯馬斯（Keith Thomas）和約翰．波考克。史金納、波考克和約翰．鄧恩（John Dunn）共同引領了被後人譽之為「劍橋學派」的學術運動。史金納教授的皇皇巨著《現代政治思想的基礎》（*The Foundations of Modern Political Thought*, Volume I, *the Renaissance*, 1978），被認為是思想史上的經典之作，強調了將文本置於歷史脈絡中考察的重要性，並由此開展其「脈絡主義」的方法論。他借鑒英國哲學家奧斯汀（J. L. Austin）的「以言行事」（speech act）理論，認為歷史學家不僅必須分析政治文件的作者的意思（文件的行動意義），而且還必須分析作者在寫作中的「所作所為」（其言外之意）。

史金納教授的另一項研究主題是共和主義與自由，具體展現在《霍布斯與共和主義自由》

（*Hobbes and Republican Liberty*, 2008）和《自由主義前之自由》（*Liberty before Liberalism*, 1998）兩書。共和主義的歷史可以追溯至羅馬上古時代。史金納教授分析的重點主要擺放在歐洲歷史的近代早期，考察了馬基維利和約翰・彌爾頓（John Milton）等人之思想中共和主義思想的重要性。他強調共和主義的重點實為個人行為不受他人干涉的消極自由，並且修正學界認為共和自由為積極自由的通說。不過，史金納教授指出，他的研究方案不是要用一種自由概念代替另一種自由概念，就好像它們超越了歷史一樣。相反地，史金納教授試圖挖掘共和主義的自由概念，藉以復原失落的政治可能性。除了學術研究的積累，史金納教授還負責兩套叢書的選編工作：「劍橋政治思想史文本系列」（Cambridge Texts in the History of Political Thought）和「脈絡中的觀念」（Ideas in Context），皆由劍橋大學出版社出版。

## 著作選編（專書、主編論文集）

### 專書

*The Foundations of Modern Political Thought*, Vol. I, *The Renaissance*. Cambridge: Cambridge University Press, 1978. 中譯本：奚瑞森、亞方譯，《現代政治思想的基礎（卷一）：文藝復興》。新北：左岸文化，2004。

*The Foundations of Modern Political Thought*, Vol. II, *The Age of Reformation*. Cambridge, Cambridge University Press, 1978. 中譯本：奚瑞森、亞方譯，《現代政治思想的基礎（卷二）：宗教改革》。新北：左岸文化，2004。

*Machiavelli*. Oxford, Oxford University Press, 1981. 中譯本：蔡英文譯，《馬基維利》。臺北：聯經出版，1983。

*Meaning and Context: Quentin Skinner and his Critics*. ed. by James Tully. Cambridge: Polity Press, 1988; Princeton: Princeton University Press, 1989.

*Reason and Rhetoric in the Philosophy of Hobbes*. Cambridge: Cambridge University Press, 1996. 中譯本：王加豐、鄭崧譯，《霍布斯哲學思想中的理性和修辭》。上海：華東師範大學出版社，2005。

*Liberty before Liberalism*. Cambridge: Cambridge University Press, 1998. 中譯本：李宏圖譯，《自由主義之前的自由》。上海：上海三聯書店，2003。

*Machiavelli: A Very Short Introduction*. Oxford; Oxford University Press, 2000. 中譯本：李永毅譯，《馬基雅維里》。香港：牛津大學出版社，2017。

*Visions of Politics*, Vol. I, *Regarding Method*. Cambridge: Cambridge University Press, 2002.

*Visions of Politics*, Vol. II, *Renaissance Virtues*. Cambridge: Cambridge University Press, 2002.

*Visions of Politics*, Vol. III, *Hobbes and Civil Science*. Cambridge: Cambridge University Press, 2002.

*Hobbes and Republican Liberty*. Cambridge: Cambridge University Press, 2008. 中譯本：管可穠譯，《霍布斯與共和主義自由》。上海：上海三聯書店，2011。

*Forensic Shakespeare*. Oxford: Oxford University Press, 2014.

*Thinking about Liberty: An Historian's Approach*. Firenze: Leo S. Olschki, 2016.

*Hobbes and the State*. Assen: Koninklijke Van Gorcum, 2016.

*From Humanism to Hobbes: Studies in Rhetoric and Politics*. Cambridge: Cambridge University Press, 2018.

蕭高彥編，《政治價值的系譜》。臺北：聯經出版，2014。

李強、張新剛主編，《國家與自由：斯金納訪華講演錄》。北京：北京大學出版社，2018。

### 主編論文集

Editor with Peter Laslett and W. G. Runciman. *Philosophy, Politics and Society*. Oxford: Basil Blackwell, 1972.

Editor with Richard Rorty and Jerome B. Schneewind. *Philosophy in History*. Cambridge, Cambridge University Press, 1984.

Editor. *The Return of Grand Theory in the Human Sciences*. Cambridge: Cambridge University Press, 1985. 中譯本：張小勇、李貫峰譯，《人文科學宏大理論的回歸》。上海：上海人民出版社，2016。

Editor with Charles B. Schmitt, Eckhard Kessler, and Jill Kraye. *The Cambridge History of Renaissance Philosophy*. Cambridge: Cambridge University Press, 1988. 中譯本：徐衛翔譯，《劍橋文藝復興哲學史》。上海：華東師範大學出版社，2020。

Editor with Russell Price. *Machiavelli, The Prince*. Cambridge: Cambridge University Press, 1988.

Editor with Gisela Bocks and Maurizio Viroli. *Machiavelli and Republicanism*. Cambridge: Cambridge University Press, 1990.

Editor with Nicholas Phillipson. *Political Discourse in Early-modern Britain*. Cambridge: Cambridge University Press, 1993. 中譯本：潘興明、周保巍譯，《近代英國政治話語》。上海：華東師範大學出版社，2005。

Editor with David Armitage and Armand Himy. *Milton and Republicanism*. Cambridge, Cambridge University Press, 1995.

Editor with Martin Van Gelderen. *Republicanism: A Shared European Heritage*, Vol. I, *Republicanism and Constitutionalism in Early Modern Europe*. Cambridge: Cambridge University Press, 2002.

Editor with Martin Van Gelderen. *Republicanism: A Shared European Heritage*, Vol. II, *The Values of Republicanism in Early Modern Europe*. Cambridge: Cambridge University Press, 2002.

Editor with Bo Stråth. *States and Citizens: History, Theory, Prospects*. Cambridge: Cambridge University Press, 2003. 中譯本：彭利平譯，《國家與公民：歷史・理論・展望》。上海：華東師範大學出版社，2005。

Editor with Alan Cromartie. *Thomas Hobbes: Writings on Common Law and Hereditary Right* (The Clarendon Edition of the Works of Thomas Hobbes, Volume XI). Oxford: Clarendon Press, 2005.

Editor with Hent Kalmo. *Sovereignty in Fragments: The Past, Present and Future of a Contested Concept*. Cambridge: Cambridge University Press, 2010.

Editor. *Families and States in Western Europe*. Cambridge: Cambridge University Press, 2011.

Editor with Martin van Gelderen. *Freedom and the Construction of Europe*, Volume I, *Religious and Freedom and Civil Liberty*. Cambridge: Cambridge University Press, 2013.

Editor with Martin van Gelderen. *Freedom and the Construction of Europe*, Volume II, *Free Persons and Free States*. Cambridge: Cambridge University Press, 2013.

Editor with Richard Bourke. *Popular Sovereignty in Historical Perspective*. Cambridge: Cambridge University Press, 2016.

## 一開始是什麼吸引您研究思想史？而又是什麼特別吸引您研究近代早期的政治思想家？

在學校時，一位傑出導師約翰．艾爾（John Eyre）的影響激發了我的興趣。他過世時《獨立報》（*Independent*）上刊登了全版悼文以茲紀念，標題為「改變人生的歷史老師」。[1] 總體上，我接受的是非常完善的中學教育。我進入了一所英國的公學，這個沿用至今的稱呼頗為別緻——因為它們當然是私立學校，我的父母付出了他們可能難以負擔的費用，給了我的兄弟和我如此優越的人生開端。我們學習了科學和人文科學領域中的各種學科，但在最後三年中，課程大綱變得高度專業化。在此階段，我完全專注於拉丁語、英國史及英國文學。

我們對英國史的學習相當深入，但有些重要的限制。其一是高階政治的敘事被認為是最重要的；另一則是我們僅僅專注於兩個形成時期：宗教改革和英國革命。我的學習因而僅限於一五〇〇年至一七〇〇年之間。這幾個世紀又被依次視為一個關於英國解放的輝格派故事，先是天主教教會，爾後又是斯圖亞特王朝的君主專制主義，這項敘事最終則以所謂的一六八八年光榮革命作結。

不過，這些事件咸認具有某種「思想背景」。當我們學習到宗教改革時，我們會被要求閱讀一些在當時引起爭議的著作，包括湯瑪斯．摩爾（Thomas More）的《烏托邦》（*Utopia*）。而當我們學習英國革命時，同樣要讀湯瑪斯．霍布斯的《利維坦》中專制主義的主導辯解理由，並在約翰・洛克的《政府論次講》（*Second Treatise of Government*）中見到一六八八年革命的正當理由。我當時買下了所有的文本，而我購買並寫著批註的書現在還留在某處。你問一開始是什麼吸引了我專門研究思想史，而我的回答是：我發現自己立即而無差別地迷上了這一切著作。從很久以前的那時起，我便發表了很多有關霍布斯與洛克的文章。我有時認為我的學術生涯大部分，不過是在試圖解答我在青春期時最初思考的某些問題，提供更好的答案而已。

早年這些研究的結果是，當我在一九五九年到劍橋讀大學時，我已然是一位思想史的奉獻者。但如果你問的是什麼吸引我關注政治理論和近代早期的歷史，那麼答案恐怕不會很有思想興味。這僅僅是因為我最初投身的就是這些課題，它們從那時起便一直吸引住我的注意力。

## 什麼是您自早年以來，一直心心念念的問題？

我以前是個非常書呆子的男孩，或者可以說，我成為了這樣的男孩。我十一歲時罹患結核病，幾乎不治，讓我的早年教育中出現很長的空檔。我不得不躺在床上將近一年，我所能做的事就只有讀書和聽音樂。這項影響十分深遠，在我重返學校之際，我整個人蛻變了。在那之後，我非常想在學習上成功，最終我決定要當老師——我一直以來主要就是如此看待自己的。

不過，我必須承認，我一開始最著迷的學術問題，並非全部或甚至主要是政治或哲學性質的問題。我青少年時期對建築史充滿了濃厚的研究熱情，有個夏天，我甚至寫了本關於英格蘭新古典主義建築史的小書，並手繪了插圖。然而，我去劍橋大學時不可能成為一名建築史學家，當時劍橋大學幾乎不教這門課。但無論如何，我至少對自己研究的歷史時期相關的社會和政治理論，愈來愈感興趣，而我當時開始思考的問題從未停止困擾我：關於國家的概念、代議制的理念、政治義務的根基與限制，以及政治自由的性質與範圍。

**您早年在劍橋大學的導師和老師有誰，而您從他們身上學到了什麼？**

我的政治理論主要老師——在劍橋大學的說法中是「指導教授」，我每週必須向其繳交一份書面作業——是約翰．布羅（John Burrow），他後來成為牛津大學的思想史教授。但是，我還修了彼得．拉斯萊特的「霍布斯和洛克」、鄧肯．福布斯（Duncan Forbes）的「啟蒙運動和黑格爾」，以及最吸引人的沃爾特．烏爾曼（Walter Ullmann）的「中世紀法律與政治思想」等講座課。然而，我最重要的導師有些並非我的老師，而是我的同代人。其中，對我影響最大的是約翰．鄧恩，他後來成為劍橋大學的政治理論教授。鄧恩比我更快察覺到，我們大多數講師都強調少數經典著作，這表示我們學習這門課的方式可能並非最有啟發性。鄧恩早在一九六九年便寫出了近代思想史上最重要的修正主義著作之一，他對洛克政治思想的研究現在仍是模範。[2]

## 您如何看待廣博的思想史和政治思想史兩者之間的關係？

我認為思想史是人類心靈所有產物的歷史研究之名。因此，對我來說，思想史除了哲學史之外，還涵蓋藝術、建築、音樂與文學史，而政治哲學只是哲學史的一個分支。因此，我認為政治哲學史是分支的分支。

順帶一提，我喜歡「思想史」（intellectual history）這個詞，而非我青年時期最廣為使用的「觀念史」（history of ideas）。我剛開始發表時，大家談論的仍是觀念史，我自己在一九六〇年代寫的一些文章中也用這個詞。[3]然而，我是帶有諷刺意味去刻意為之，因為我想論證，嚴格來說，沒有觀念的歷史，而只有觀念以不同方式被運用的歷史。我認為強調許多思想史家不研究觀念也很重要。對我來說，繪畫史是思想史的一種形式，但是我不確定這是否屬於觀念史，因為許多繪畫與觀念無所關涉。我喜歡「思想史」的包容性，我現在總是用這些詞來形容自己，即便我知道這用法沾染上一種淡淡的、亦且可能自滿的歧義。

## 您早年學術生活中有哪些書籍和課程可謂是關鍵點？

我再次意識到，某些關鍵時刻是在中學而非大學時發生。在我去劍橋大學以前，已然有兩位對我影響深遠的哲學家。伯特蘭・羅素（Bertrand Russell）就是其中一位。有段時間裡他是我心目中的英雄，我尤其欽佩他的《西方哲學史》（*History of Western Philosophy*）。[4] 從方法論上講，我現在不得不承認，這本書有些「原始」：這只是一系列思想傳記的組成，他對哲學家的選擇也感覺有點隨意，除了這些哲學家是羅素最感興趣的人物之外。但對我來說，它第一次打開了整個令我入迷的學說世界。我記得我開始讀這本書後，想到應該做些筆記，最終發現我大概是抄寫了整部作品。

羅素吸引我的另一點是他的文采。羅素下筆可謂精彩透徹，筆鋒同時又帶有不斷的諷刺。我現在認為這是種傳統的英式風格，或許還是某種精英主義的寫作方式，但我必須承認，它在某種程度上仍是我的榜樣。當然，我無法模仿風格，但我肯定還是希望能盡量寫得清楚明白。我喜歡喬治・歐威爾（George Orwell）的話：說明文字應當如同一面玻璃。

柯靈烏是另一位我在中學時接觸其作品，且對我仍然十分重要的哲學家。我被要求閱讀他的《歷史的理念》（*Idea of History*），一部關於歷史哲學的遺作論文集。[5] 這又引領我閱讀他的《自傳》（*Autobiography*），這是部殘酷的辯論作品，我在其中見到了他關於「問與答的邏輯」

的著名討論。[6]我從柯靈烏身上獲得了一個觀念，即不應將文本僅視為主張的主體；應當將其視為特定問題的答案。以這種方式來看，在哲學這門學科中我們不再見到一系列經典問題的不同答案。問題與答案反而都開始看來像在不斷變化。對哲學的研究似乎也不再像是研究經典文本之事。假如有部分的目的，是要復原任何特定哲學著作可以視為答案的問題，這便要求我們超越文本，將目光投向其形成之情境。與初讀柯靈烏時相比，我現在更加直接地提出這些想法，但它們早在略具雛形之際，早已在我身邊如影隨形。

在大學裡，有兩位專家的著作使我特別興奮。其一是拉斯萊特所編之洛克的《政府論》（*Two Treatises of Government*），於一九六〇年首次出版。[7]我在一九五九年開始大學課程，因此我是在大學一年級時讀到拉斯萊特的作品，開始研究洛克。檢視洛克寫作的情境後，拉斯萊特得以證明，儘管洛克的《政府論》首次出版是在一六八九年，但洛克早在接近十年以前開始起草《政府論》。因此，對該作是為慶祝一六八八年革命而寫的一般認知基本於斯瓦解，而又有必要再次問洛克為何創作了這部作品。拉斯萊特的答案是，在查理二世（Charles II）統治末期，獨裁的氛圍日益高漲，洛克試圖證明自己有權利抵抗獨裁專制統治。我之所以認為此分析引人注目，是因其驗證了洛克的《政府論》所計畫回答的具體問題。簡而言之，拉斯萊特的學術研究完全是柯靈烏的風格。

約翰・波考克的《古代憲法與封建法》是另一部令大學時代的我感到興奮的學術著作。[8]波考克展示了一種特別的英國史解讀方式——在其中將議會視為憲法自古以來的特徵——是如何被用來挑戰英國革命前數十年中，走向專制主義的潮流。正如波考克明確指出的，有關議會的此一主張在證據上值得懷疑，但這對議會起因的意識型態價值，最終助其獲得接納。我認為或許就是這點，讓我開始思考與政治理論相關之意識型態，以及兩者之間是否有明顯區別。這成為了我一篇早期文章的課題，[9]從那時開始，我發展出了這樣的意見：即使是最抽象的政治哲學作品，通常也能展示出其中具有強烈的意識型態成分。我們可以放心假設，其目的在於讓某些既有的政治安排或承諾，獲得或失去合法地位。為了說明此一意見，我轉向霍布斯的哲學，一般會認為霍布斯超越於論戰之上。我試圖證明霍布斯深陷於他那個時代的政治辯論，以及政治理論史或許基本上就是這種論戰的歷史。

而就我大學時期的同儕團體而言，我們都在讀維根斯坦。維根斯坦於一九三九至一九四六年期間任劍橋大學的哲學教授，並於一九五一年逝世。他的《哲學研究》（*Philosophical Investigations*）於其過世後出版，被譽為本世紀最偉大的哲學著作，我現在仍然覺得沒錯。[10]在我讀大學時，劍橋裡任何對哲學感興趣的人都在讀這本書。我認為我們主要將其視為關於意義理論的作品，儘管其中涵蓋的主題顯然很廣泛。但最讓我印象深刻的部分肯定是，維根斯坦勸告我們不要談論意義，而要追索字詞在語言遊戲中，以及構成生活形式時的運用。

對我而言更重要的是，一九六二年我剛開始研究時，奧斯汀的《如何以言行事》（*How to Do*

*Things with Words*）出版。維根斯坦曾說過：不要問意義，要問可以運用什麼字詞和概念來行動。奧斯汀接著問：我們可以運用字詞進行的事情到底有多少？[11] 我發現奧斯汀得出的類型學正好若合符節我的目的。我認為他要告訴我們，語言有兩個不同的面向，因而有兩個不同的詮釋任務。一方面是字詞及其意義，而另一方面奧斯汀則稱之為話語之力。因此，無論話語為何，對說話者發言時可能在做的事進行解碼，就成了一項重要的解釋任務。奧斯汀在此處潛在的假設——需要將寫作和言語視為社會行為的形式來評判——提供了我從那時起一直努力遵循的基本詮釋學原則。

**您投入研究的兩位關鍵人物是馬基維利和霍布斯，這很令人印象深刻，因為他們各代表了一個政治思想史上的戲劇性轉捩點。您是否能講一講是如何深入研究這些人物的？這個問題的背後是，要如何選擇在何處發掘？**

關於在何處發掘的問題，我遵循極其傳統的規程。有時這點讓我感到尷尬，不過我目前為止還沒發現它過分困擾了我的閱聽人。但有時我發現自己在思考，特別是準備在中國或美國演講時，談論西歐菁英文化是否仍可獲得接受？因為那是我研究的重點。我主要寫過摩爾、莎士比亞、彌爾頓、洛克，尤其如你所說是關於馬基維利和霍布斯。不過，如果我擔憂這點，那為何仍要選擇發掘呢？我的回答並非是我特別欣賞馬基維利或霍布斯。實際上，我發現他們有些言論令人生厭。但最初吸引我的原因之一，是他們倆都如此完美地描繪出了我在思想史上想提出的、更為普遍的主張。

正如我提過的，我最想提出的主張之一是，即便是最抽象的政治哲學著作，也需要將之理解為對既有對話或辯論的介入。若想要理解，就需要確定其意圖參與的特定討論。如果這是你意欲贊同且實踐的研究取徑，那麼馬基維利就為說明其獨特優勢，提供了完美的途徑。馬基維利繼承了人文主義的假設，即政治的目標是偉大和榮耀，而達到這些目的之途徑是擁有德性（*virtù*）或普遍德行（*virtus generalis*），即智慮、正義、勇氣、節制的「樞要」美德。馬基維利在《君王論》（*Il principe*）中同意統治者的目標應當是偉大與榮耀，而這點需要「德性」。但馬基維利接著宣稱假設「德性」概念，可折換為一系列美德，不啻是毀滅性的錯誤。他反過來辯稱，政治領導者必須認識到的是，凡能帶來榮耀與偉大之特質就名為「德性」。這所導致的行為一直都會是美德的事例嗎？據馬基維利所言，沒有機會。因此，說得粗糙些，這就是馬基維利革命。但若想了解，則要辨別馬基維利在公認的政治道德論述中，所進行的顛覆性介入之準確類型。

馬基維利繼續在《君王論》第十八章中說，真正的政治行家（*virtuoso*）是了解模仿獅子與狐狸之價值的領導者；亦即，知道勇猛與狡詐，對政治成功而言不可或缺。要掌握此一關鍵主張的重要性，必須理解除了其他意義以外，這還是對西塞羅的諷刺。西塞羅在其《論義務》（*De *officiis*）中宣稱勇猛是獅子的特質，而狡詐是狐狸的，並貶斥這兩種特性是獸性、野蠻的，因而無法與人類匹配。馬基維利說，這些正是男人要想成為成功領導者必須培養的特質。馬基維利不僅拒斥西塞羅的人文主義，而且嘲笑他的正經。回到我取材自奧斯汀的公式，這就是馬基維利在這段著名的文章中「所做的」。我想說的是，這是思想史學家應尋求的理解：一種對他們研究的作品中到底是怎麼回事的賞析、一種對作者所為的理解。簡而言之，我專注於馬基維利的最初原因之一，屬於和歷史幾乎同等的方法論：馬基維利完美說明了我想提出的某些更為普遍的主張。

**您在美國，特別是在普林斯頓高等研究院的時間，如何影響了您的研究和興趣？**

一九七四年，我在劍橋學術輪休的一年，就去了高等研究院。接受了偉大的西班牙近代早期史學家約翰・艾略特（John Elliott）爵士之邀，我在高等研究院的歷史研究學院渡過了這一年。但我在那裡受邀在阿爾伯特・赫緒曼（Albert Hirschman）和克利弗德・紀爾茲建立的社會科學學院擔任為期五年的研究員，他們已經聘請了湯瑪斯・孔恩和威廉・蘇沃（William Sewell）。事情的發展是，我只再待了三年，因為我和妻子都獲劍橋以誘人職位邀請回校，而決定返回家鄉。但我在普林斯頓的四年，對我來說非常重要，我非常享受這段人生時期。

你問我在高等研究院的時間，如何影響了我的研究和興趣。我必須說，儘管這聽起來很自負，但這段時間並未導致我的觀點或研究風格，發生任何重大轉變。我到那裡時已然是忠實的維根斯坦主義者，而我幾乎所有純方法論和哲學的文章在那時皆已發表，其中大概有六篇出現在一九六〇年代末和七〇年代初。[12] 況且，紀爾茲也同樣深受維根斯坦影響，正如他在上本書的序言中明確指出的那樣。[13] 因此，我發現高等研究院的氣氛融洽，而不具挑戰性，至於我在那裡的時間，主要用來鞏固和加深已有的知識追求。

儘管如此，進入高等研究院是我一生中程度最強的學術經歷。我發現自己所處的環境比當年的劍橋更致力於研究——這毫無疑問也提升了我自己的本領——而且還有大量的時間來從事自己的工作。我在劍橋辛苦了幾年，想對近代國家的興起進行大規模研究，但總是無法寫成。但在普林斯頓渡過了三年以後，我成功寫完了這本書，並於一九七八年出版了名為《現代政治思想的基礎》的專著。[14]

除了讓我能進行更多研究之外，我在普林斯頓的時光還讓我認識了一群最傑出的學者，大為提升了我的哲學和歷史興趣。給我留下特別深刻印象的一位就是紀爾茲。要和紀爾茲熟悉起來不容易，因為他既靦腆又暴躁，但他成為了一位非常有價值的導師和朋友。紀爾茲是我有幸認識的最具原創力和廣為閱讀的學者之一，在文學、哲學以及廣義的人文科學中悠遊自得。身為民族誌學者，紀爾茲一直對概念如何聚集起來，藉以建構可行的生活形式充滿興趣，即使這些概念對我們而言似乎很陌生。這種方法產生了他最有力的作品之一，出版於一九八〇年的《內加拉》，亦即他對所謂「劇場國家」（theatre state）的研究。[15] 我為《紐約書評》（*New York Review of Books*）寫了該書的評論，且對其印象深刻。[16] 這是部關於國家概念的書，但在其中根本不將國家作為強制機器的名稱。藉由讓我們知道國家關乎權力，更同樣關乎展示，而展示亦可為權力之形式，紀爾茲不僅成功闡明了一種看似陌生的思考方式，也同時讓我們自問社會中權力與展示之間的關係。在我看來，這似乎正是思想史學者和民族誌學者該採用的方法，這無疑影響了我自己以後關於國家理論的研究。

我還要提到孔恩，他在研究院的辦公室就在我的隔壁，他經常突然進來我的辦公室，談論他當時開始研究的意義轉變。我認識孔恩時已受到他於一九六二年首次出版之《科學革命的結構》極大影響。孔恩的核心思想尤其使我著迷，即我們所謂的知識存在於典範之內，而直到典範本身開始受到懷疑，建立起典範的反例時，改變才會發生。同時，典範將用於消除明顯的異常，這正與卡爾・波普關於所謂關鍵實驗之角色的主張相反。和紀爾茲一樣，孔恩也傾向於認為理性上的相信，部分取決於你另外相信之事，而非取決於能毫無爭議地稱為「證據」之事。

我還花了很多時間與普林斯頓大學中，兩位領路的哲學家前輩理查・羅逖（Richard Rorty）和雷蒙・葛斯（Raymond Geuss）往來並從中獲益。羅逖當時寫的是《哲學與自然之鏡》（*Philosophy and the Mirror of Nature*），於一九七九年出版。我在《紐約書評》中也十分讚揚該書。羅逖將他對維根斯坦、奎因（W. V. Quine）與孔恩之分析，大膽地推向相對主義的方向，這令我特別驚訝，我還與他對思想史家致力於某種形式之概念相對主義的程度，進行了廣泛討論，無論是在出版文章中還是在對話中。[17] 我和後來在劍橋成為同事的葛斯共度的時間更長，而我正是從他那裡學到了將系譜學視為思想史家使用的工具。葛斯原來主要對尼采的意見感興趣，亦即追尋我們信仰起源之行為足以貶低信仰。我最終也許更維根斯坦主義一些，僅將系譜學作為有用的工具，用來追溯如何個體化與定義概念上經常出現的爭議。大半是與葛斯的討論促使了我撰寫後來發表的關於自由與國家概念之系譜研究。[18]

**在您的《現代政治思想的基礎》中，您複雜化並挑戰了賦予文藝復興時期新穎性的某些觀點——特別是藉由表明古典共和主義等觀念具有更深遠的中世紀淵源。您如何理解觀念史中變化與連續性之間的關係，尤其是在近代早期的時段？**

你說得不錯，我的目標之一是挑戰近代早期歷史的傳統分期。當然，常用的標籤確實無法輕易擺脫，而在書名中避免背叛自我尤為困難。《現代政治思想的基礎》的第一卷標題為《文藝復興》（*The Renaissance*），確實特別符合常規。但我不僅是意圖喚起，並且是要解構十五世紀佛羅倫斯所出現的獨特文明之布克哈特式（Burckhardtian）意象。在我寫作的時候，這種思惟仍十分普遍，不僅構成了漢斯．巴倫的《義大利文藝復興早期的危機》（*Crisis of the Early Italian*

*Renaissance*），甚至構成了約翰・波考克在一九七五年的傑作《馬基維利時刻》（*Machiavellian Moment*）。[19] 而我反過來試著回到十二和十三世紀有關羅馬法律與政治思想中「最高權力」（*suprema potestas*）的辯論中，追溯義大利城邦國家共和自治理論與實踐的出現。

《現代政治思想的基礎》的第二卷名為《宗教改革》（*The Age of Reformation*）。我在其中想質疑的論點是：如邁克爾・瓦爾澤（Michael Walzer）和朱利安・富蘭克林頗具影響力地提出的，近代憲政主義詞彙的具體化是新教改革的獨特遺產之一。[20] 我試圖證明的是，賦權、有限政府及以政治抵抗權等相關理論的發展，皆與對天主教會固有組織的長期辯論有所關聯。法蘭西斯・奧克利（Francis Oakley）已開始用類似詞彙進行討論，但我在此主要受惠於梅特蘭（F. W. Maitland）出色的學生菲吉斯（J. N. Figgis）的作品，他在《從葛森到格勞秀斯》（*From Gerson to Grotius*）中，證明了關於教會會議至上主義（conciliarism）之辯論，對近代世俗國家形成產生的深遠影響。[21]

**您先前提到過巴倫。您是否也曾回頭重讀了他與保羅・奧斯卡・克里斯特勒的辯論？**[22]

我一直都支持克里斯特勒的立場，後來與別人合編《劍橋文藝復興哲學史》時，我為自己說服克里斯特勒撰寫關於人文主義的一章而感到十分自豪。我認為最好將「人文主義」理解為課程名稱是克里斯特勒的基本主張，而我深受其影響。克里斯特勒不僅清除了很多有關文藝復興時期發明了所謂人文價值的浪漫廢話，還證明了「人文學科」（*studia humanitatis*）主要源於羅馬而非希臘，而重新錨定了歷史書寫的方向。正如克里斯特勒所展示的，課程包括五個要素：文法（對拉丁語的研究），其次是邏輯和修辭，然後是歷史和道德哲學的研究。西塞羅成為了中心人物，是修辭理論與實踐的專家，以及有影響力的道德與政治建言提供者。克里斯特勒展示出義大利王國（*Regnum Italicum*）早在十三世紀，便發展出一種基本是西塞羅式的修辭文化，其最終在十六世紀導引出馬基維利和圭恰迪尼與歐洲北部的伊拉斯莫斯與摩爾所寫的這類歷史與政治建言書。儘管克里斯特勒總是謹慎而謙遜地提出自己的發現，但其影響是提出了一種從事研究文藝復興時期政治理論的新方法，這部分略過了所謂經院主義（Scholasticism）的影響，並連結了十三世紀至十六世紀初這整個時期。

**您長期以來一直對修辭學（*ars rhetorica*）和修辭學的歷史遺產感興趣，在您最近的《庭辯中的莎士比亞》（*Forensic Shakespeare*）中達到頂點。[23] 最早引起您對古代修辭傳統遺產興趣的是什麼，而其如何影響您思想史及政治思想史的方法？**

我對修辭學的興趣最早是由閱讀克里斯特勒引起的，但也受傑洛德・西格爾（Jerrold Seigel）

於一九六八年出版的開創性著作《文藝復興時期人文主義的修辭學與哲學》（*Rhetoric and Philosophy in Renaissance Humanism*）影響。[24] 上述作品驅策我回頭去讀西塞羅，我在中學時學習過西塞羅部分演講的內容。而我現在轉向西塞羅關於演說的理論性著作，尤其是《論雄辯》（*De oratore*）。我在其中見到了西塞羅對兩類論述的關鍵區分，其一特徵為科學，另一特徵則由西塞羅標誌為人文科學。西塞羅認為，諸如文法或數學之類的科學，可以完全仰賴理性（*ratio*）提供證據作為力量。但在人文科學中，若我們要成功提出自己的論據，則還需依靠說服力，因此也需要雄辯（*oratio*）或演說的力量。換句話說，就如同西塞羅所云，人文科學的特點是問題總有兩面的事實，因此我們便總能希望在兩個方面（*in utramque partem*），即在任何一方提出有說服力的論述。

因此，對西塞羅而言，人文科學——包括法律與政治——當中論述的原理必須由修辭開題（*inventio*）理論提供，即西塞羅在《論開題》（*De inventione*）一書中概述之理論。精通「開題」讓我們能發現（*invenire*）不同情況下，最有說服力的推理類型，並向我們展示如何以最佳順序和最有力的「雄辯」與「理性」組合安排論述。我認為，我們現今傾向僅將修辭等同於言語修飾（詞藻），尤其是藉由修辭手法所進行的言語修飾。但對西塞羅和文藝復興時期的修辭教育傳統而言，這是種獨特而不可或缺的論辯藝術之名。

你問如此理解的修辭學研究，如何形塑了我身為思想史家的工作？我的回答是，這是我兩部專論的核心。一部是我在一九九六年出版的《霍布斯哲學中的理性與修辭》（*Reason and Rhetoric in the Philosophy of Hobbes*）。霍布斯在其最早的政治理論著作《法律的要素》（*The Elements of Law*）發表之初就指出，他的目的是要採取另一方將無處容納論述的方式來闡明政治原則。這同時是對西塞羅之人文科學解釋觀的引用與否定，而我試圖探索其重要性。我特別試圖追溯霍布斯對修辭藝術的反感，以此作為解釋《法律的要素》與其一六四二年出版之《論公民》（*De cive*）結構的手段。然後，我將該方法對照霍布斯在《利維坦》結論中爾後的讓步，即若要建構政治學的任何前景，理性和雄辯必須「站在一起」。我試圖證明這種與修辭藝術的融洽，如何影響了霍布斯對公民科學的成熟演示，引領霍布斯展開更廣泛的論述，特別是採用諷刺與嘲弄的修辭手法與對手往來。

我以修辭學理論為主題的另一本書是《庭辯中的莎士比亞》，於二〇一四年問世。我應該解釋一下，對許多我這一代的英國人來說，莎士比亞是教育的中心人物，我們深入研究了他的許多戲劇。在寫關於霍布斯投入修辭藝術之改變的著作時，我不禁注意到，修辭手冊的作者提出的大多數建議，在幾部我熟知的莎士比亞戲劇的語言與結構中似乎有所呼應。不過，若我未曾受邀參加二〇一一年在牛津舉行的克拉倫登文學講座（Clarendon Lectures in Literature），我認為我不會有信心去探索這些直覺。我以「莎士比亞與修辭發明」為題發表了一系列演講。我試圖展示，在一組最重要的《哈姆雷特》與《奧賽羅》的莎士比亞中期戲劇中，運用了古典修辭技巧進行兩方論辯，而以此為中心組織了許多關鍵演說和場景。

## 您能告訴我們您的研究方法嗎？您如何開始一項計畫以及如何寫作？

我曾經讀過一部文集，其中多位學者確切解釋了他們開始研究特定主題，以及最後坐下來寫作時所發生之事。我發現這些故事引人入勝，但也為之困惑，因為我意識到我沒有這類故事能講。我真的不太清楚我是怎麼做的。我知道我會速記下很多筆記，然後對這些筆記做一些更系統的筆記，並在過程中試著讓這些筆記形成草稿。接著我曾習慣於將草稿進行打字，不過自一九八〇年代初期以來，我和其他人一樣都用電腦。而且，和其他人一樣，這意味著我現今可能寫的比我所應寫的還多。

然而，我已經認識到了，我在很長時間以來都遵循結構性原則在做筆記。我在所研究的文本中，看到讓我想起其他文本的東西，我便開始將這兩個文本並置對比。這就是我的工作方式，例如：我在寫關於安布羅喬・洛倫采蒂名為《好政府》（*Buon Governoro*）之壁畫系列的文章時便是如此。[25]我注意到，該系列的規畫取材自許多早期人文主義者的政治論文，特別是布魯內托・拉蒂尼（Brunetto Latini）關於市政廳的短論。我得出的研究中先闡釋該部關於暴政與德治的文獻，接著試著展示洛倫采蒂傑作中的細節，大多可參照該文本來解釋。

為莎士比亞的庭辯劇本做筆記時，我遵循了相同的原則。我注意到，正如我所言，莎士比亞在其中一組戲劇中，將修辭規則廣泛用於司法目的。因此，我的書首先講述了羅馬與文藝復興時期的司法理論，然後試著說明這些規則在每部相關劇作中的應用（有時則是反抗）。這種方法本質上是柯靈烏式的，優點在於論辯易於理解。但缺點是存在片面辯護的危險；另一點是，書的設計是為了辨別介入並解釋難題，以至於組織得有些機械。我還是覺得我的方法優點大於缺點，但部分批評者並不同意。

雖然並置對比一直是我主要的學術技巧——如果能描述得如此宏大——我也必須承認敘事閉合的弱點。在我的《現代政治思想的基礎》中，我主要志在追溯主權國家的近代概念，如何從各種司法轄區與政權的中世紀背景當中產生的過程。在政治作家開始評論結果亦且描述他們所獲之「國家」（lo stato）、「國家」（l'état），或者說「國家」（the state）總體概念的時刻，我結束了這本書。我認為這種結局令人滿意，儘管後來我受到譴責——恐怕這不太公平——因為我用宏大敘事來代替許多本來可以說的矛盾故事。我在二〇〇八年出版的《霍布斯與共和主義自由》一書中的寫作方法類似——但我想我成功地避免了批評。我追溯了個人自由相關的思考方式演變，其中認為自由的反義詞是依從他人的任意意志。我試圖表明霍布斯是如何質疑此一分析，並劃時代地成功將觀點改換為，自由存在的唯一標誌便是外部約束不存在。我在這種新的自由觀成功挑戰了既定觀點時結束了敘事，將後者導致的霸權喪失作為另一種結局形式。

**研究和寫作是私人過程，或者您在進行研究計畫時會與他人談論？**

對我而言，這個過程最好完全是私人的。我從不喜歡在投入研究時談論我的研究。我在普林斯頓的那幾年中發現這很困難，因為在我看來，大多數人總是想討論他們的學術計畫。這裡可能存在文化差異，因為我從小到大都相信談論自己是不良習慣。但我認為我的不同主要源於害怕，如果我與專家談論正在思考的主題，只會發現自己偏離路線，或受他人的評論和批評而感到挫折。我寧願等到完成再說，在這一階段，我非常渴望將自己的作品給專家看，期望得知當中是否有誤。回應有時可能令人沮喪，但我總能發現它們帶來了改善，某些情況下，我獲得的幫助數量，幾乎令人頗難為情。

**您先前提到，您還留著某些學生時代的書，上面留有筆記。您如何與您的私人藏書互動？您會在書上寫筆記嗎？**

我想，就如同我這代所有學者一樣，我有個巨大的私人圖書館，而我一直僅將我的書視為工具，在空白邊緣處塗寫，並在文字底下畫一堆線。但資料庫的可用性改變了我的學術生活。當然，我討論的某些作家總是一致的——最明顯的是西塞羅、彌爾頓與莎士比亞。但現今能下載大量可搜尋的文本，導致思想史的學術標準已上升到從前難以想像的高度。我剛起步時，必須像基斯．湯瑪斯才得以（因為讀過所有內容）說出諸如「直到Y時才出現X詞」的話。但如今在線上檢索一小時左右之後，任何人都能以同樣驚人的精確度講話。

**您在《自由主義之前的自由》中探索您歷史研究的當代含意。[26] 您想在思想史家和政治理論家之間見到什麼樣的對話？歷史學家可以為當代政治辯論和論述做出何種貢獻？**

我認為，歷史學家目前很難與哲學家進行對話。採取流行的分析模式寫作的哲學家，傾向假設有可能提出至少每個人在原則上都能同意的概念定義。但哲學史家更傾向於強調，我們許多核心概念都從未停止成為爭論和辯論的主題，因此，任何達成一致定義的展望似乎都注定要失敗。

如果你問歷史學家可為當代政治辯論做出何種貢獻，我傾向於說我或許已給了你答案的一項要素。也許思想史家有助於我們看到，某些我們容易視為自然的概念實際上是歷史性、偶然地建構的。正如我所暗示過的，這就是我在《自由主義之前的自由》一書中試圖論述的內容。我在書中指出，在羅馬法《學說彙纂》（*Digest*）以及對該文本的無盡評註中，討論一直是從人的分類學開始，其中基本的區別在於自由人與奴隸之間。換句話說，我們得知若要理解自由的概念，則需掌握生活在奴役中的意義為何。《學說彙纂》的答案是，奴隸的生活是在「權力之下」（*in potestate*），因而要服從他人的任意意志。故而若要成為「自由人」（*liber homo*），必須生活在身為「自權人」（*sui iuris*）的情況下，也就是能獨立於他人意志行事。

毋庸多言，這並非我們目前認定個體自由所傾向的方式。相反地，當代政治理論中常見的是，自由僅為行動之前提：自由是行使我們權力時不受阻礙。但歷史學家會想問，這種普遍的理解是否可能不過是種意識型態的建構，掩蓋了一些我們在問身為自由個體（free agent）之意義為何時，要思考的問題？這是我在《自由主義之前的自由》結尾中試圖提出的問題，過去有時可能是個藏寶庫。歷史學家不僅能幫助我們擺脫目前的假設和偏見，並且還可以向我們展示部分概念的替代讀物，可能很值得我們撿拾取用、抹除塵灰，並且重新挪用來達成我們的目的。

**缺乏本質必定賦予權力。**

是的，那是傅柯式思想。歷史學家也許能證明，某些我們認為最自然的定義與描述只不過是文化建構物。我認為這是傅柯晚期關於性史之著作中的普遍論點：性看來似乎是世界上最自然之事，但如此相信則大半是想像力的失敗。尼采的格言也在此徘徊：如果一個概念有歷史，那就不可能有定義。[27] 理解概念的任務因而在本質上具有歷史性。任何概念和定義皆不能超越論戰，因為論戰之處就在這裡。

**這個思想史觀點十分具有啟發性。這也提出了一個問題，即歷史學家能如何表達意見，將他們還原的可能性提供給其他思想家或大眾？**

若是因我提過的分析哲學和哲學史之間的分野，傳達這種觀點並不總是那麼容易。如果想要讓我一直在描繪的觀點能吸引到廣大的閱聽大眾，便必須創造傳播的工具。最明顯的手段是說服學術出版商給予其重要地位。我本人曾多次參與過這類企畫，其中最成功的是羅遜、傑瑞・施尼溫德（Jerry Schneewind）和我在一九八〇年代初，與劍橋大學出版社共同創立的叢書系列，題為「脈絡中的觀念」。我最終是與詹姆斯・塔利（James Tully）合編該系列，我們約莫在五年前移交編輯職務時，劍橋大學出版社已經出版了一百多本專論，在我們看來方式完全正確。

我認為，近期在傳播和鼓勵思想史研究上貢獻最多的學者，是創立屬於本學科之新期刊的學者。在我剛起步時，《觀念史期刊》——現在當然仍是該領域的領導者——幾乎是唯一的。兩部值得注意的是一九八〇年代加入的《歐洲觀念史》（*History of European Ideas*）和《政治思想史》（*History of Political Thought*）。在那之後我們見到了一九九〇年代的《思想史評論》（*Intellectual History Review*）、二〇〇四年的《現代思想史》（*Modern Intellectual History*）以及許多類似計畫的落實，這些全都為寶貴的研究提供了重要的渠道。

**您認為您在職業生涯中捨棄以及學到了什麼？隨著時間過去，對您來說原本看來真實或重要的事情是否有所改變？**

我很喜歡捨棄所學（unlearning）的觀念。毫無疑問，在經歷了過去半世紀以來我們目睹的、不同尋常的思想驟變後，如果你沒有捨棄許多所學內容，那便是不同尋常了。我當然不得不捨棄某些我曾相信的歷史方法。我在二〇〇二年發表一套論文集時，必須重新閱讀我早在一九六〇年代所寫的幾篇論文。[28]我震驚地發現我在談論歷史學家發現的「事實」時，是多麼無自我意識，以及有多少其他的實證主義幽靈縈繞在我的文字中。

我也不得不捨棄過分強烈想要明確詮釋文本的傾向。例如：我最近在寫有關霍布斯之政治代表理論的文章。而我分辨不出霍布斯想說的是主權國家代表個人抑或人民整體。有時霍布斯似乎說的是這樣，有時是那樣。我花了很長時間試圖確定霍布斯真正的意思，最後得出霍布斯必然兼而有之的結論。[29]為何我如此傾向於非此即彼的思考？這是我需要時刻警惕的弱點。

我剛成為思想史學者時，還抱持著許多後來必須捨棄的實質信念。我曾經不假思索認定主要政治思想家為男性的準則。現在我反思這讓我忽視了多少作者，以及導致我對寫過的思想家可以說「淨化」程度有多深時，我感到羞愧。例如：霍布斯告訴我們，自然狀態下達成的政治公約涉及了所有人。但隨後女性身上會發生什麼事呢？直到卡羅爾·佩特曼（Carole Pateman）在她的《性契約》（*The Sexual Contract*）一書中提出這類問題後，我才開始覺醒。30

我還必須捨棄大部分我過去對宗教在公共生活中地位的看法。我常被指控在歷史研究中忽略了神學政治問題，但我只認為這是無知的批評，僅僅是因我的《宗教改革》一書泰半關注的是宗教戰爭及其對政治領域之影響。而在我看來，在該書結尾提到我認為永久而寶貴的文化變遷，確實是合理的。正如我所展現的，讓·博丹與其他討論主權的作家開始論證，在公共和平的名義下，國家必須放棄強行宗教統一的意圖。必須將宗教視為不同於政治的私人事務，因此其與公共和平互不相容。我認為這是真正的思想進步，而其形塑了《宗教改革》的敘事。對我而言，幾乎沒有比在定義上捨棄宗教信仰與公共領域有所分隔的假設，更難的事了。

最後也許也最為重要的是，我必須要捨棄我可能十分清楚的信念，也就是我在捨棄所學這點上做得很好的信念。

**您認為思想史的未來是什麼，而您想要怎樣的思想史未來？**

對於在這門學科上想要什麼樣的未來，我有責任保持保守態度。就我看來，上一個世代已然匯聚了許多思潮，讓我在本次訪談中以概要的方式來探求學科的發展，提供了有力的論據。同時，正如我一直強調的，科技進步讓我們能以全新程度的嚴格與精確，來實踐這門學科。我認為，對於在現有地圖上繼續我們的旅程，借用貝克特（Beckett）的名言來說，以「失敗得更漂亮」的方式來精進，還有很多可說之處。

同時，這門主題當然還會繼續發展。在由特別是大衛・阿米蒂奇（David Armitage）與其同事所推動的有趣進展中，已然擺脫我和其他學者將個別文本置放於有助於詮釋之政治與思想框架中時，所遵循的點描方法。阿米蒂奇最近的著作是內戰概念的歷史，他在其中探索了該詞彙的不同用法，及其在兩千年中變化的意義。[31] 另一項引人注目的創新是，一如許多的歷史學術研究，思想史近來也已全球化。在我看來一切良好，而我自己也一直在努力為此發展做出微薄的貢獻。最近，我同意劍橋大學出版社重振葛斯和我曾經合編的「劍橋政治思想史文本系列」叢書。在傑出的編輯委員會協助下，我現在正著手編寫大量的其他文本，全都來自非西方的政治思想傳統，最終目的是為該系列叢書賦予全球影響力。

你還問我如何看待思想史的未來。當我剛起步時，若說許多主導的歷史學家共有兩項互相關聯的主要信念並不為過。其一是以計量方法研究的社會史和經濟史最為重要。另一則是因社會與政治原則大多為經濟利益之事後（ex post facto）合理化，故其在歷史解釋中並無獨立作用，因此最好將之忽略。現在可沒人這麼想了。因此，思想史研究已能擺脫早期的邊緣性，思想史的未來

# 謝辭

我們想要感謝：

所有參與這項計畫的受訪者。安．布萊爾與安東尼．格拉夫頓在計畫之初對我們的鼓勵；洛林．達斯頓在關鍵時刻的智慧。

Amelia Atlas、Dmitri Levitin和Claudia Roth Pierpont的建議與熱情。

哈佛學會（The Harvard Society of Fellows），特別是Diana Morse和Kelly Katz。

Heidi Muir和她在Mediascribe的團隊，協助記錄了其中七位學者的訪談；Leitha Martin負責第八次的對談；Felice Whittum進行專業的審稿，並建立了本書的索引。

Douglas Mitchell和兩位芝加哥大學出版社的匿名讀者。謝謝他們認真看待兩位研究生的提案，也很感激Doug他不懈的熱情。

Randolph Petilos、Kyle Wagner、Christine Schwab和Carol McGillivray，感謝他們會這項計畫付出的努力。

本書獻給我們的老師與導師們，以銘謝他們的慷慨與鼓舞。

# 註釋

## 導言

1 Robert Darnton, "Intellectual and Cultural History," in *The Past before Us: Contemporary Historical Writing in the United States*, ed. Michael Kammen (Ithaca, 1980), 327-28; 另請參見Dominick LaCapra and Steven L. Kaplan, eds., *Modern European Intellectual History: Reappraisals and New Perspectives* (Ithaca, 1982). 中譯本：多米尼克・拉卡普拉、斯蒂文・卡普蘭主編，王加豐、王文婧、包中等譯，《現代歐洲思想史：新評價和新視角》（北京：人民出版社，2014）。並參見安東尼・格拉夫頓的討論：Anthony Grafton, "The History of Ideas: Precept and Practice, 1950-2000 and Beyond," *Journal of the History of Ideas* 67, no. 1 (2006): 1-32.

2 Clifford Geertz, *The Interpretation of Cultures: Selected Essays (New York, 1973); Natalie Z. Davis, Society and Culture in Early Modern France* (Stanford, 1975). 中譯本：娜塔莉・戴維斯，鐘孜譯，許平校，《法國近代早期的社會與文化》（北京：中國人民大學出版社，2011）。

3 Arthur O. Lovejoy, *The Great Chain of Being: A Study of the History of an Idea* (Cambridge, MA, 1936). 中譯本：亞瑟・洛夫喬伊著，張傳有、高秉江譯，《存在巨鏈：對一個觀念的歷史的研究》（南昌：江西教育出版社，2002）。在這方面也很重要的是 R. G. Collingwood, *The Idea*

*of History* (Oxford, 1946). 中譯本：柯靈烏著，陳明福譯，《歷史的理念》（臺北：聯經出版，1981）。

4 例如：Lynn Hunt, ed., *The New Cultural History* (Berkeley, 1999). 另請參見Victoria E. Bonnell and Lynn Hunt, ed., *Beyond the Cultural Turn: New Directions in the Study of Society and Culture* (Berkeley, 1999)中的論文。中譯本：理查德・比爾納其等著，方傑譯，《超越文化轉向》（南京：南京大學出版社，2008）。

5 "Historiographic 'Turns' in Critical Perspective," forum, *American Historical Review* 117, no. 3 (2012): 698-813.

6 參見，例如：Marc Bloch, *The Historian's Craft, trans*. Peter Putnam (Manchester, 2004), published originally in Paris in 1949 as *Apologie pour l'histoire ou métier d'historien*. 中譯本：布洛克著，周婉窈譯，《史家的技藝》（臺北：遠流，1989）。

7 Darrin M. McMahon and Samuel Moyn, eds., *Rethinking Modern Intellectual History* (Oxford, 2014); Samuel Moyn and Andrew Sartori, eds., *Global Intellectual History* (New York, 2013). 另請參見Peter E. Gordon, "What Is Intellectual History? A Frankly Partisan Introduction to a Frequently Misunderstood Field" (Projects at Harvard, Harvard University, Cambridge, MA, March 2012), http://projects.iq.harvard.edu/files/history/files/what_is_intell_history_pgordon_mar2012.pdf.

8 「隱秘科學」（private science）的概念來自Gerald L. Geison, *The Private Science of Louis Pasteur* (Princeton, 1995)。

9 有關科學史和社會學中內在論者與外在論者之間辯論的背景，請參閱《劍橋科學史》第七卷的引言（*The Cambridge History of Science*, vol. 7, *The Modern Social Sciences*, ed. Theodore M. Porter and Dorothy Ross [Cambridge, 2003], 1-10）。

10 參見，例如：Joseph Levine, "Erasmus and the Problem of the Johannine Comma," *Journal of the History of Ideas* 58, no. 4 (1997): 573-96; Grantley McDonald, *Biblical Criticism in Early Modern Europe: Erasmus, the Johannine Comma, and Trinitarian Debate* (Cambridge, 2016).

11 瓦拉和霍布斯也都是翻譯家和評論家。瓦拉翻譯了荷馬，並對《新約》作了註釋，這對伊拉斯謨斯有關鍵影響；霍布斯則翻譯了修昔底德。見Homer, *Ilias*, trans. Lorenzo Valla (Brescia, 1474); and Thucydides, *Eight Bookes of the Peloponnesian Warre*, trans. Thomas Hobbes (London, 1629).

12 下面僅是其他領域的一些例子：關於古代晚期和中世紀早期，請參見Peter Brown, *The World of Late Antiquity, AD 150-750* (New York, 1970); Rosamond McKitterick, *History and Memory in the Carolingian World* (Cambridge, 2004)；關於伊斯蘭思想史，請參見Patricia Crone, *God's Rule: Government and Islam* (New York, 2004); Michael Cook, *Commanding Right and Forbidding Wrong in Islamic Thought* (Cambridge, 2000); Fred M. Donner, *Narratives of Islamic Origins: The Beginnings of Islamic Historical Writing* (Princeton, 1998); Khaled El-Rouayheb, *Islamic Intellectual History in the Seventeenth Century: Scholarly Currents in the Ottoman Empire and the Maghreb* (Cambridge, 2015)；關於南亞的文學和文化，請參見Sheldon I. Pollock, *The Language of the Gods in the World of Men: Sanskrit, Culture and Power in Premodern India* (Berkeley, 2006)；有關二十世紀哲學和政治的思想史，請參見Peter E. Gordon, *Continental Divide: Heidegger, Cassirer, Davos* (Cambridge, MA, 2012); Samuel Moyn, *Christian Human Rights* (Philadelphia, 2015); Daniel T. Rodgers, *Age of Fracture* (Cambridge, MA, 2012)；關於科學史，請參見Pamela H. Smith, *The Body of the Artisan: Art and Experience in the Scientific Revolution* (Chicago, 2004); Michael D. Gordin,

*Scientific Babel: How Science Was Done before and after Global English* (Chicago, 2015).

13 我們的訪問工作得益於許多榜樣所建立的模式：Roger Adelson, ed., *Speaking of History: Conversations with Historians* (East Lansing, 1997); Maria Lúcia G. Pallares-Burke, ed., *The New History: Confessions and Conversations* (Cambridge, 2002). 中譯本：瑪麗亞・露西婭・帕拉蕾絲—伯克編，彭剛譯，《新史學：自白與對話》（北京：北京大學出版社，2006）；Natalie Zemon Davis, *A Passion for History: Conversations with Denis Crouzet*, ed. Michael Wolfe, trans. N. Z. Davis and M. Wolf (Kirksville, 2010), originally published as *L'histoire tout feu tout flamme* (Paris, 2010); Morten Haugaard Jeppesen, Frederik Stjernfelt, and Mikkel Thorup, eds., *Intellectual History: Five Questions* (Copenhagen, 2013).

14 這些領域的例子包括J. G. A. Pocock, *Barbarism and Religion*, 6 vols. (Cambridge, 1999-2015); Richard Tuck, *Philosophy and Government, 1572-1651* (Cambridge, 1993). 中譯本：理查德・塔克著，韓潮譯，《哲學與治術：1572-1651》（南京：譯林出版社，2013）；Noel Malcolm, Aspects of Hobbes (Oxford, 2002); Bernard Bailyn, The Ideological Origins of the American Revolution (Cambridge, MA, 1967); David Armitage, *The Ideological Origins of the British Empire* (Cambridge, 2000); David Armitage, *Civil Wars: A History in Ideas* (New York, 2017). 中譯本：大衛・阿米蒂奇著，鄔娟，伍璿譯，《內戰——觀念中的歷史》（北京：中信出版社，2018）；Donald R. Kelley, *Foundations of Modern Historical Scholarship: Language, Law, and History in the French Renaissance* (New York, 1970); Constantin Fasolt, *The Limits of History* (Chicago, 2004); James Hankins, *Plato in the Italian Renaissance*, 2 vols. (Leiden, 1991); Steven Shapin and Simon Schaffer, *Leviathan and the Air-Pump: Hobbes, Boyle, and the Experimental Life* (Princeton, 1985). 中譯本：

史蒂文・謝平、賽門・夏佛著，蔡佩君、區立遠譯，《利維坦與空氣泵浦：霍布斯、波以耳與實驗生活》（臺北：行人，2006）；Mordechai Feingold, *The Mathematicians' Apprenticeship: Science, Universities and Society in England, 1560-1640* (Cambridge, 1984); Paula Findlen, *Possessing Nature: Museums, Collecting, and Scientific Culture in Early Modern Italy* (Berkeley, 1994); Brian W. Ogilvie, *The Science of Describing: Natural History in Renaissance Europe* (Chicago, 2006); Martin Mulsow, Enlightenment Underground: Radical Germany, 1680-1720, trans. H. C. E. Midelfort (Hamburg, 2002; Charlottesville, 2015); Jonathan Sheehan, *The Enlightenment Bible: Translation, Scholarship, Culture* (Princeton, 2005); Keith Thomas, *Religion and the Decline of Magic: Studies in Popular Beliefs in Sixteenth and Seventeenth-Century England* (London, 1971). 中譯本：基思・托馬斯著，芮傳明、梅劍華譯，《16和17世紀英格蘭大眾信仰研究》（南京：譯林出版社，2019）；Carlo Ginzburg, *The Cheese and the Worms: The Cosmos of a Sixteenth-Century Miller*, trans. J. and A. Tedeschi (Turin, 1976; Baltimore, 1980); Natalie Zemon Davis, *The Return of Martin Guerre* (Cambridge, MA, 1983). 中譯本：娜塔莉・澤蒙・戴維斯著，江政寬譯，《馬丹蓋赫返鄉記》（臺北：聯經出版，2000）；Roger Chartier, *The Order of Books: Readers, Authors, and Libraries in Europe between the Fourteenth and Eighteenth Centuries*, trans. Lydia G. Cochrane (Aix-en-Provence, 1992; Stanford, 1994). 中譯本：侯瑞・夏提葉著，謝柏暉譯，《書籍的秩序：歐洲的讀者、作者與圖書館（14-18世紀）》（臺北：聯經出版，2000）；Robert Darnton, *The Business of Enlightenment: A Publishing History of the "Encyclopédie," 1775-1800* (Cambridge, MA, 1979). 羅伯特・達恩頓著，顧杭、葉桐譯，《啟蒙運動的生意：《百科全書》出版史（1775-1800）》（北京：三聯書店出版社，2005）；Jacob Soll, *Publishing "The Prince": History, Reading, and the Birth of Political Criticism* (Ann Arbor, 2005); Lisa Jardine, Erasmus, *Man of Letters: The*

*Construction of Charisma in Print* (Princeton, 1993); William Sherman, *John Dee: The Politics of Reading and Writing in the English Renaissance* (Amherst, 1995).

15 Paul Hazard, *The Crisis of the European Mind, 1680-1715* (Paris, 1935; New York, 2013).

16 Sheldon Pollock, Benjamin A. Elman, and Ku-ming Kevin Chang, eds., *World Philology* (Cambridge, MA, 2015); Anthony Grafton and Glenn Most, eds., *Canonical Texts and Scholarly Practices: A Global Comparative Approach* (Cambridge, 2016).

17 Thomas S. Kuhn, *The Structure of Scientific Revolutions* (Chicago, 1962). 中譯本：孔恩著，程樹德、傅大為、王道還、錢永祥譯，《科學革命的結構》（臺北：遠流出版社，1989）。

18 Aby Warburg, *The Renewal of Pagan Antiquity: Contributions to the Cultural History of the European Renaissance*, trans. D. Britt (Leipzig, 1932; Los Angeles, 1999).

19 J. G. A. Pocock, *The Ancient Constitution and the Feudal Law: A Study of English Historical Thought in the Seventeenth Century* (Cambridge, 1957). 中譯本：J.G.A.波考克著，翟小波譯，《古代憲法與封建法：英格蘭17世紀歷史思想研究》（南京：譯林出版社，2014）。

20 Erich Auerbach, *Mimesis: The Representation of Reality in Western Literature*, trans. Willard R. Trask (Princeton, 1953); Ernst Robert Curtius, *European Literature and the Latin Middle Ages*, trans. Willard R. Trask (New York, 1953).

21 Carl Schorske, *Fin-de-siècle Vienna: Politics and Culture* (New York, 1981). 中譯本：卡爾・休斯克著，黃煜文譯，《世紀末的維也納》（臺北：麥田出版，2002）。

22 Arnaldo Momigliano, *Studies in Historiography* (London, 1966); Momigliano, *The Classical*

*Foundations of Modern Historiography* (Berkeley, 1990). 中譯本：莫米利亞諾著，馮潔音譯，《現代史學的古典基礎》（上海：華東師範大學出版社，2009）。

23 Ian Hacking, *The Emergence of Probability: A Philosophical Study of Early Ideas about Probability, Induction, and Statistical Inference* (Cambridge, 1975).

24 Paul Oskar Kristeller, *The Philosophy of Marsilio Ficino* (New York, 1943).

25 Clifford Geertz, *Negara: The Theatre State in Nineteenth-Century Bali* (Princeton, 1981).

26 參見Lorraine Daston and Glenn W. Most, "History of Science and History of Philologies," *Isis* 106 (2015): 378-90; and Rens Bod, *A New History of the Humanities: The Search for Principles and Patterns from Antiquity to the Present* (Oxford, 2013).

27 參見，例如Pamela H. Smith and Benjamin Schmidt, eds., *Making Knowledge in Early Modern Europe: Practices, Objects, and Texts, 1400-1800* (Chicago, 2008); Paula Findlen, ed., *Early Modern Things: Objects and Their Histories, 1500-1800* (London, 2012); and Pamela O. Long, *Artisan/Practitioners and the Rise of the New Sciences, 1400-1600* (Corvallis, 2011).

28 在諸多研究中，特別見：Anthony Grafton with April Shelford and Nancy Siraisi, *New Worlds, Ancient Texts: The Power of Tradition and the Shock of Discovery* (Cambridge, MA, 1995); Sanjay Subrahmanyam, "Turning the Stones Over: Sixteenth-Century Millenarianism from the Tagus to the Ganges," *Indian Economic and Social History Review* 40 (2003): 129-61; Alastair Hamilton and Francis Richard, *André du Ryer and Oriental Studies in Seventeenth-Century France* (London, 2004); Urs App, *The Birth of Orientalism* (Philadelphia, 2010); Jan Loop, *Johann Heinrich Hottinger: Arabic*

*and Islamic Studies in the Seventeenth Century* (Oxford, 2013); John-Paul Ghobrial, "The Archive of Orientalism and Its Keepers: Re-Imagining the Histories of Arabic Manuscripts in Early Modern Europe," *Past and Present* (2016): supplement 11, 90-111.

## 資訊、書籍和思想：安・布萊爾（Ann M. Blair）

1 Robert Darnton, *The Forbidden Bestsellers of Pre-revolutionary France* (New York, 1995).

2 Ann Blair, *The Theater of Nature: Jean Bodin and Renaissance Science* (Princeton, 1997).

3 博丹相關一手和二手研究資源的入門網站，參見http://projects.iq.harvard.edu/bodinproject/home.

4 這些註釋的抄錄內容，可以在布萊爾教授於哈佛大學網站的個人頁面，「出版品」（Publications）項目下取得：https://projects.iq.harvard.edu/ablair/publications-0

5 Michael Baxandall, *Painting and Experience in Fifteenth-Century Italy: A Primer in the Social History of Pictorial Style* (Oxford, 1972).

6 Jean Céard, *La nature et les prodiges: L'insolite au XVIe siècle* (Geneva, 1977). 關於塞爾德到二〇〇八年為止廣泛出版的目錄，參見Jean Dupèbe, Franco Giacone, Emmanuel Naya, and Anne-Pascale Pouey-Mounou, eds., *Esculape et Dionysos: Mélanges en l'honneur de Jean Céard* (Geneva, 2008).

7 參見Jean Bodin, *Universae naturae theatrum* (Frankfurt, 1597), 294; and Ambrogio Calepino, *Dictionarium septem Linguarum* (Basel, 1570), 174.

8 "Graece dicuntur, quae Latine fulicae, aves aquaticae," annotations in the copy of Bodin, *Theatrum*

(1597), owned by Jean Céard, 115, line 27, keyed to "laros." Cf. Calepino, *Dictionarium*, 832.

9 At "Taraxippe": "de quo vide Caelium l.13.c.17," in the copy of Bodin's *Theatrum* owned by Jean Céard, 407, line 4. Cf. Caelius Rhodiginus, *Lectionum antiquarum libri xxx*, XIII, ch. 17 (Basel, 1550), 485, on the Olympic games: "In propinquo tumulus visebatur Ischeni gigantis Mercurio et Hieria geniti. Eum nuncupabant Taraxippum, quod illuc adventantes equi ratione occulta mire exterrerentur."

10 參見Roland Crahay, Marie-Thérèse Isaac, and Marie-Thérèse Lenger, *Bibliographie critique des éditions anciennes de Jean Bodin* (Brussels, 1992). 哈佛大學博丹計畫（Bodin Project）提供線上資源：http://projects.iq.harvard.edu/bodinproject/bibliography.

11 Pierre Goubert, *Beauvais et le Beauvaisis de 1600 à 1730: Contribution à l'histoire sociale de la France du XVIIe siècle* (Paris, 1960).

12 Thomas R. Adams and Nicolas Barker, "A New Model for the Study of the Book," in *A Potencie of Life: Books in Society*, ed. Nicolas Barker (London, 1993), 5-43, here 14.關於這張圖表，以及巴克過往啟發現在圖表的作品之比較，參見Robert Darnton, "'What Is the History of Books?' Revisited," *Modem Intellectual History* 4, no. 3 (2007): 495-508, esp. 502-5.

13 Ann M. Blair, "The Teaching of Natural Philosophy in Early Seventeenth-Century Paris: The Case of Jean Cécile Frey," *History of Universities* 12 (1993): 95-158 and "Tradition and Innovation in Early Modern Natural Philosophy: Jean Bodin and Jean Cécile Frey," *Perspectives on Science* 2 no. 4 (1994): 428-54.

14 可參見如羅傑．阿里尤（Roger Ariew）和丹尼爾．嘉博（Daniel Garber）的著作，包括：Roger Ariew, *Descartes and the First Cartesians* (Oxford, 2014) 和更通俗的作品：Daniel Garber and

Michael Ayers with the assistance of Roger Ariew and Alan Gabbey, eds., *The Cambridge History of Seventeenth-Century Philosophy* (Cambridge, 1998).

15 Ann Blair, *Too Much to Know: Managing Scholarly Information before the Modern Age* (New Haven, 2010).

16 Ann Blair, "Natural Philosophy," in *The Cambridge History of Science*, vol. 3, *Early Modem Science*, ed. Katharine Park and Lorraine Daston (Cambridge, 2006), 365-405; "Science and Religion," in *The Cambridge History of Christianity*, vol. 6, *Reform and Expansion, 1500-1660*, ed. Ronnie Po-Chia Hsia (Cambridge, 2007), 427-45; "Organizations of Knowledge," in *The Cambridge Companion to Renaissance Philosophy*, ed. James Hankins (Cambridge, 2007), 287-303.

17 Johann Heinrich Alsted, *Encyclopedia*, 4 vols. (Herborn, 1630; Stuttgart-Bad Cannstatt, 1989) and Joannes Colle, *De idea, et theatro imitatricium et imitabilium ad omnes intellectus, facultates, scientias et artes* (Pesaro, 1618).

18 Ann Blair, "Revisiting Renaissance Encyclopaedism," in *Encyclopaedism from Antiquity to the Renaissance*, ed. Jason Konig and Greg Woolf (Cambridge, 2013), 377-97.

19 Conrad Gessner, *Bibliotheca universalis* (Zurich, 1545).

20 參見下列文章：*Journal of the History of Ideas* 64, no. 1 (2003): Daniel Rosenberg, "Early Modern Information Overload," 1-9; Ann Blair, "Reading Strategies for Coping with Information Overload ca. 1550-1700," 11-28; Brian Ogilvie, "The Many Books of Nature: Renaissance Naturalists and Information Overload," 29-40; Jonathan Sheehan, "From Philology to Fossils: The Biblical Encyclopedia in Early Modern Europe," 41-60; Richard Yeo, "A Solution to the Multitude of Books:

Ephraim Chambers's *Cyclopaedia* (1728) as 'the Best Book in the Universe,'" 61-72.

21 《伊西斯書目彙編》可以在線上取得，並包含一些相關討論：http://cumulative.isiscb.org/about.html.

22 Ann Blair, "A Europeanist's Perspective," in *Organizing Knowledge: Encyclopaedic Activities in the Pre-Eighteenth-Century Islamic World*, ed. Gerhard Endress (Leiden, 2006), 201-15.

23 "Le florilège latin comme point de comparaison," in *Qu'était-ce qu'écrire une encyclopédie en Chine? What did it mean to write an encyclopedia in China?*, ed. Florence Bretelle-Establet and Karine Chemla, *Extrême-Orient, Extrême-Occident, special issue* (2007), 185-204.

24 Elizabeth L. Eisenstein, *The Printing Press as an Agent of Change: Communications and Cultural Transformations in Early Modem Europe* (Cambridge, 1979). 中譯本：何道寬譯，《作為變革動因的印刷機：早期近代歐洲的傳播與文化變革》（北京：北京大學出版社，2010）。關於兩種不同類型的批評意見，參見 Anthony Grafton, "The Importance of Being Printed," *Journal of Interdisciplinary History* 11, no. 2 (Autumn 1980): 265-86 and the forum featuring Elizabeth Eisenstein and Adrian Johns, "How Revolutionary Was the Print Revolution?" *American Historical Review* 107, no. 1 (2002): 84-128.

25 Joseph R. McDermott and Peter Burke, eds., *The Book Worlds of East Asia and Europe, 1450-1850: Connections and Comparisons* (Hong Kong, 2015).

26 Natalie Zemon Davis, "How the FBI Turned Me On to Rare Books," NYR Daily, *New York Review of Books*, July 30, 2013, http://www.nybooks.com/daily/2013/07/30/fbi-turned-me-on-to-rare-books/.

27 Ann Blair, "Hidden Hands: Amanuenses and Authorship in Early Modern Europe," A. S. W.

Rosenbach Lectures in Bibliography, University of Pennsylvania, March 2014, and "Early Modern Attitudes toward the Delegation of Copying and Note-Taking," in *Forgetting Machines: Knowledge Management Evolution in Early Modem Europe*, ed. Alberto Cevolini (Leiden, 2016), 265-85.

28 Roger Twysden, *Historiae Anglicanae scriptores X* (London, 1652), following column 2,768.

29 範例可參見Ann Blair, "Printing and Humanism in the Work of Conrad Gessner," *Renaissance Quarterly* 70, no. 1 (2017), 1-43, and Ann Blair, "The Capacious Bibliographical Practice of Conrad Gessner," *Papers of the Bibliographical Society of America* 111, no. 4 (2017): 445-68，以及該篇引用的其他文章。

30 關於該場會議的數位紀錄，以及格拉夫頓的學生和出版品的最新名單，參見 https://graftoniana.princeton.edu/.

31 有關近期對於思想史的回顧，參見Peter E. Gordon, "What Is Intellectual History? A Frankly Partisan Introduction to a Frequently Misunderstood Field," *Harvard Colloquium in Intellectual History*, March 2012, http://projects.iq.harvard.edu/files/history/files/what_is_intell_history_pgordon_mar2012.pdf.

## 拒絕不證自明——洛林．達斯頓（Lorraine Daston）

1 Mary B. Hesse, *Models and Analogies in Science* (New York, 1963).

2 Thomas S. Kuhn, *The Structure of Scientific Revolutions* (Chicago, 1962).

3 Ian Hacking, *The Emergence of Probability: A Philosophical Study of Early Ideas about Probability, Induction and Statistical Inference* (Cambridge, 1975).

4 Katharine Park and Lorraine Daston, "Unnatural Conceptions: The Study of Monsters in 16th and 17th Century France and England," *Past and Present*, no. 92 (August 1981): 20-54.

5 Lorraine Daston and Katharine Park, *Wonders and the Order of Nature, 1150-1750* (Cambridge, MA, 1998).

6 Lorraine Daston and Peter Galison, *Objectivity* (Cambridge, MA, 2007).

7 Simon Schaffer, "Astronomers Mark Time: Discipline and the Personal Equation," *Science in Context* 2, no. 1 (1988): 115-45.

8 C. F. Gauss to H. W. Olbers, Göttingen, 3 May 1827, in Gauss, *Werke, Ergänzungsreihe IV: Briefwechsel C. F. Gauss—H. W. M. F. Olbers*, ed. C. Schilling (Hildesheim, [1909] 1976), letter number 613, 2:480.

9 Lorraine Daston, "The Moral Economy of Science," *Osiris* 10 (1995): 2-24.

10 *Before Copernicus: The Cultures and Contexts of Scientific Learning in the Fifteenth Century*, ed. Rivka Feldhay and F. Jamil Ragep (Montreal, 2017).

11 Lorraine Daston and Glenn W. Most, "History of Science and History of Philologies," *Isis* 106, no. 2 (2015): 378-90.

12 Sheldon Pollock, Benjamin A. Elman, and Ku-ming Kevin Chang, eds., *World Philology* (Cambridge, MA, 2015).

13 Anthony T. Grafton and Glenn W. Most, eds., *Canonical Texts and Scholarly Practices: A Global Comparative Approach* (Cambridge, 2016).

14 Meric Casaubon, *Of Credulity and Incredulity in Things Natural and Civil* (London, 1668), 38;「這麼多（法官），聰明謹慎、精通此道，竟然違背自己的意願，受到如此可怕的欺騙；或者如此不虔誠、殘忍，故意參與對這麼多無辜者的譴責……還有什麼人能夠相信？」梅里克的小冊子在一六七二年時於倫敦重新再版，書名為 *A Treatise Proving Spirits, Witches, and Supernatural Operations.*

15 Gerd Gigerenzer, Zeno Swijtink, Theodore Porter, Lorraine Daston, John Beatty, and Lorenz Krüger, *The Empire of Chance: How Probability Changed Science and Everyday Life* (Cambridge, 1989); Paul Erickson, Judy L. Klein, Lorraine Daston, Rebecca Lemov, Thomas Sturm, and Michael D. Gordin, *How Reason Almost Lost Its Mind: The Strange Career of Cold War Rationality* (Chicago, 2013); Lorraine Daston and Fernando Vidal, eds., *The Moral Authority of Nature* (Chicago, 2004); Lorraine Daston and Elizabeth Lunbeck, eds., *Histories of Scientific Observation* (Chicago, 2011).

16 Steven Shapin and Simon Schaffer, *Leviathan and the Air-pump: Hobbes, Boyle, and the Experimental Life* (Princeton, 1985).

17 Pamela H. Smith, *The Body of the Artisan: Art and Experience in the Scientific Revolution* (Chicago, 2004).

18 James A. Secord, *Victorian Sensation: The Extraordinary Publication, Reception, and Secret Authorship of "Vestiges of the Natural History of Creation"* (Chicago, 2000); Anne Secord, "Science in the Pub: Artisan Botanists in Early Nineteenth-Century Lancashire," *History of Science* 32, no. 97

(1994): 269-315.

19 Dagmar Schäfer, *The Crafting of the 10,000 Things: Knowledge and Technology in Seventeenth-Century China* (Chicago, 2011).

## 從「中國沒有什麼」，到「中國有什麼」——班傑明・艾爾曼（Benjamin Elman）

1 參見Thomas S. Kuhn, *The Structure of Scientific Revolutions* (Chicago, 1962); Karl Popper, *Conjectures and Refutations: The Growth of Scientific Knowledge* (London, 1963).

2 Philip Rieff, *Freud: The Mind of the Moralist* (New York, 1959).

3 Sigmund Freud, *Collected Papers*, ed. Philip Rieff, 10 vols. (New York, 1963).

4 Philip Rieff, *The Triumph of the Therapeutic: Uses of Faith after Freud* (New York, 1966).

5 Kuhn, *The Structure of Scientific Revolutions.*

6 Joseph Needham, *Science and Civilisation in China* (Cambridge, 1954); Charles Gillespie, ed., *Dictionary of Scientific Biography*, 16 vols. (New York, 1980).

7 Benjamin A. Elman, *On Their Own Terms: Science in China, 1550-1900* (Cambridge, MA, 2005).

8 Benjamin A. Elman, *From Philosophy to Philology: Intellectual and Social Aspects of Change in Late Imperial China* (Cambridge, MA, 1984). 中譯本：趙剛譯，《從理學到樸學：中華帝國晚期思想與社會文化面面觀》（南京：江蘇人民出版社，1994）。

9 可參見 *The Unfolding of Neo-Confucianism*, ed. Wm. Theodore de Bary (New York, 1975).

10 Benjamin Elman, "One Classic and Two Classical Traditions: The Recovery and Transmission of a Lost Edition of the *Analects*," *Monumenta Nipponica* 64, no. 1 (2009): 53-82.

11 Benjamin A. Elman, *A Cultural History of Civil Examinations in Late Imperial China* (Berkeley, 2000); Elman, *Civil Examinations and Meritocracy in Late Imperial China* (Cambridge, MA, 2013).

12 參見Frank Kermode, *The Classic: Literary Images of Permanence and Change* (Cambridge, MA, 1983) and T. S. Eliot, *What Is a Classic? An Address Delivered before the Virgil Society on the 16th of October, 1944* (London, 1945).

13 Sheldon Pollock, Benjamin A. Elman, and Ku-ming Kevin Chang, eds., *World Philology* (Cambridge, MA, 2015).

14 Benjamin Elman, "Early Modern or Late Imperial? The Crisis of Classical Philology in Eighteenth-Century China," in Pollock, Elman, and Chang, *World Philology*.

15 Benjamin Elman, "The Great Reversal: The 'Rise of Japan' and the 'Fall of China' after 1895 as Historical Fables" (Reischauer Lecture, Harvard University, Cambridge, MA, April 13, 2011), https://www.youtube.com/watch?v=Pn4rI6JqSI4. See also Elman, *On Their Own Terms*.

16 Elizabeth L. Eisenstein, *The Printing Press as an Agent of Change: Communications and Cultural Transformations in Early Modern Europe* (Cambridge, 1979); Adrian Johns, *The Nature of the Book: Print and Knowledge in the Making* (Chicago, 1998).

17 Susan Cherniak, "Book Culture and Textual Transmission in Sung China," *Harvard Journal of Asiatic*

*Studies* 54, no. 1 (1994): 5-125.

18 Lothar Ledderose, *Ten Thousand Things: Module and Mass Production in Chinese Art* (Princeton, 2000).

19 Anthony Grafton, "Renaissance Readers and Ancient Texts: Comments on Some Commen-taries," *Renaissance Quarterly* 38, no. 4 (1985): 615–49.

## 總其技藝、方法為「學術」——安東尼・格拉夫頓（Anthony Grafton）

1 Erasmus, *Opus epistolarum*, ed. P. S. Allen et al. (Oxford, 1906-58).

2 Erich Auerbach, *Mimesis: The Representation of Reality in Western Literature*, trans. Willard R. Trask (New York, 1953); Ernst Robert Curtius, *European Literature and the Latin Middle Ages*, trans. Willard R. Trask (New York, 1953); Jean Seznec, *The Survival of the Pagan Gods: The Mythological Tradition and Its Place in Renaissance Humanism and Art*, trans. Barbara F. Sessions (New York, 1953); Arthur O. Lovejoy, *The Great Chain of Being: A Study of the History of an Idea* (Cambridge, MA, 1936).

3 Edward Kennard Rand, *Founders of the Middle Ages* (Cambridge, MA, 1928); Rudolf Wittkower, *Architectural Principles in the Age of Humanism* (London, 1949); Edgar Wind, *Pagan Mysteries in the Renaissance* (London, 1958).

4 Erwin Panofsky, *Renaissance and Renascences in Western Art* (New York, 1960); Frances A. Yates,

*Giordano Bruno and the Hermetic Tradition* (Chicago, 1964); D. P. Walker, *Spiritual and Demonic Magic: From Ficino to Campanella* (London, 1958).

5 Michael Baxandall, *Giotto and the Orators: Humanist Observers of Painting in Italy and the Discovery of Pictorial Composition, 1350-1450* (Oxford, 1971).

6 Peter Gay, *The Enlightenment, an Interpretation*, 2 vols. (New York, 1966-69); Robert Darnton, "In Search of the Enlightenment: Recent Attempts to Create a Social History of Ideas," *Journal of Modern History* 43, no. 1 (1971): 113-32.

7 Fernand Braudel, *The Mediterranean and the Mediterranean World in the Age of Philip the Second*, 2 vols. (Paris, 1949; trans., Sian Reynolds; New York, 1972-73). 中譯本：費爾南・布勞岱爾著，唐家龍，曾培耿譯，《地中海史》兩冊（臺北：臺灣商務，2002）。

8 Eugenio Garin, *Portraits from the Quattrocento*, trans. Victor A. and Elizabeth Velen (New York, 1972); Garin, *Italian Humanism: Philosophy and Civic Life in Renaissance Italy*, trans. Peter Munz (New York, 1965).

9 Nate Shaw, *All God's Dangers: The Life of Nate Shaw*, comp. Theodore Rosengarten (Chicago, 1974); Robert William Fogel and Stanley Engerman, *Time on the Cross: The Economics of American Negro Slavery* (Boston, 1974)

10 J. H. Elliott, *The Old World and the New, 1492-1650* (Cambridge, 1970); John Demos, *A Little Commonwealth: Family Life in Plymouth Colony* (Oxford, 1970); L. D. Reynolds and N. G. Wilson, *Scribes and Scholars: A Guide to the Transmission of Greek and Latin Literature* (Oxford, 1968).

11 Theodore E. Mommsen, "Petrarch's Conception of the 'Dark Ages,'" *Speculum* 17, no. 2 (April

1942): 226-42; Hans Baron, *From Petrarch to Leonardo Bruni: Studies in Humanistic and Political Literature* (Chicago, 1968).

12 Julian H. Franklin, *Jean Bodin and the Sixteenth-Century Revolution in the Methodology of Law and History* (New York, 1963).

13 Donald Kelley, *Foundations of Modern Historical Scholarship: Language, Law, and History in the French Renaissance* (New York, 1970); George Huppert, *The Idea of Perfect History: Historical Erudition and Historical Philosophy in Renaissance France* (Urbana, 1970).

14 參見J. G. A. Pocock, *The Ancient Constitution and the Feudal Law: A Study of English Historical Thought in the Seventeenth Century* (Cambridge, 1957), 11.

15 Quentin Skinner, "More's *Utopia*," *Past and Present* 38, no. 1 (December 1967): 153-68; Skinner, "Meaning and Understanding in the History of Ideas," *History and Theory* 8, no. 1 (1969): 3-53. 中譯本：昆丁．史金納著，任軍峰譯，〈觀念史中的意涵與理解〉，《思想史研究》，第1輯，二〇〇六年七月，頁91-135。

16 Aeschylus, *Agamemnon*, ed. Eduard Fraenkel, 3 vols. (Oxford, 1950).

17 N. M. Swerdlow and O. Neugebauer, *Mathematical Astronomy in Copernicus's "De Revolutionibus,"* 2 vols. (New York, 1984).

18 Erasmus, *Lingua* (Antwerp, 1525).

19 Jacob Bernays, *Joseph Justus Scaliger* (Berlin, 1855); Joseph Scaliger, *Autobiography*, trans. George W. Robinson (Cambridge, MA, 1927).

20 Frank E. Manuel, *The Eighteenth Century Confronts the Gods* (Cambridge, MA, 1959); Manuel, *Isaac Newton, Historian* (Cambridge, MA, 1963); Alexandre Koyré, *From the Closed World to the Infinite Universe* (Baltimore, 1957).

21 Sebastiano Timpanaro, *La genesi del metodo del Lachmann* (Florence, 1963); English trans.: Timpanaro, *The Genesis of Lachmann's Method*, trans. G. W. Most (Chicago, 2005).

22 Roberto Weiss, *The Renaissance Discovery of Classical Antiquity* (Oxford, 1969).

23 Arnaldo Momigliano, "Polybius' Reappearance in Western Europe," in Momigliano, *Essays in Ancient and Modern Historiography* (Oxford, 1977).

24 舉例來說，可參考George Nadel, "Philosophy of History before Historicism," *History and Theory* 3, no. 3 (1964): 291-315.

25 Anthony Grafton, "Joseph Scaliger and Historical Chronology: The Rise and Fall of a Discipline," *History and Theory* 14, no. 2 (1975): 156-85.

26 Carlotta Dionisotti, "From Stephanus to Du Cange: Glossary Stories," *Revue d'istoire des textes* 14-15 (1984-85): 303-36.

27 Remigio Sabbadini, *Il metodo degli umanisti* (Florence, 1922).

28 Joseph E. Levenson, *Confucian China and Its Modem Fate*, 3 vols. (Berkeley, 1958-65).

29 Anthony Grafton, "Renaissance Readers and Ancient Texts: Comments on Some Commentaries," *Renaissance Quarterly* 38, no. 4 (1985): 615-49, reprinted in Grafton, *Defenders of the Text: The Traditions of Scholarship in an Age of Science, 1450-1800* (Cambridge, MA, 1991), 23-46.

30 Gene A. Brucker, *Renaissance Florence* (New York, 1969); Richard A. Goldthwaite, *Florence: An Economic and Social History* (Baltimore, 1980); Frederic C. Lane, *Venice: A Maritime Republic* (Baltimore, 1973).

31 Clifford Geertz, *Negara: The Theatre State in Nineteenth-Century Bali* (Princeton, 1981).

32 Edward Muir, *Civic Ritual in Renaissance Venice* (Princeton, 1986).

33 Carl Schorske, *Fin-de-siècle Vienna: Politics and Culture* (New York, 1981).

34 Robert Darnton, "Intellectual and Cultural History," in *The Past before Us: Contemporary Historical Writing in the United States*, ed. Michael G. Kammen (Ithaca, 1980), 327-54.

35 迪爾的論文隨後被出版成書：Peter Dear, *Mersenne and the Learning of the Schools* (Ithaca, 1988).

36 Steven Shapin and Simon Schaffer, *Leviathan and the Air-Pump: Hobbes, Boyle, and the Experimental Life* (Princeton, 1985).

37 Anthony Grafton, introduction to *Joseph Scaliger: A Study in the History of Classical Scholarship*, vol. 1, *Textual Criticism and Exegesis* (Oxford, 1983), 1-8.

38 Thomas E. Burman, *Reading the Qur'an in Latin Christendom, 1140-1560* (Philadelphia, 2007).

39 A. T. Grafton, "From Politian to Pasquali," *Journal of Roman Studies* 67 (1977): 171-76.

40 Anthony T. Grafton, "The Importance of Being Printed," *Journal of Interdisciplinary History* 11, no. 2(1980): 265-86.

41 E. J. Kenney, *The Classical Text: Aspects of Editing in the Age of the Printed Book* (Berkeley, 1974).

42 Eugene F. Rice, *The Foundations of Early Modem Europe, 1460-1559* (New York, 1970).

43 Elizabeth L. Eisenstein, *The Printing Press as an Agent of Change: Communications and Cultural Transformations in Early Modem Europe* (Cambridge, 1980).

44 Pierre de Nolhac, *Pétrarque et l'humanisme* (Paris, 1907).

45 Robert Damton, *The Business of Enlightenment: A Publishing History of the "Encyclopédie," 1775-1800* (Cambridge, MA, 1979); Darnton, *The Literary Underground of the Old Regime* (Cambridge, MA, 1982); Darnton, *The Great Cat Massacre and Other Episodes in French Cultural History* (New York, 1984); 中譯本：羅伯・丹屯著，呂健忠譯，《貓大屠殺：法國文化鉤沉》（臺北：聯經出版，2005）; Darnton, *The Forbidden Bestsellers of Pre-revolutionary France* (New York, 1995).

46 Robert Darnton, "Readers Respond to Rousseau: The Fabrication of Romantic Sensitivity," in Darnton, *The Great Cat Massacre*, 214-56.

47 H. R. Luard, *A Catalogue of Adversaria and Printed Books Containing Ms. Notes Preserved in the Library of the University of Cambridge* (Cambridge, 1864).

48 Anthony Grafton and Lisa Jardine, *From Humanism to the Humanities: Education and the Liberal Arts in Fifteenth- and Sixteenth-Century Europe* (Cambridge, MA, 1986).

49 Anthony Grafton, *Joseph Scaliger: A Study in the History of Classical Scholarship*, vol. 2, *Historical Chronology* (Oxford, 1993).

50 Virginia F. Stern, *Gabriel Harvey: His Life, Marginalia and Library* (Oxford, 1979).

51 Anthony Grafton and Lisa Jardine, "'Studied for Action': How Gabriel Harvey Read His Livy," *Past*

*and Present* 129 (1990): 30-78.

52 Ann M. Blair, *The Theater of Nature: Jean Bodin and Renaissance Science* (Princeton, 1997).

53 Carol E. Quillen, *Rereading the Renaissance: Petrarch, Augustine, and the Language of Humanism* (Ann Arbor, 1998); Katherine van Liere, "The Moorslayer and the Missionary: James the Apostle in Spanish Historiography from Isidore of Seville to Ambrosio de Morales," *Viator* 37 (2006): 519-43.

54 James Hankins, *Plato in the Italian Renaissance*, 2 vols. (Leiden, 1991).

55 Paula Findlen, *Possessing Nature: Museums, Collecting, and Scientific Culture in Early Modem Italy* (Berkeley, 1994).

56 A. T. Grafton and N. M. Swerdlow, "Greek Chronography in Roman Epic: The Calendrical Date of the Fall of Troy in the Aeneid," *Classical Quarterly* 36, no. 1 (May 1986): 212-18.

## 哲學史作為一種研究的方式——吉爾・克雷耶（Jill Kraye）

1 Perry Miller, *The New England Mind: The Seventeenth Century* (New York, 1939); Miller, *The New England Mind: From Colony to Province* (Cambridge, MA, 1953); Miller, "Errand into the Wilderness," *William and Mary Quarterly* 10, no. 1 (1953): 3-32, reprinted in Miller, *Errand into the Wilderness* (Cambridge, MA, 1956), 1-15.

2 Marc Bloch, *Feudal Society*, 2 vols. (Chicago, 1961); Bloch, *French Rural History: An Essay on Its Basic Characteristics* (London, 1966).

3 Marc Bloch, *The Historian's Craft* (New York, [1949] 1953).

4 John Jewel, *An apologie, or aunswer in defence of the Church of England* (London, 1562).

5 Carl E. Schorske, *Fin-de-siècle Vienna: Politics and Culture* (New York, 1981).

6 Francis Haskell, *Patrons and Painters: A Study in the Relations between Italian Art and Society in the Age of the Baroque* (New Haven, 1962).

7 Jill Kraye, "Francesco Filelfo's Lost Letter *De ideis*," *Journal of the Warburg and Courtauld Institutes* 42 (1979): 236-49; Kraye, "Francesco Filelfo on Emotions, Virtues and Vices: A Re-examination of His Sources," *Bibliothèque d'humanisme et Renaissance* 43, no. 1 (1981): 129-40; Kraye, "Cicero, Stoicism and Textual Criticism: Poliziano on *katorthōma*," *Rinascimento* 23 (1983): 79-110.

8 Jill Kraye, "Moral Philosophy," in *The Cambridge History of Renaissance Philosophy*, gen. ed. C. B. Schmitt, ed. Q. Skinner and E. Kessler, assoc. ed. J. Kraye (Cambridge, 1988), 303-86.

9 費列佛的書信現在經過整理和編輯：Francesco Filelfo, *Collected Letters: "Epistolarum libri XLVIII,"* ed. Jeroen De Keyser, 4 vols. (Alessandria, 2016).

10 Jill Kraye, "Beyond Moral Philosophy: Renaissance Humanism and the Philosophical Canon," *Rinascimento* 56 (2016): 3-22.

11 Paul Oskar Kristeller, *The Philosophy of Marsilio Ficino* (New York, 1943); Kristeller, *Iter Italicum: A Finding List of Uncatalogued or Incompletely Catalogued Humanistic Manuscripts of the Renaissance in Italian and Other Libraries*, 6 vols. (London, 1963-92), https://www.itergateway.org/resources/iter-italicum.

12 Jill Kraye, "The Philosophy of the Italian Renaissance," in *The Routledge History of Philosophy*, ed. G. H. R. Parkinson (London, 1993), 4:16-69.

13 Jill Kraye, "Marcus Aurelius and the Republic of Letters in Seventeenth-Century Antwerp," in *For the Sake of Learning: Essays in Honor of Anthony Grafton*, ed. Ann M. Blair and Anja-Silvia Goeing (Leiden, 2016), 2:744-60.

14 Jill Kraye, "Conceptions of Moral Philosophy," in *The Cambridge History of Seventeenth-Century Philosophy*, ed. D. Garber and M. Ayers (Cambridge, 1998), 2:1279-316.

15 Jill Kraye, "'Ethnicorum omnium sanctissimus': Marcus Aurelius and his *Meditations* from Xylander to Diderot," in *Humanism and Early Modern Philosophy*, ed. J. Kraye and M. W. F. Stone (London, 2000), 106-34; Kraye, "Philology, Moral Philosophy and Religion in Thomas Gataker's Edition of Marcus Aurelius's *Meditations* (1652)," in *Ethik—Wissenschaft oder Lebenskunst? Modelle der Normenbegründung von der Antike bis zur Frühen Neuzeit*, ed. S. Ebbersmeyer and E. Kessler (Münster, 2007), 293-307.

16 Jill Kraye, "Coping with Philological Doubt: Sixteenth-Century Approaches to the Text of Seneca," in *The Marriage of Philology and Scepticism: Uncertainty and Conjecture in Early Modern Scholarship and Thought*, ed. G. M. Cao, J. Kraye, and A. Grafton, Warburg Institute Colloquia (London, forthcoming).

17 Jill Kraye, "Translating Pseudo-Aristotelian Moral Philosophy: Giulio Ballino's Vernacular Version of *On the Virtues and Vices*," *Rivista di storia della filosofia* (forthcoming).

18 Jill Kraye, "Philologists and Philosophers," in *The Cambridge Companion to Renaissance Humanism*,

ed. J. Kraye (Cambridge, 1996), 142-60.

19 "The Eighties: A Snapshot," Department of Philosophy, Princeton University, accessed April 15, 2018, https://philosophy.princeton.edu/about/eighties-snapshot.

20 Jill Kraye, "Daniel Heinsius and the Author of De mundo," in *The Uses of Greek and Latin: Historical Essays*, ed. A. C. Dionisotti, J. Kraye, and A. Grafton (London, 1988), 171-97; Kraye, "Aristotle's God and the Authenticity of De mundo: An Early Modern Controversy," *Journal of the History of Philosophy* 28, no. 3 (1990): 339-58.

21 Jill Kraye, "Disputes over the Authorship of De mundo between Humanism and *Altertumswissenschaft*," in *Pseudo-Aristoteles, De mundo*, ed. J. Thom (Tübingen, 2014), 181-97.

22 "Jill Kraye and John Marenbon on Medieval Philosophy," *History of Philosophy without Any Gaps*, no. 200, posted November 30, 2014, https://historyofphilosophy.net/medieval-marenbon-kraye.

23 Jill Kraye, "The Role of Medieval Philosophy in Renaissance Thought: The Evidence of Early Printed Books," in *Bilan et perspectives des études médiévales (1993-1999): Actes du deuxième Congrès européen d'études médiévales, Barcelone (8-12 juin 1999)*, ed. J. Hamesse (Turnhout, 2004), 695-714.

24 Cees Leijenhorst, *The Mechanisation of Aristotelianism: The Late Aristotelian Setting of Thomas Hobbes' Natural Philosophy* (Leiden, 2002); Roger Ariew, *Descartes among the Scholastics* (Leiden, 2011).

25 例如：請參見Anthony Ossa-Richardson, *The Devil's Tabernacle: The Pagan Oracles in Early Modern Thought* (Princeton, 2013); Dmitri Levitin, *Ancient Wisdom in the Age of the New Science:*

*Histories of Philosophy in England, c. 1640-1700* (Cambridge, 2015).

26 Charles Schmitt, *Aristotle and the Renaissance* (Cambridge, MA, 1983).

## 重新發現地中海世界——彼得・米勒（Peter N. Miller）

1 Isaiah Berlin, *Russian Thinkers* (London, 1978). 中譯本：以撒・柏林著，彭淮棟譯，《俄國思想家》（臺北：聯經出版，1987）。

2 George Steiner, *Tolstoy or Dostoevsky: An Essay in the Old Criticism* (New York, 1959); Steiner, *The Death of Tragedy* (New Haven, 1961); Steiner, *Language and Silence* (New York, 1972); Steiner, *After Babel: Aspects of Language and Translation* (Oxford, 1975); Steiner, *The Portage of A. H. to San Cristobal* (London, 1981).

3 J. G. A. Pocock, *The Ancient Constitution and the Feudal Law: A Study of English Historical Thought in the Seventeenth Century* (Cambridge, 1957).

4 Quentin Skinner, "Meaning and Understanding in the History of Ideas," *History and Theory* 8, no. 1 (1969): 3-53; Skinner, *The Foundations of Modern Political Thought*, 2 vols. (Cambridge, 1978). 史金納著，奚瑞森、亞方譯，《現代政治思想的基礎》（卷一：文藝復興，卷二：宗教改革）（臺北：左岸，2004）。

5 Richard Tuck, *Natural Rights Theories: Their Origin and Development* (Cambridge, 1981). 中譯本：理查德・塔克著，楊利敏、朱聖剛譯，《自然權利諸理論：起源與發展》（長春：吉林出版集

團，2014）。

6 關於這一主題，參見例如：Abraham Melamed, *Wisdom's Little Sister: Studies in Medieval and Renaissance Jewish Political Thought* (Brighton, 2011).

7 Peter N. Miller, *Defining the Common Good: Empire, Religion and Philosophy in Eighteenth-Century Britain* (Cambridge, 1994).

8 Peter N. Miller and Iain Fenlon, *The Song of the Soul: Understanding 'Poppea'* (London, 1992).

9 Peter Paul Rubens, *The Letters of Peter Paul Rubens*, ed. and trans. Ruth Saunders Magurn (Cambridge, MA, 1955).

10 Pierre Gassendi, *Vie de l'illustre Nicolas-Claude Fabri de Peiresc, conseiller au Parlement d'Aix*, trans. Roger Lassalle (Paris, 1992); Nicolas-Claude Fabri de Peiresc, *Lettres à Cassiano dal Pozzo* (1626-1637), ed. JeanFrançois Lhote and Danielle Joyal (Clermont-Ferrand, 1989).

11 研討會的成果是一本論文集：*History and the Disciplines: The Reclassification of Knowledge in Early Modern Europe*, ed. Donald R. Kelley (Rochester, 1997).

12 Sydney H. Aufrère, *La momie et la tempête: Nicolas-Claude Fabri de Peiresc et la curiosité égyptienne en Provence au début du XVIIe siècle* (Avignon, 1989).

13 Peter N. Miller, *Peiresc's Mediterranean World* (Cambridge, MA, 2015).

14 例如：請參見Joan Pau Rubiés, *Travellers and Cosmographers: Studies in the History of Early Modern Travel and Ethnology* (Aldershot, 2007) 中收錄的論文。

15 Peter N. Miller, *Peiresc's Orient: Antiquarianism as Cultural History in the Seventeenth Century*

(Aldershot, 2012).

16 Peter N. Miller, *History and Its Objects: Antiquarianism and Material Culture since 1500* (Ithaca, 2017).

17 Peter N. Miller, *Peiresc's Europe: Learning and Virtue in the Seventeenth Century* (New Haven, 2000).

18 Peter N. Miller and François Louis, eds., *Antiquarianism and Intellectual Life in Europe and China, 1500-1800* (Ann Arbor, 2012); Peter N. Miller, ed., *Momigliano and Antiquarianism: Foundations of the Modem Cultural Sciences* (Toronto, 2007).

19 Miller, *Peiresc's Europe.*

20 參見Wilhelm Dilthey, *Selected Works*, vol. 3, *The Formation of the Historical World in the Human Sciences*, trans. Rudolf A. Makkreel and John Scanlon (Princeton, 2002).

21 參見Craig Clunas, *Superfluous Things: Material Culture and Social Status in Early Modem China* (Urbana, 1991). 中譯本：柯律格著，高昕丹、陳恒譯，《長物：早期現代中國的物質文化與社會狀況》（北京：生活．讀書．新知三聯書店，2015）。

22 在這種主流下的例外研究，請參閱Charles Mitchell, "Archaeology and Romance in Renaissance Italy," in *Italian Renaissance Studies*, ed. E. F. Jacob (London, 1960), 455-83.

23 Arnaldo Momigliano, *The Development of Greek Biography: Four Lectures* (Cambridge, MA, 1971).

24 Francis Bacon, *The Advancement of Learning* (New York, 2001), 77.

25 Michael McCormick, *Origins of the European Economy: Communications and Commerce, A.D. 300-*

*900* (Cambridge, 2001); Ian Hodder, *Entangled: An Archeology of the Relationships between Humans and Things* (Malden, 2012); Michael Shanks, *Experiencing the Past: On the Character of Archeology* (London, 1992).

26 Fernand Braudel, *The Mediterranean and the Mediterranean World in the Age of Philip the Second*, 2 vols., trans. Siân Reynolds (New York, 1972-73).

27 Peregrine Horden and Nicholas Purcell, *The Corrupting Sea: A Study of Mediterranean History* (Malden, 2000).

28 Shelomo Dov Goitein, *A Mediterranean Society: The Jewish Communities of the Arab World as Portrayed in the Documents of the Cairo Geniza*, vol. 1, *Economic Foundations* (Berkeley, 1967).

29 R. G. Collingwood, *An Autobiography* (Oxford, 1939), 30-31.

30 Marc Fumaroli, *L'Âge de l'éloquence: Rhétorique et "res literaria" de la Renaissance au seuil de l'époque classique* (Geneva, 1980); *Héros et orateurs: Rhétorique et dramaturgie cornéliennes* (Geneva, 1990); *L'École du silence: Le sentiment des images au XVIIe siècle* (Paris, 1994).

31 參見*Levant: Guide du livre orientaliste: Eléments pour une bibliographie*, ed. C. and N. Hage Chahine (Paris, 2000).

32 Arnaldo Momigliano, "Ancient History and the Antiquarian," *Journal of the Warburg and Courtauld Institutes* 13, no. 3/4 (1950): 285-315.

33 Arnaldo Momigliano, *The Classical Foundations of Modern Historiography* (Berkeley, 1990). 中譯本：莫米利格亞諾著，馮潔音譯，《現代史學的古典基礎》（上海：華東師範大學出版社，

2009）。

34 參見Peter N. Miller, "Peiresc's *History of Provence*: Antiquarianism and the Discovery of a Medieval Mediterranean," *Transactions of the American Philosophical Society* 101, no. 3 (2011): esp. 88-91.

35 Robert Alter, *Partial Magic: The Novel as a Self-Conscious Genre* (Berkeley, 1978).

36 Hayden V. White, *Metahistory: The Historical Imagination in Nineteenth-Century Europe* (Baltimore, 1973). 中譯本：海登．懷特著，劉世安譯，《史元：十九世紀歐洲的歷史意象》（臺北：麥田出版，1999）。

37 參見Miller, *History and Its Objects*, 14-18.

38 參見Bacon, *The Advancement of Learning*, 77.

39 參見Ann Wordsworth, "Derrida and Foucault: Writing the History of Historicity," in *Post-Structuralism and the Question of History*, ed. Derek Attridge, Geoffrey Bennington, and Robert Young (Cambridge, 1987), 117-18.

40 Aby Warburg, "Italian Art and International Astrology in the Palazzo Schifanoia, Ferrara," in *The Renewal of Pagan Antiquity* (Los Angeles, 1999), 563–91.

41 「直到不久前，法國仍然是傳統古物學家的最佳園地。」 Momigliano, "Ancient History and the Antiquarian," 312.

42 Hans-Georg Gadamer, *Truth and Method*, trans. Josel Weinsheimer and Donald G. Marshall (London, 2004).

43 Michael Shanks and Mike Pearson, *Theatre/Archaeology* (London, 1993). 第二版即將出版。

44 Friedrich Nietzsche, *Unmodern Observations*, ed. William Arrowsmith (London, 1990).

45 參見 Wilhelm Dilthey, *Selected Works*, vol. 4, *Hermeneutics and the Study of History*, ed. Rudolf A. Makkreel and Frithjof Rodi (Princeton, 1996).

46 少數例外作品之一，請參閱Paul Veyne, *Writing History: Essay on Epistemology*, trans. Mina Moore-Rinvolucri (1971; Middletown, 1984), 177-78.

47 Arlette Farge, *Vivre dans la rue à Paris au XVIIIe siècle* (Paris, 1979); Reyner Banham, *Los Angeles: The Architecture of Four Ecologies* (1971; Berkeley, 2009).

48 Veyne, *Writing History*, 231-34：「學者不講故事，也不評論過去，而是展示過去；事實上，他選擇和組織過去，其作品具有紀實攝影蒙太奇的虛假性。博學是歷史學中的一個品種，我們欠缺對它的深入思考；兩個世紀以來的歷史主義式猜測，過度地將『歷史』與『科學』或『哲學』聯繫在一起；而歷史本來所應處的地位，即對具體事物的記錄性知識，則被放置到了相反的一極，即博學的位置上……。因此，人們夢想著一種元史學（metahistory），在這種史學中，記載（account）將被各種文獻排比所取代，而這種排比挑選所需要的天賦，就像是莎士比亞如何挑選正確的詞語，讓歷史劇中的英雄念出一樣。如果能把這項事業推向極致，歷史就會成為一種重構，不再是辨證的……那麼，究竟歷史寫作的偉大世紀是浪漫主義的十九世紀，還是博學的十八世紀呢？」

## 教父學與古物學的交會——讓—路易．貢當（Jean-Louis Quantin）

1 Prosper de Barante, *Histoire des ducs de Bourgogne de la maison de Valois, 1364-1477*, 12 vols. (Paris, 1824-26).

2 Roman Jakobson, "On the Verbal Art of William Blake and Other Poet-Painters," *Linguistic Inquiry* 1, no. 1 (1970): 3-23, reproduced in Jakobson, *Language in Literature* (Cambridge, MA, 1987), ch. 29.

3 Dominick LaCapra, *History and Criticism* (Ithaca, 1985).

4 Pierre Bourdieu, *Ce que parler veut dire: L'économie des échanges linguistiques* (Paris, 1982). 英語版收錄於Bourdieu, *Language and Symbolic Power* (Cambridge, 1991).

5 Jean-Louis Quantin, "De la Contre-Réforme comme monopole: Les anti-jansénistes et la *Per-pétuité de la foi*," *Chroniques de Port-Royal* 47 (1998): 115-48.

6 Chantal Grell, *Le dix-huitième siècle et l'antiquité en France, 1680-1789*, 2 vols. (Oxford, 1995).

7 Jean-Louis Quantin, "Connaître Sparte au XVIIIe siècle en France: Recherches sur les fondements historiques d'une représentation mythique" (maîtrise thesis, Université de Paris Sorbonne, 1988).

8 Pierre Petitmengin, "Deux 'Bibliothèques' de la Contre-Réforme: La Panoplie du Père Torres et la Bibliotheca sanctorum patrum," in *The Uses of Greek and Latin: Historical Essays*, ed. A. C. Dionisotti, Anthony Grafton, and Jill Kraye (London, 1988), 127-53; Petitmengin, "*De adulteratis patrum editionibus*: La critique des textes au service de l'orthodoxie," in *Les Pères de l'Église au XVIIe siècle*, ed. Emmanuel Bury and Bernard Meunier (Paris, 1993), 17-31; Petitmengin, "Les éditions patristiques de la Contre- Réforme romaine," in *I Padri sotto il torchio: Le edizioni dell'antichità cristiana nei secoli XV– XVI*, ed. Mariarosa Cortesi (Florence, 2002), 3-31.

9 Jean-Louis Quantin (with Agnès Molinier, Pierre Petitmengin, Olivier Szerwiniack), "Irénée de Lyon

entre humanisme et Réforme: Les citations de l'*Adversus haereses* dans les controverses religieuses de Johann Fabri à Martin Luther (1522-1527)," *Recherches augustiniennes* 27 (1994): 131-85.

10 Bruno Neveu, *L'erreur et son juge: Remarques sur les censures doctrinales à l'époque moderne* (Naples, 1993); Neveu, *Érudition et religion aux XVIIe et XVIIIe siècles* (Paris, 1994).

11 Luigi Donvito, "Ricerche e discussioni recenti in Francia su un tema di storia della mentalità: Gli atteggiamenti collettivi di fronte alla morte," *Rivista di storia e letteratura religiosa* 13, no. 2 (1977): 376-89.

12 Jean Orcibal, *Jean Duvergier de Hauranne abbé de Saint-Cyran et son temps (1581-1638)* (Louvain-Paris, 1947-48); Orcibal, *Jansénius d'Ypres* (Paris, 1989); Orcibal, *Études d'histoire et de littérature religieuses: XVIe– XVIIIe siècles*, ed. J. Le Brun and J. Lesaulnier (Paris, 1997); *Correspondance de Fénelon*, ed. Jean Orcibal, 18 vols. (Paris- Geneva, 1972-2007).

13 Bruno Neveu, *Un historien à l'école de Port- Royal: Sébastien Le Nain de Tillemont 1637-1698* (The Hague, 1966).

14 Jean-Louis Quantin, *Le catholicisme classique et les Pères de l'Église: Un retour aux sources (1669-1713)* (Paris, 1999).

15 「攻訐或顛覆一個國家的藝術，就是要動搖已經確立的習俗，對它們追根究柢，以便表明它們是缺乏權威和正義的。人們說，我們應該追溯到被不正義的習俗所消滅，最原始的國家根本大法。這必然是一場會輸光一切的賭博；因為在這個尺度上，沒有什麼東西會是公正的。」Fragment Sellier 94, in Blaise Pascal, *Pensées and Other Writings*, trans. Honor Levi (Oxford, 1995), 24-25.

16 Jean-Louis Quantin, *Le rigorisme chrétien* (Paris, 2001).

17 Review by Hanns Engelhardt, *Theologische Literaturzeitung* 136, no. 9 (September 2011): col. 924-26.

18 Paul Avis, *In Search of Authority: Anglican Theological Method from the Reformation to the Enlightenment* (London, 2014), 165-68 ("Critique of a Critique").

19 Jean- Louis Quantin, "Anglican Scholarship Gone Mad? Henry Dodwell (1641-1711) and Christian Antiquity," in *History of Scholarship: A Selection of Papers from the Seminar on the History of Scholarship Held Annually at the Warburg Institute*, ed. Christopher Ligota and Jean-Louis Quantin (Oxford, 2006), 305-56.

20 Francesco Beretta, *Monseigneur d'Hulst et la science chrétienne: Portrait d'un intellectuel* (Paris, 1996).

21 Pierre Petitmengin, "À propos des éditions patristiques de la Contre-Réforme: Le 'Saint Augustin' de la Typographie Vaticane," *Recherches augustiniennes* 4 (1966): 199-251.

22 Bernhard Duhr, *Geschichte der Jesuiten in den Ländern Deutscher Zunge* (Freiburg im Breisgau, 1907), 1:755-79; Paul Holt, "Aus dem Tagebuch des Johann Rethius, 1571-1574: Ein Beitrag zur Geistesgeschichte und zur stadtkölnischen Politik," *Jahrbuch des Kölnischen Geschichtsvereins* 20 (1938): 77-138.

23 N. J. S. Hardy, "The *Ars critica* in Early Modern England" (DPhil thesis, Oxford University, 2012), 14-15, 87-88, 165-66, now published as Nicholas Hardy, *Criticism and Confession: The Bible in the Seventeenth-Century Republic of Letters* (Oxford, 2017).

24 Michel Foucault, *Psychiatric Power: Lectures at the College de France, 1973-74* (Basingstoke, 2006), 235-47.

25 Irena Backus, *Historical Method and Confessional Identity in the Era of the Reformation (1378-1615)* (Leiden, 2003).

26 Nicole Loraux, "Thucydide n'est pas un collègue," *Quaderni di storia* 12 (July-December 1980): 55-81.

27 Jean Mabillon, *De re diplomatica* (Paris, 1681).

28 Jean-Louis Quantin, "Document, histoire, critique dans l'érudition ecclésiastique des temps modernes," *Recherches de science religieuse* 92, no. 4 (2004): 597-635; Quantin, "Reason and Reasonableness in French Ecclesiastical Scholarship," *Huntington Library Quarterly* 74, no. 3 (2011): 401-36.

29 Brigitte Waché, *Monseigneur Louis Duchesne (1843-1922), historien de l'Église, directeur de l'École française de Rome* (Rome, 1992).

30 Alan Charles Kors, *Atheism in France, 1650-1729*, vol. *1, The Orthodox Sources of Disbelief* (Princeton, 1990).

31 Bruno Neveu, "Communication de synthèse," in *Dom Bernard de Montfaucon: Actes du colloque de Carcassonne, Octobre 1996*, ed. D.-O. Hurel and R. Rogé (Saint-Wandrille, 1998), 2:135.

32 Quantin, "Anglican Scholarship Gone Mad?," 308.

33 Friedrich Nietzsche, *The Gay Science*, trans. Josefine Nauckhoff (Cambridge, 2001), § 358.

34 Friedrich Nietzsche, *On the Uses and Disadvantages of History for Life (Untimely Meditations II)*,

trans. R. J. Hollingdale (Cambridge, 1997), § 7.

35 [Henry Edward Manning], *Religio Viatoris* (London, 1887), 76-79.

36 François Dolbeau, "Critique d'attribution, critique d'authenticité: Réflexions préliminaires," *Filologia mediolatina 6-7* (1999– 2000): 33-61. 轉載於Dolbeau, *Sanctorum societas: Récits latins de sainteté (IIIe– XIIe siècles)* (Brussels, 2005), 1:3-32.

37 Jean-Louis Quantin, "Pascal, la République et l'Église: Les *Provinciales* pour les classes et devant l'Index (1881-1886)," *Mélanges de l'École française de Rome—Italie et Méditerranée modernes et contemporaines* 126, no. 1 (2014): 161-88.

38 Philippe Boutry, "Gli uomini della censura: Dalla storia istituzionale alla storia intellettuale," in *Verbotene Bücher: Zur Geschichte des Index im 18. und 19. Jahrhundert*, ed. Hubert Wolf (Paderborn, 2008), 427-40; Boutry, "La congregazione dell'Inquisizione e dell'Indice dal 1814 al 1917," *Quellen und Forschungen aus italienischen Archiven und Bibliotheken* 88 (2008): 547-55.

39 Jean-Louis Quantin, "The Fathers in Seventeenth-Century Anglican Theology," in *The Reception of the Church Fathers in the West: From the Carolingians to the Maurists*, ed. Irena Backus (Leiden, 1997), 2:987-1008.

40 "The Reception of the Church Fathers and Early Church Historians, c. 1470-1650," organized by Andreas Ammann, Sam Kennerley, and Kirsten Macfarlane, Trinity College, Cambridge, September 23, 2016.

41 Nicholas Hardy and Dmitri Levitin, eds., *Faith and History: Confessionalisation and Erudition in*

*Early Modern Europe*, Proceedings of the British Academy (Oxford, forthcoming).

## 歷史與修辭——昆丁・史金納（Quentin Skinner）

1 Richard Lindley, "John Eyre: Life-Changing History Teacher," *Independent*, January 28, 2006.

2 John Dunn, *The Political Thought of John Locke: An Historical Account of the Argument of the "Two Treatises of Government"* (Cambridge, 1969).

3 舉例來說，參見Quentin Skinner, "Meaning and Understanding in the History of Ideas," *History and Theory* 8, no. 1 (1969): 3-53.

4 Bertrand Russell, *A History of Western Philosophy, and Its Connection with Political and Social Circumstances from the Earliest Times to the Present Day* (New York, 1945).

5 R. G. Collingwood, *The Idea of History* (Oxford, 1946).

6 R. G. Collingwood, *An Autobiography* (Oxford, 1939).

7 John Locke, *Two Treatises of Government*, ed. Peter Laslett (Cambridge, 1960).

8 J. G. A. Pocock, *The Ancient Constitution and the Feudal Law: A Study of English Historical Thought in the Seventeenth Century* (Cambridge, 1957).

9 Quentin Skinner, "History and Ideology in the English Revolution," *Historical Journal* 8, no. 2 (1965): 151-78.

10 Ludwig Wittgenstein, *Philosophical Investigations* (New York, 1953).

11 J. L. Austin, *How to Do Things with Words* (Cambridge, MA, 1962).

12 舉例來說：Quentin Skinner, "The Limits of Historical Explanations," *Philosophy* 41, no. 157 (1966): 199-215; Skinner, "Conventions and the Understanding of Speech Acts," *Philosophical Quarterly* 20, no. 79 (1970): 118-38; Skinner, "On Performing and Explaining Linguistic Actions," *Philosophical Quarterly* 21, no. 83 (1971): 1-21。請亦參考史金納的論文集*Visions of Politics*, vol. 1 (Cambridge, 2002).

13 Clifford Geertz, *Available Light: Anthropological Reflections on Philosophical Topics* (Princeton, 2000), xi–xiii.

14 Quentin Skinner, *The Foundations of Modern Political Thought*, 2 vols. (Cambridge, 1978).

15 Clifford Geertz, *Negara: The Theatre State in Nineteenth-Century Bali* (Princeton, 1980).

16 Quentin Skinner, "The World as a Stage," *New York Review of Books*, April 16, 1981.

17 請特別參見Skinner, "Interpretation, Rationality and Truth," *Visions of Politics*, vol. 1, *Regarding Method* (Cambridge, 2002), 27-56.

18 Quentin Skinner, *Liberty before Liberalism* (Cambridge, 1998); Skinner, "A Genealogy of the Modern State," *Proceedings of the British Academy* 162 (2009): 325-70.

19 J. G. A. Pocock, *The Machiavellian Moment: Florentine Political Thought and the Atlantic Republican Tradition* (Princeton, 1975).

20 Michael Walzer, *The Revolution of the Saints: A Study in the Origins of Radical Politics* (Cambridge,

MA, 1965); Julian Franklin, *Constitutionalism and Resistance in the Sixteenth Century: Three Treatises* (New York, 1969).

21 John Neville Figgis, *Studies of Political Thought from Gerson to Grotius, 1414-1625* (Cambridge, 1907).

22 至於巴倫和克里斯特勒的立場，請參考Hans Baron, *The Crisis of the Early Italian Renaissance: Civic Humanism and Republican Liberty in an Age of Classicism and Tyranny* (Princeton, 1955)與Paul Oskar Kristeller, *Studies in Renaissance Thought and Letters* (Rome, 1956-96). 更多的討論可見諸於James Hankins, "'The Baron Thesis' after Forty Years and Some Recent Studies of Leonardo Bruni," *Journal of the History of Ideas* 56, no. 2 (1995): 309-38; and Patrick Baker, *Italian Renaissance Humanism in the Mirror* (Cambridge, 2015), esp. 6-8.

23 Quentin Skinner, *Forensic Shakespeare* (Oxford, 2014).

24 Jerrold E. Seigel, *Rhetoric and Philosophy in Renaissance Humanism: The Union of Eloquence and Wisdom, Petrarch to Valla* (Princeton, 1968).

25 Quentin Skinner, "Ambrogio Lorenzetti: The Artist as Political Philosopher," *Proceedings of the British Academy* 72 (1986): 1-56; Skinner, "Ambrogio Lorenzetti's Buon Governo Frescoes: Two Old Questions, Two New Answers," *Journal of the Warburg and Courtauld Institutes* 62 (1999): 1-28.

26 Quentin Skinner, *Liberty before Liberalism* (Cambridge, 1998).

27 「只有無歷史的，才能加以定義的。」（Definierbar ist nur das, was keine Geschichte hat）。Friedrich Nietzsche, *Zur Genealogie der Moral*, ed. G. Colli and M. Montinari (Munich, 1980), 317.

28 Quentin Skinner, *Visions of Politics*, 3 vols. (Cambridge, 2002).

29 Quentin Skinner, "Hobbes on Political Representation," in *From Humanism to Hobbes: Studies in Rhetoric and Politics* (Cambridge, 2018), 190-221.

30 Carole Pateman, *The Sexual Contract* (Stanford, 1988).

31 David Armitage, *Civil Wars: A History in Ideas* (New York, 2017).

國家圖書館出版品預行編目 (CIP) 資料

面向過去思考 : 與史學大師的爐邊閒談 , 打造歷史思維的八場對話 / 亞歷山大 . 貝維拉夸 (Alexander Bevilacqua), 費德里克 . 克拉克 (Frederic Clark) 著 ; 徐兆安 , 陳建元 , 陳建守 ; 韓承樺譯 . -- 初版 . -- 新北市 : 臺灣商務印書館股份有限公司 , 2021.12
面 ; 公分 . -- ( 人文 )
譯自 : Thinking in the past tense : eight conversations
ISBN 978-957-05-3378-1( 平裝 )

1. 歷史哲學 2. 史學史 3. 史學家 4. 訪談

856.287 110014306

人文

# 面向過去思考：與史學大師的爐邊閒談，打造歷史思維的八場對話

## Thinking In the Past Tense: Eight Conversations

作　　者一亞歷山大·貝維拉夸（Alexander Bevilacqua）、費德里克·克拉克（Frederic Clark）
譯　　者一徐兆安、陳建元、陳建守、韓承樺
發 行 人一王春申
審書顧問一林桶法、陳建守
總 編 輯一張曉蕊
責任編輯一徐　鉞
封面設計一兒日設計
內頁排版一6 宅貓

行銷組長一張家舜
業務組長一何思頓
出版發行一臺灣商務印書館股份有限公司
23141 新北市新店區民權路 108-3 號 5 樓（同門市地址）
電話：(02)8667-3712　傳真：(02)8667-3709
讀者服務專線：0800056193
郵撥：0000165-1
E-mail：ecptw@cptw.com.tw
網路書店網址：www.cptw.com.tw
Facebook：facebook.com.tw/ecptw

局版北市業字第 993 號
初版一刷：2021 年 12 月
印刷廠：鴻霖印刷傳媒股份有限公司
定價：新台幣 450 元

法律顧問一何一芃律師事務所
有著作權 · 翻印必究
如有破損或裝訂錯誤，請寄回本公司更換

Licensed by The University of Chicago Press, Chicago, Illinois, U.S.A.© 2019 by Alexander Bevilacqua and Frederic Clark.
Complex Chinese edition copyright © 2021 by The Commercial Press, Ltd.
All rights reserved.